国家出版基金项目
NATIONAL PUBLICATION FOUNDATION

徐旭生文集

第 五 册

中华书局

歐洲哲學史

威伯爾 著

徐炳昶 譯

目　録

譯者叙言

這本書，自從我於民國十年在北京大學擔任教授西洋哲學史的時候，即開始翻譯，發給學生，當作一種參考書。至十二三年，全稿完畢，但原注除三五條萬不能少者外，均尚未譯，且全稿亦無暇整理。俗務牽制，惱人良多。民國十六年，堅決辭去北京大學教務長職務，除了應教授之五六點鐘外，閉門謝客，一方修改原譯，一方整理兼翻譯原注，同時即由中法大學付樸社印刷。譯錄校稿，日夕匆忙，以爲三五月內，全書一定能出版矣。乃開始未幾，而北京學術界適有西北科學考查團之組織，事與歐人合作，未能展延，而中國方面團長一職，同事均希望余出擔任；余對於旅行事宜，雖事前毫無籌備，而旅行興趣極爲濃厚。且新疆一地，余自八九歲時，聞人談及，即有長大往游的意思。忽忽數十年，遂幾忘懷。現良機當前，乃見獵心喜，未能自止，止好將印書事暫時停下。但已經上版的一部分，又未便停止不印，乃匆促將上古一部分整理完竣，校對則托友人馮芝生，段漪園二先生幫助，僅能將此一部分印出，而第十一節後的注子，則無暇翻譯，止得暫缺；中法大學叢書裏面歐洲哲學史卷上出版的經過，大約如此。十八年回北平後，屢欲繼續整理，終未得暇。二十年冬堅決辭去北平師範大學校長職務，在西山方面，找出一個很好玩的地方，斷絶友朋，整理譯稿與跑山雙管齊下，兩三月後，才將譯稿一切整理完畢。可是這個時候，正是上海炮火連天，我國忠勇的將士正在那裏與强敵拚死鏖戰，爲我全民族争生存的時候！自恨不能親執干戈以衛社稷，而又無黑智爾從容著述之毅志，印刷譯稿遂置不言！第一次城下盟成，痛定後，又思付印，而原承印之樸社，因資本缺乏，遂又中止。自二十二年春，余到陝西考古，雖樸社願印而余又無暇。今年暑期稍能在北平定居一兩月，乃與樸社商酌，開始印刷。揮汗校稿，不自知熱。現已深秋，才算完畢。這樣一件小事情，就能有這樣多的曲折，豈是始料所能及哩？

　　威伯爾這本著作，采擇精審，簡明應用。原本爲法文，英德文均有譯本。它的價值，將來讀者自能判斷，無庸多説。現在僅將翻譯時候所感覺到底幾句應説的話略述如下：

　　這①本書翻譯時候所最吃力不討好的部分，要數完全保存其所引用之希臘、拉丁原文和注中之引用書目二事。這些在排印校改的時候，頗感困難，而幾乎全體的讀者，恐怕是全不感興趣。就是英文的譯本也差不多把這些完全删去。可是我們不避煩難，一定要保存這些部分的緣故，是因爲：一種文字裏面所用底詞彙，雖大約可翻爲他種文字，而抽象科學裏面的詞彙，尤其是哲學裏面

①編者注：“這”，原誤作“道”，據文意改。

的詞彙，一部分幾乎無法翻譯。比方説：我國舊籍中所用之
"仁"，"道"，"性"，"理"諸字，希臘文中之"Phusis"，"Aschê"，
"hupo-keimenon"，"ousia"諸字，可以説是無法翻譯。因爲雖説可
以把普通的意思，勉强翻譯，而它在字源上與其他各字之關係，與
思想演變的時候，它跟着所受底變化，却完全無從翻譯出。並且，
無論什麽樣精深的思想家，説他的思想完全不受他所用底詞的内
部互相關聯的影響，却是不可能的。所以想研究一個思想家的思
想，必須知道他那些主要觀念的原文，它們與他詞的關係，它們所
受底變化各種，才可以更明白他那些思想的如何發展。至於同一
原文，斷章取義的講法和融會上下文理的講法，可以大有分别。
所以無論怎麽樣精確的歷史書，必須問它史料的來源，必須時時
參考原文：那實在是一個研究學問的人所萬不能不遵守底步驟。
可是我國現在研究學問的人，大多數總是貪圖方便，懶於檢尋！
當這個時候，我們更覺得有保存希臘拉丁原文和引用書目的必
要。至於將原書中希臘文之特别字母改作拉丁字母以便讀者：那
也是各國普通用的辦法，想原著人有知，亦未必罪我耳。

　　這本書的上卷印本，凡專名詞全用國音字母，因爲國音之不
統一，漢字之不能表示一切語音，采用國音字母：實在是比較好的
辦法。無奈讀者多感不便，責言紛起，且頗影響於此書的銷路。
當初我很固執，不願改變。以後，有一個朋友對我説："你説人人
應該認識國音字母，譯音應該力求正確，固然是不錯的。但是事
實總是事實，那止看你所譯書的價值與勢力了。如果人人非讀你
的書不可，那你就可以矯正社會，就有了理由；否則歸結大家不看
你的書，你就要完全失敗。"他這些話，我覺得很有道理。這本

書,我雖然認爲極有用才去翻譯它,但是還遠不到非人手一編不可的限度。事實上,既是認識國音字母的人還不够多,我們總應該相當地遷就。第一次的改,是用漢字譯,却全用國語注音。以後因爲印刷的不便,又把注音完全删去。這樣的放棄戰綫,極爲熱心宣傳國音字母諸先生所憤慨。但是我覺得歷史總是走曲綫的。現在我們無論怎麽樣遷就,如果要求精確(exiger l'exactitude),還是科學家所應有底態度,那國音字在譯音上,不久一定還要取漢字而代之。並且那個時候,還要更加精密。比方説:國音字母也不能完全表示譯音,必須有補正的辦法。每國的語言,總有其特別的語音,應該翻譯它本來的聲音,不能順其他民族的隨便念,隨便亂譯。比方説:Cicero,既不能譯英法文音作ㄙㄧㄙㄜㄦㄛ,也不能譯德文音作ㄘㄧㄘㄜㄦㄛ,必須譯其本音作ㄑㄧㄍㄜㄦㄛ。希臘文中之 Ph,th,必須依其本音譯爲ㄆㄏ,ㄊㄏ,不能依後人音譯爲ㄈ,ㄙ,ㄊ等類。我如果有工夫再譯他書,或此書出第二版的時候,總還要設法補救這種缺陷,不肯永久放棄戰綫也。

　　此書内的專名詞,遵通例,下注黑綫。但普通名詞有時作專名詞用,比方説:柏拉圖所講底絕對意象,基督教所講底惟一的神,雖屬普通名詞,却指惟一的有,那全遵西文原例,認爲專名詞,下連黑綫。至普通所講底神,因有人格,翻譯代名詞時用"他",斯賓挪沙所講底神,絕無人格,翻譯代名詞時改用中性的"它",這些區别也未便拘泥,願讀者善觀其通而已。

　　此書並立的兩名詞用"和"字聯絡,間有用"及"字者,則係次級的並立。比方説:"物質和形式及觀念":那"觀念"和"形式"並立，"形式及觀念"和"物質"並立，"形式"或"觀念"，不同"物質"相並立，依此類推。請讀者注意。

我開始譯此書的時候，即認忠實爲最重要的目的，但覆校二三遍時，仍發現錯誤不少！校書如掃落葉，譯書之難當亦如之。雖竭力掃除，而錯誤一定尚有。如①果讀者發現，肯賜指教，則譯者之大幸也。

徐炳昶　　民國二十三年十月十七日，北平。

---

①編者注："如"，原誤作"始"。

著者原叙

這本書第八版的本文,大體還是從前的,但是增加引用書的書目於各頁的下面,並且後面增加一種書目的指明。

這部歐洲哲學史,一直到現在,還不住地爲大家所采用。頂重要的緣故就是因爲它形式的淺顯,並且我們很留神,不用無益的深晦使讀者生厭惡。儘少說,這就是很願意留神到這本書的成功的人一致的意見;對於他們,我們表示一種深摯的感謝。並且還有別的緣故:我們把哲學的歷史看作一種演變(l'évolution),用名理的連絡陳述它的系統,到處把它的關係指明出來;對於批評和理論的部分,費去了很多的位置;歸結將前幾版的輪廓展開,對於希臘的神父,阿拉伯學者,中世紀的神知派(la théosophie médiévale)和現代的思想——這些思想在五十年以前,同當時所叫底哲學和精神論(spiritualisme),有那樣深的區別!——加了不少的注子;如果應該相信大家的話,大家對於這些全很滿意。

如果,就像我們在第五次序中所表示底希望,在當時被人拋

棄和蔑視的哲學,現在在科學的階段裏面,又得到它所應得底位
置,這就是因爲十九世紀惟心派哲學的反動,把哲學同實在的知
識中間所有底最親切的聯合截斷,哲學因此極受損失;現在哲學
把這種關係又聯合起來了;也或者是因爲從前太長的時候,大家
相信官家所講授底東西,相信哲學的物質一元論和一種沒有辦法
的二元論中間可以任意選擇;現在由於哲學轉向亞里安民族的智
慧的活源,就明白了這種選擇是不可能的。對於它的過去作一種
深的研究,就可以很明白地證明在惟物論和二元的精神論後面,
有一種可以聯絡這兩派的綜合,並且不至於同理性的和意識的無
時效權(droits imprescriptibles)衝突,有一種真正的,具體的,絕對
的精神論;在這一派裏面,就是物質的自身,也成了精神的一種
形態。

　　當我們的書印行的時候(一八七一),這種新精神論,帶著頂
不同的形式,還算是一種異端,並且差不多算是一種恥辱。到現
在,有兩位第一等的思想家,很配得上爲拉外松(Ravaisson),來
努維耶(Renouvier)和塞柯列當(Secrétan)的繼續人;新精神論受
他們的引導,對於從前的精神論得一種重要的勝利。這兩位就是
鮑特魯(E. Boutroux)先生和柏格森(Henri Bergson)先生。

　　現在對於我們的讀者要請假了;絕無疑義地要請一種永遠的
假;想到我們的盡力對於大家能有一點益處,並且在某種限度裏
面,不管怎麼樣小,總算對於理長的一方面(la bonne cause)的勝
利有一點補助,想到這些,我們總很高幸。

　　結尾對於ㄅㄚㄦㄊㄧㄍㄜ(Henri Dartigue)先生和ㄝㄦㄏㄚㄦ
ㄉ(Eugène Ehrhardt)先生作一種親密的感謝,因爲前一位對於此

書加一種極完備的索引，後一位加一種目録並且替我校對。

威伯爾

斯突拉斯堡，一九一二，十二月。

著者第四版中原叙的摘録

在大家對於我們所作底批評裏面,有一個特別引起我們的注意。因爲我們覺得願意(*vouloir*)爲普遍的事實,大家結論説我們是悲觀派並且是極端的悲觀派。這差不多就像大家説我們是惟物派,因爲我們厭惡二元論,並且我們的意見同惟物派的判斷一樣,覺得哲學是一種觀察的和事實的科學。

我們一千八百七十八年的叙子對於悲觀論作一種重要的讓步;這是真的。叙上説:"一定地,悲觀論有千萬種的理由來把惡的問題,嚴氣正性地去看它。是的,很大的大多數的具知慧的'有'不曉得幸福,並且,他們全體,差不多沒有什麼破例,雖然説受虐待,總是還要生活。我們還要承認,他們要得些很像荒謬的東西。"上面又説:"但是,除了可以證明他們被一種高等的威力所强迫,如果我們自負能反抗它,那就是一種瘋狂以外,還能證明什麼?……强迫我們生活和要求生活的威力,這就是説强迫我們要求一種"荒謬事情"的威力,却就是要求著有的(qui *veut être*)

善,要求著成實在的理想(l'Idéal)。這種很奇怪的事實,它的本質,驟然看起,可以使頂銳敏的思想迷失路徑的事實,大千衆有要求苦痛,或者儘少説,要求同它不能分離的東西,生活,就是由此生出。這就是因爲,一方面,生存——這就是説努力,奮鬥,常常同快樂混在一起的受苦——爲現實的(réalisé) 善,實行的(pratiquée) 德性,作成的(accompli) 義務,它們所萬少不了的方法:另外一方面,善,因爲是絕對的,有和勤動的自身就不能不有,不能不勤動。善的這種創造的能力(我們用德文説,就是 der Wille zum guten[向善的要求])就是事物最後的理由,它們的爲什麼——柏拉圖在古代把它講出,再轉回來講清楚它是康德的榮譽,至於叔本華所説底向生活的要求(der Wille zum Leben) 實在止是一種第二等的原因,它受一種上級的意志的支配,不過是一種方法,並且一點也不多。我們要求生活和幸福,我們常是除了生命和幸福以外,什麼全覺不到;但是從深處講,我們止要求爲實現一個目標的必要的工具:至於目標我們却看不見:在我們努力的最近的目標,生活和快樂的後面,還有理想,我們雖然不知道它,却總是傾向着它,爲我們最後的歸宿;它同時也就是使我們不得不生活的最初的原始,這個原始却要求着存在,理想却跑到實在裏面,任着你們的意思,你們儘可以隨便咒罵它! 你們儘可以把它叫作可惡的,反正誼的,殘暴的,它所創造底世界,爲所能有底頂壞的世界! 但是什麼全没有關係。你也不能障礙着善的作出,也不能障礙理想傾向着存在。你或者可以使幾個人厭倦生活,你永遠不能使絕對厭棄它。嗳! 我們更應該計算到實在,並且不去請大家向着涅槃(nirvâna)的烏托邦走,却是給他們一種真地,惟一地改善他們的宿命的方法：就是道德的改善（l'amendement moral）！這個世界雖然還遠不是可能的頂好的世界，可是對於這些，止要我們再歸到我們所拋棄底<u>理想</u>，再崇敬我們所厭棄底善，世界變的比現在好，却是係于我們。

我們現在要問，這是否一個極端悲觀派的論調？我們豈不是在我們的 Étude sur Hartmann（一八八二）前面曾經載上這樣一句意思很明顯的格言：意志論是真的，但是應該去掉它那悲觀的色彩（*Le Volontarisme est vrai，mais il faut le dèpessimiser*）麼？但是，我們雖說拒絕絕望的和普遍自殺的哲學，我們對於大家所要强迫我們承認底很有名的格言却也不能多承認。沿襲的樂觀論由先推出的定則不能勝過意識的呼聲和多世紀的經驗，這種經驗可以括成這樣一句格言：世界全體在惡上面放着（*Mundus totus in maligno positus est*），這句話並不比樂觀論的定則真實的程度低。

如果大家允許我們用一個新字指明我們的觀察點，我們要說，這也不是滿足的樂觀論，也不是絕望的悲觀論，却是一種漸善論（le *méliorisme*），樂觀論看不見顯著的事實；悲觀論要壓滅無時效性的意趣；這種漸善論就建樹在這些事實和這些意趣上面。

威伯爾

導　言

第一節　哲學玄學和科學

哲學爲對於自然界按着全體方面的研究。它要試着作一種普遍的解釋;它爲各科學的摘要,同時也算各科學的加冕;它爲科學中的普通部分,同時也算是一種特別的東西,與狹義的科學有分別;當人類的天才表現的時候,它和它的兄長:宗教及詩歌,用同樣的名義,成另外一支。

科學的對象爲些限定的分群的(des groupes déterminés)事實。科學的目的是要看出這種事實的原因,並且用定則(for-mule)把這些事實發生的定律表示出來。至於哲學是人類精神的努力,它想要超出這些分群和它們特殊的定律的上面,來講明世界的全體,講明普遍的事實或現象,或者可以換句話説,它要解答一切科學深處所全要達到底一個問題:這個世界爲什麼成了這個樣子和怎麼樣才成了這個樣子? 反過來,又有一個問題:我們所能知道的是什麼？ 科學（science）是怎麼樣作出來的？ "有"（Être）和"有"所包括底秘密，認識和認識的條件及方法：就是哲理探討的一雙對象[1]。

可是哲學雖然有它自有的對象，有它特別的範圍，却並不因此就同實證的（positif）科學没有頂密切的關係。哲學如果想同科學分離，就要損傷它自己，也同科學不能同它分離一樣。哲學的方法和它最初的質料就是從科學（尤其是從心理學和心理學的附屬知識）借來的。科學無哲學，就成了一種没有統一性的堆集，没有靈魂的物體；哲學無科學，就成了没有物體的靈魂，同詩詞和詩人的夢想完全没有了分别。科學給哲學供給材料，爲哲學必要的基礎；我們如果用<u>亞里斯多德</u>（Aristoteles）的術語，就可以説科學是在潛勢狀態的（en puissance）哲學；至於哲學就是實現的（en acte）科學，爲科學家最高的機能；科學精神有把一切現象全引到單一路上的自然傾向，哲學就是這種精神的最上的滿足。

哲學和科學不惟它們的真質（essence）和興趣有密切的關係，它們的根源和運命，也是關係很密切的。人類的精神有一種勢力極大的本能，想要把事物的原因分辨出來——rerum cognoscere causas——並且要把這些原因引到一個最初的單一的原因裏面。他們在物理上，數理上，倫理上，剛得到幾件初等的真理，就趕緊去作一種綜合，又用這些綜合，作成一種普遍的理論：本體論和宇宙論，這就是説，他們已經講哲理，已經研究玄學。他們對於實在有不知道的時候，就要用幻想，或用奇妙的本能來補足它；他們的本能很幼稚，却是也有天才；他們不去尋求真理，却去猜度真理。由先派（aprioriste）（一）、惟心派和很奇怪的派别的特性就是由此生出，但是古人的哲理也就因此非常偉大，無可比擬。以後，實證的知識的總量漸漸增加，科學漸次分功，漸漸發達，哲學也同詩歌的分別愈大，哲學的方法也愈形確定；科學的範圍愈廣，哲學的理論愈形堅固。一切科學的運動全要開一種哲學的運動；一切的新哲學對於科學全要成一個興奮劑。科學哲學的關係，在中世紀雖然好像斷絕，實在它們的衝突不過是表面的；學校中官家所講授底哲學對於科學有敵視的或漠不關心的舉動，至於特立的，基督教的，猶太教的，阿拉伯的哲學家絕不如此。在十九世紀，和洛給·培庚（Roger Bacon）及佛蘭西斯·培庚（Francis Bacon）的時候一樣，在科學和某一派的哲學中間可以有衝突，真正的科學和真正的哲學永遠地完全相合。現在它們外面雖然仍有齟齬的地方，它們的和解可謂能完全到那步田地，就到那步田地。

原　注

〔1〕當哲學要答這第一個問題的時候，就算是思考的（*spéculatif*）哲學，玄學（*métaphysique*），本體論（*ontologie*）；如果想研究這第二個問題，就成了超越的（*transcendantale*）哲學，批評（*critique*），思想論（*noologie*）或認識論——思想論就是論理學，或名從思想構造方面研究思想的理論，它把思想和有（或被思想的對象）分離開來研究；認識論從思想同有的關係和思想研尋的方法研究思想。當哲學拋棄了玄學上的思考，專爲精確的和經驗的科學作綜合的時候，它就叫作實證的（*positive*）哲學或實證論（*le positivisme*）。實證論也可以純任經驗，單在歷史裏面，指出各種系統永久互相矛盾的事實，那樣它就成了懷疑論（*le scepticisme*），也可以對於人類的悟性作一種推理的解析，那就成了批評論（le *criticisme*）。反對懷疑論爲定斷論（le *dogma-*

tisme），定斷論對於人類的精神有童樣的或由推理得來的信仰，覺得精神對於事物和事物最初的原因能作一種客觀的認識。唯理論（le *rationalisme*）要從由先的推理（le raisonnement *a priori*［參看譯者注一］）得到這種認識，經驗論除了觀察和歸納或由後的①推理（Le raisonnement *a posteriori*）以外，不承認有別種的方法。純粹的或由先的思考爲惟心論（*l'idéalisme*）所最喜歡用底方法，惟心論覺得思想爲最初的事實，比一切的事實全在先，並且較高；經驗論同它相反，覺得思想絕非原因或最初的事實，却從預先存在的實在裏面生出來（近世之所謂實在論［le *realisme*］，並參考第三十三節），至於它所能用底質料是從覺官來的（感覺論）（le *sensualisme*），認識除了感覺没有另外的源泉（惟心論所説從先天來的觀念或公理，神秘論［le *mysticisme*］所説的内覺或宗教情感等類全要除去）。如果説最初原因的動作並不是有目的的（*téléologique*），或向着一個終點（une *fin*）的，却是與意識不相接的，無意志的，那個時候實在論就成了惟物論（le *matérialisme*）和機械論（le *mecanisme*）。另外一方面，當惟心論成了精神論（le *spiritualisme*）的時候，最初的原因得了人格，它不但覺得這個原因是一個現實的觀念，並且是在事物上面翱翔的有（超自然論 le *supranaturalisme*，超出性 *transcendance*），它如果説這個人格按着自由的意志統治事物，就成了有神論（le *théisme*）如果説，他由於不變的定律的居間統治事物，就成了自然神論（le *déisme*）。精神論爲主張精神和物質，造物主和自然界的二②元論（le *dualisme*），和萬有神論（le *panthéisme*），自然論（le *naturalisme*），一元論（le *monisme*）相反。萬有神論，自然論或一元論把原因的觀念和實體的概

────────────────

①編者注：原於"的"後衍一"的"字。
②編者注："二"，原誤作"一"，據後法語釋義改。

念同化,把最初的原因就當作事物的實體(神的内含性,immanence de Dieu),把實質全體的形態或現象,宇宙,看作一位活動的"單一" (一元論),它是唯一的和同一的集合體(un seul et même êtrecollectif), 按着從它本質(nature)生出來的定律自行治理(自然論)。一元論 或是絕對的,或是多數的;它如果把宇宙的實體當作一個絕對的單 一,就成了絕對的(absolu)一元論;如果把宇宙的實體當作一組不能 減少的單一,就成了多數的(multiple)一元論。另外一方面,如果它 把這種單一看作些無限小的廣延(l'étendue)就成了原子論(l'ato- misme);如果把它們看作絕對無廣延的力的中心(力子)(dy- namides),或元子(monades)就成了惟力論(le dynamisme)。——哲 學歷史,撮要説起,就是要研究上面所列重要學派的發生和繫屬,研 究這些問題的連續表現和變遷,並且要找出經過徒黨或學派的爭論 以後,人種對於世界的普通概念,端的得到什麽樣的進步。

譯者注

(一) 想要明白由先的推理和由後的推理二詞的含誼,先要明白柏拉圖 派和中世紀學校派(le scolastique)^(二)哲學家的意思。我們普通的 人和近代大部分的哲學家總是覺得宇宙間先有實體(la sub- stance),而後人類的精神去摸仿它,才成了些觀念(les idées)。換 一句話説,就是,觀念不過是些抽象的東西。柏拉圖派和學校派的 哲學家却是以爲觀念在先,實體在後,因爲觀念是永久不變的,而 實體却永遠地變化。Prior 的原意是説較先的東西,Posterior 是説 較後的東西。A priori 的推理,是説從普通觀念或原理(le principe) 推到個别事實式的推理;A posteriori 的推理是説從個别事實推到 原理或觀念式的推理。這兩個詞頗難翻譯適當,我們止好按着字 源的意思把它們這樣翻。專好用由先推理的哲學家叫作由先派 (aprioriste)哲學家。近來翻譯的人常把 aprioriste 譯作先天派:實在是錯誤的,先天派法文作 innéiste。這兩派的意思雖然相近,但由先派却不一定是先天派,比方説康德(Kant)就是其中的一人。

(二) 我們翻譯名詞的時候,止要一個名詞是社會裏面差不多已經通用並且沒有大不方便的,我們就不願意輕舉妄動地改換它。但是有一種限制:一個普通的名詞,尤其是一個學派的名詞,我們總不願意使大家還沒有知道它的内容以前,先得着一種不快的感想。比方説:把 scolastique 譯爲煩瑣學派,把 sophistês 譯爲詭辯學派,一見就使人厭惡。其實這兩個學派裏面,全有第一等的思想家,絶不是毫無關係的或無益的學派,我們怎麽樣能這樣蔑視他們呢? 我們幾乎可以説:這全是人類思想進化時候必經過的階梯,他們很有榮譽地在他們的級次上面盡他們的職務,所以他們很可以在人類思想進化史上占一部分的位置,絶不是有意作詭辯和故意地煩瑣。否則我們研究哲學史的人很可以不必去理他們。近世哲學,可以説由希臘後期懷疑派轉手出來,而後期懷疑派受普婁塔毅拉斯(Protagoras)的影響很深;就是頂反對他的蘇格拉底和柏拉圖也受他很大的影響;這是很著明的事實。中世紀的 scolastique 果然有點煩瑣,但是在他們裏面,也有不少頗能深入的思想家。我們如果對於他們的環境,他們所受底教育,設身處地地想一下,就要驚服他們精神的活潑,不敢一概抹殺他們了。並且這個學派現在並没有完全死:比國有名的 Louvain 大學就是這個學派的勢力範圍。他們中間頗有些像樣的思想家爲這個學派作辯護。我們嗤他們的煩瑣,其實同英美人嫌德國學派的空虚,德國人嫌英美學派的淺薄,止有程度上的異同,沒有性質上的差異。Scolastique 從拉丁文 schola 變出,schola 就是英文的 school,法文的 école 所從出,意爲學校。scolastique 意爲學校中所講授底哲學,教會所特别允許底哲學。至於 sophistês 原意爲以 sophia(哲理)爲職業的人。所以我們止好照着字源,譯它們爲哲人派,學校派。普婁塔穀拉斯那一班人自命爲 sophistês(哲人),大家也跟着叫他們做 sophistês,我們也跟着譯他們爲哲人,毫無特別恭維他們的意思,想讀者還不至於從這個極端到那個極端,另有一種誤會罷!

第二節　分期

創造歐洲哲學的榮譽歸於友尼亞(ionia)種的希臘人[1];使哲學在近代發展的榮譽歸於新拉丁族和日耳曼族。

因此在我們所草就底歷史裏面,就有兩個重要的時代:中世紀把這兩個時代分離開並且把它們聯合起來(是謂轉移的時代)。

一　希臘哲學又分成兩個時期,與我們剛才所説底兩個主要的問題相當。從方法看:一個時期作天然的創造,他一時期作懷疑的反想和模仿;從研究的對象看,第一時期的思想家,盡力於玄學,數學,綜合;第二時期的思想家盡力於批評,解析,並且把科學實用在人生裏面。

I　第一期最主要的問題爲事物根源的問題:生成(le devenir)的問題。它的特徵就是友尼亞族的哲學家主張一種唯物派的萬有神論:意大利的哲學家受鐸來斯(dores)族精神的影響,屬於精神派。這個時期所產生底學説包括將來一切學説的根芽,頂重要的就是一元論的假説和原子論的假説:這兩種假説爲近世哲學思考的兩極點。這個時期從達來斯(Thales)到普婁塔穀拉斯(Protagoras)和蘇格拉底(Socrates),或從紀元前六百年到四百四十年。

II　批評反想的時代由普婁塔穀拉斯所説底:pantôn metron anthrôpos(人爲萬有的衡量)開幕;從此出來一件主要的真理:人

類的知能（l'entendement humain）⁽⁻⁾當發見真理的時候，成了真理的一種係數——這條真理，柯塞耨法奈斯（Xenophanes），載耨（Zeno），額拉吉來圖（Heraclitus）已經有點看到。在自然界的問題以外，又添出靈魂的問題：在世界方面的問題以外，又添出名理的和批評的問題；在事物真質是什麼的問題以外，又要問真理的標準是什麼？存在的目的是什麼？希臘哲學在這個時候演進到最高點：如柏拉圖（Plato）的淵深，亞里山大城（Alexandria）學者知識的廣博。

　　二　科學的進步，受北方民族侵入的限制，停住了，結局就是思考也跟着停住。哲學精神的火把，因爲沒有燃燒體就熄滅了。從前有了十世紀不間斷的工作，接續的十世紀，開頭就是深睡，以後被些美麗的夢截斷開；這些好夢模仿過去（柏拉圖和亞里斯多德），並且預兆將來。雖然説歷史的名理在中世紀没有以前以後的顯著，大家總要注意，中世紀也有兩個分期，同希臘哲學的分期平行：第一分期爲轉向過去的柏拉圖派，實在派，從歐古斯蒂努斯（Augustinus）到昂塞爾穆（St. Anselme）；第二分期爲孕育將來的游行學派，名目派（les nominalistes）。

　　三　近世哲學從第十五世紀科學的和文學的醒悟裏面生出，它的歷史，也同希臘人的思考相仿：

Ⅰ　一個擴張的時期，作本體論和作綜合的時期（Bruno, Descartes, Spinoza, Leibniz）。

Ⅱ　一個作批評反想的時期，作解析的時期（人類知能論；Locke, Hume, Kant 和他的接續人）。

歐洲哲學歷史上的三大時期互相平行，因爲人類的精神是按

着同一的定律接續着演變的。^(二)

原　注

〔1〕我們說這句話，並不是說希臘的哲學是絕對地自出機軸的。東方對於希臘哲學的發展很有影響，絕無疑義。在希臘人和埃及人接觸以前，這就是說在使他們能交通的 Psammétique 諸王即位以前，希臘人沒有真正的哲學，並且希臘哲學的創立人全屬於友尼亞族，哲學開始從小亞細亞移入意大利：直到比較近的時候，才移入雅典，這就是說移入希臘的本土。但是我們覺得很確定的一點，就是在友尼亞的哲學裏面，從它最初的一步起，我們就看見些觀念，它們的大膽同比較怯懦的亞蒂各(attique)的哲學相衝突，可以使我們設想他們已經有很長的智慧的發展。埃及的和 Chaldea 的科學的影響(海婁鐸突斯[Herodotus]曾經說過)，可以同中世紀阿拉伯各學派對基督教思想發展的影響相比。Gladisch 在 *Die Religion und die Philosophie in ihrer weltgeschichtlichen Entwicklung* 裏面，和 Roeth 在 *Geschichte der abendländischen Philosophie* 裏面，把這種影響說的太過火，Zeller 在 *Die Philosophie der Griechen* 第一册裏面否認它，却是錯了。至於印度的哲學，非常地豐富，並且它的理論很同希臘的哲學相像：對於希臘哲學的影響完全是間接的，歐洲一直到十九世紀靠着 Colebrooke 和他的繼續人才受到誘惑，對於畢達鼓拉斯派和柏拉圖派同印度的和伊蘭(Iran)思考的關係和巴庇倫盡東西人智慧儲藏人和交換中心的職務的問題，參考第九節。

譯者注

（一）法文的 entendement，英文的 understanding，均從拉丁文的 intellectus 譯出。有譯作悟性的，意少嫌狹；此譯爲知能，也不很明顯。直譯當作"理解的能力"(faculté de comprendre)。

（二）évolution 日本人譯爲進化，嚴復譯爲天演，現在在我國譯著界中，隨着各人的喜好，兩個差不多一樣地用。這個字最初的字源爲拉丁文的 voluere，意爲捲。加上一個字頭，變爲 evoluere，意爲展開。從此字生出拉丁文的 evolutio，歐洲近世各國文中的 evolution。通常用的意思爲變化，爲一種有定方向的變化，並非毫無軌則的變化，内中並不含前進和後退的意思。在生物學一方面，它同固定論（théorie de la fixite）相反對。固定論爲柏拉圖和亞里斯多德的主張，説生物在各類系中間，自爲變化；至與此類與彼類中間，此系與彼系中間，却毫無溝通。例如：猴子自有變化，人也自有變化；但是猴子萬不能變成人，人也萬不能變成猴子。按着他們的意思，生物的來源是多元的。至於古代友尼亞派的思想家之所主張及近世拉馬爾克和達爾文之所證明，則生物的來源當爲一元的，類系不過人類因爲研究的方便，把它約略分開，類系自身並没有客觀上的實在。它們不是固定的，却是變化的。至於變化之爲前進後退，頗不一定。牛因爲生存競爭時候的必要，把發達的頭骨漸變成角，固可稱爲進化，荒島上有翅的昆蟲，與環境不適合，種類滅絶，受選擇的乃爲此種中的無翅者，也不免爲退化。不過進化也好，退化也好，全可以叫它作 evolution，可見進化一詞不足包括此詞的含義了。有人因爲柏拉圖主張類系裏面有變化，就説他與 evolutionisme 有關，其實，柏拉圖是完全主張退化的（參考本書第十六節），更足以證明這個翻譯名辭的不恰切了。止有斯賓賽爾説宇宙中間有兩種運動：一種叫作 evolution 他一種叫作 dissolution。第一種爲發展，生長，成全等義，第二種爲收束，死亡，破敗等義，evolution[1] 在他的哲學裏面，的確成了進化的意思。但是法國哲學家拉朗德先生

---

[1] 編者注："evolution"，原誤作"evolutin"，據前後文改。

（Lalande）就這一個問題深研究下去，説 évolution 爲從個性不分明狀態達到個性分明狀態的運動，反之 dissolution 爲從個性分明狀態達到個性不分明狀態的運動。第一種固然有它的重要，第二種個體銷失，散入大我，並非死亡，消耗，毫無關係的東西，却是自願的銷失，進善，也自有它重要的意義。括總看起，他所説底 évolution 頗近我國"造化"一詞中之所謂"造"，dissolution 頗近此詞中之所謂"化"，也並無進退的分別。天演一譯比進化好的多，演字就選擇的非常的好。説文上説："演水長流也。"很足以表明向一定方向變動的意思。通常所用，也以天然的意思爲多。但是天然一意，並不含於此詞裏面。如果我們養花，使它漸漸地變種，也未常不可以叫作 évolution。人爲的演變（évolution artificielle）一詞。也並没有名詞與形容詞衝突的矛盾（contradiction in adjecto）。所以我們不用嚴譯，却把 evolution 譯爲演變，evolutionisme 譯爲演變論。

第三節　材料的由來

哲學史主要的材料是從下列各書取出：

對於蘇格拉底以前的思考，是從柏拉圖和亞里斯多德的著作裏面取出[1]。

對於蘇格拉底的學説是從柯塞糯諷（Xenophon）[2]和柏拉圖的著作裏面取出，尤其是在辯解録（l'Apologie），Crito 和 Pheado 裏面。

對於柏拉圖的學説，是從理想國（la République），Timaeus，宴會録（le Banquet），Phaedrus，Theaetetus，Gorgias 和 Protagoras 裏面取出。

對於亞里斯多德的學説，是從玄學（la Métaphysique），論理學

（la *Logique*），道德學（l'*Éthique*），物理學（la *Physique*），心理學（la *Psychologie*）^(一)，和政治學（la *Politique*）裏面取出。——也從他的注釋人著作裏面取出；主要的就是 Simplicius 的著作[3]。

對於亞里斯多德以後的各學派和希臘哲學的普通部分，是從盧柯來西烏斯（Lucretius）[4]，西塞婁（Cicero）[5]，塞奈加（Seneca）[6]，Plutarchus[7]，Sextus Empiricus[8]，Diogenes Laertius[9]，亞里山大城的 Clemens[10]，Origenes[11]，Hippolytes[12]，Eusebius[13]，普婁蒂努斯（Plotinus）[14]，Porphyrius[14]，Proclus[14]，Eunabius[15]，Stobaeus[16]，Photius[17]，Suidas[18] 的著作和近代的哲學歷史著作裏面[19]取出。

對於神父的時代（la période patristique），是從各神父筆戰的著作——尤其是 Logos protreptikos pros hellênas（對希臘哲學的諍言集）——Saint Clément 所著底教育家（le *Pédagogue*）和雜録（*Stromates*），Origenes 所著底哲理大綱（les *Principes*）和塞爾蘇斯的駁論（*Anti－Celse*），Tertullianus 所著底辯解録（*Apologeticus*），Lactantius 所著底神的制度（*Institutiones divinae*），歐古斯蒂努斯（Augustinus）所著底神的都市（la *Cité de Dieu*）和懺悔録（les *Confessions*）中取出。

對於學校派的時代（la période scolastique），是從斯轂突斯·愛黎格納（Scotus Erigena）所著底自然界的區分（*De divisione naturae*），昂塞爾穆（Saint Anselme）所著底獨言集（*Monologium*），附言集（*Proslogium*）和神何因爲人論（*Cur Deus homo*），亞伯拉（Abelard）所著底神學，道德學和辯論術（la *Dialectique*），Pierre Lombard 所著底格言集（les *Sentences*），Averroés 所著底注釋（le *Commen-*

taire)，聖多馬斯(Saint Thomas)所著底總集(la *Somme*)，董·斯殼特(Duns Scot)和歐加謀(Occam)所著底問題集(*Quaestiones*)，洛給·培庚所著底大著作(*Opus majus*)，Raymond Lulle 的箸作和 Ritter, Cousin, Hauréau 諸人的哲學歷史的著作裏面取出。

對於近世的哲學，是從布盧耨所著底無限的宇宙(*Del infinito universo*)和元子論(*De monade*)，坎巴迺拉(Campanella)所著底勝利的無神論(*Atheismus triumphatus*)，用覺官證明的哲學(*Philosophia sensibus demonstrata*)和家族論(*De gentilismo*)，佛蘭西斯·培庚(Francis Bacon)所著底新論理學(*Novum Organum*)，郝伯斯(Hobbes)所著底公民論(*De cive*)和物體論(*De corpore*)，特嘉爾所著底方法論(*Discours de la mèthode*)和哲學原理(*Princi-pes*)，麻爾布朗時(Malebranche)所著底真理的尋求(*la Recherche de la Vérité*)，斯賓挪沙所著底道德學(l'*Éthique*)，洛克(Locke)所著底人類知能論(*l'Essai sur l'entendement humain*)來本之(Leibniz)所著底新人類知能論(*Nouveaux Essais*)和元子論(*la Monadologie*)，柏爾克來(Berkeley)所著底人類認識原理(*les Principes de la connaissance humaine*)，耿底亞克(Condillac)所著底感覺論(*Traités des sensations*)，Holbach 所著底自然界的系統(*le Système de la nature*)，休謨(Hume)和 Reid 所著底試論(les *Essais*)，康德(Kant)所著底各種批評(*les Critiques*)，菲士特(Fichte)所著底科學的理論(*la Thèorie de la Science*)，西林(Schelling)所著底超越的惟心論的系統(*le Système de l' idèalisme trancendantal*)，黑智爾(Hegel)所著底精神的現象論(*la Phènomènologie de l'esprit*)，論理學(*la Logique*)，哲理科學的學術類典(*l'Encyclopédie des sciences philos-*

ophiques,海爾巴特（Herbart）所著底玄學（la *Métaphysique*）和心理學（la *Psychologie*），叔本華（Schopenhauer）所著底世界爲意志及表現論（*Die Welt als Wille und Vorstellung*），孔德（Comte）所著底實證哲學論（*le Cours de philosophie positive*），穆勒約翰（Stuart-Mill）所著底論理學（*la Logique*），斯賓塞爾（Herbert Spencer）所著底最高原理（*les Premiers principes*），Albert Lange 所著底惟物論史（*l'Histoire du matérialisme*），Ed de Hartmann 所著底非意識的哲學（*la philosophie de l'inconscient*）等書中取出；近世談論科學的名著帶一種普通的意義，所以也就有哲理的意義[21]；歸結還有些歷史的著作，如 Ritter[22]，Erdmann[23]，Barchou de Penhoën[24]，Michelet（de Berlin）[25]，Willm[26]，Chalybaeus[27]，Batholmèss[28]，Kuno Ficher[29]，Zeller[30]，Windelband[31]，Hoeffding[32]，諸人的著作，皆須參考。

對於歐洲哲學的普通部分，參考 Brucker[33]，Tiedemann[34]，Buhle[35]，De Gérando[36]，Tennemann[37]，Rixter[38]，Ritter[39]，黑智爾[40]，Schwegler[41]，Renouvier[42]，Nourrisson[43]，Cousin[44]，Janet[45]，Prantl[46]，Lange[47]，Erdmann[48]，Ueberweg[49]，Scholten[50]，Dühring[51]，Lewes[52]，Lefèvre[53]，Alauy[54]，Franck[55]，Fouillée[56]，Fabre[57]，Kirchner[58]，Janet et Séailles[59]，Bergmann[60]，Gomperz[61]，的著作。

原　注

〔1〕主要的就是玄學的第一卷，這真正是從達來斯到亞里斯多德的哲學的撮要，——蘇格拉底以前著作人逸文（Les fragments）曾經 Mullach

的搜集, *Fragmenta phil. graec. ante Socratem*. Paris, 1850.

〔2〕 *Memorabilia Socratis*(recens.)J. G. Schneider. Oxf.,1813.

〔3〕 *Comment. in Arist. physicorum libros*. Ed. Herm. Diels, Berlin, 1882. —
Comment. in libros de anima. Ed. M. Hayduck, Berlin, 1882.

〔4〕 *Lucretii Cari de rerum natura lib*. VI, G. Lachmann rec. et illustr., Berlin,
1850.

〔5〕 *De divinatione et de fato*, *De natura deorum*, *De officiis*, *De finibus*, *Tus-
culanes* 和 *Académiques*. —*Opera omnia*, éd. Le Clere, Bouillet, Lemaire,
17 vol., Paris. 1827–32. —*Opera philosophica*, éd. Goerenz, 3 vol., Leipz.,
1809 – 13. —*Ciceronis historia philosophiae antiquae* ex omnibus illius
seriptis collegit F. Gedike, Berlin, 1787, 1808, 1815.

〔6〕 *Opera* quae exstant c. not. et comment. var., 3 vol., Amsterdam, 1672.

〔7〕 *De physicis philosophorum decretis* libb., ed. Beck, Leipz., 1777. —*Scrip-
ta moralia*, 6 vol., Leipz., 1820. —*Opera omnia* graece et lat. ed.
Reiske, 12 vol., Leipz., 1774—82.

〔8〕 Sexti Empirici *opera*(Purrôneiôn hupotuposeôn lib. III, *Adversus math-
ematicos* libb. XI) graec. et lat, ed. Fabricius, Leipz., 1718 et 1848. Ed.
Emm Bekker, Berlin, 1842.

〔9〕 Diognis Laertii *de vitis*, *dogmatibus et apophtegmatibus clarorum philoso-
phorum* lib. X graece et latine ed. Hübner, 2 vol., Leipz., 1828, 1831. —
D. L. I. X ex italicis codicibus nunc primum excussis recensuit C. Gabr.
Cobet, Paris, 1862. —Diogenes Laertius 的盛年在紀元後二百三十年
左右。

〔10〕 Clementis Alexandrini *opera*, Leipz., 1830–34(logos protreptikos pros
hellenas. —Paidagôgos—Stromateis).

〔11〕 *De principiis* gr. ed. c. interpret. lat. Rufini et annotat. instruxit Ed. R.

Redepenning. Leipz., 1836. —*Contra Celsum* libb. ed. Spencer, Cam-
bridge, 1671. —Origenis *opera omnia* quae graece vel latine tantum ex-
stant et ejus nomine circumferuntur. Ed. C. et C. V. Delarue, denuo re-
cens. emend. castig. C. H. E. Lommatzsch, 25 vol., Berlin. 1831−48.

〔12〕 S. Hippolyti *refutationis omnium hoeresium* libror. X quae supersunt
graece et lat. ed. Duncker et Schneidewin. Goett., 1856−59. ——第一卷
以前有很长的時候用 philosophoumena 的名字，被認爲 Origenes 的著作；
第四至第十數卷於一千八百四十二年在希臘發現，第一次由 Emm. Mill-
er, Oxford, 1851, 用 *Origenis philosophumena* 等類的名字印出來。

〔13〕 Eusebii Pamph. *Praeparatio evangelica*. Ed. Heinichen, Leipz., 1842.

〔14〕 參考第二十五節。

〔15〕 Eunapii Sard. *Vitae philosophorum et sophistarum*. Éd. Boissonade, Par-
is, 1849.

〔16〕 Stobaei *Eclogarum physicarum et ethicarum* lib. graece et latine ed.
Heeren, 2 vol., Gött., 1792, 1801, (épuisé). —Id. ed. Meineke, 2 vol.,
Leipz., 1860, 1864. —Stobaei *Florilegium* ed. Gaisford, 4 vol, Oxf.,
1822; Leipz., 1823; Meineke, 4 vol., Leipz., 1855−57.

〔17〕 *Myriobiblion* ed. Békker, 2 vol., Berlin. 1824 (Photius 大教正盛年在第
九世紀）.

〔18〕 *Lexique* de Suidas, éd. Gaisford, Londres, 1834, et Bernhardi, 2 vol.,
Halle, 1834 (Suidas 盛年在一千一百年附近）.

〔19〕 主要的就是：Ritter et Preller, *Historia philosophiae graeco-romanae ex
fontium locis contexta*. Ed. VII, Gotha. 1886−88. —Ritter, *Histoire de la
philosophie ancienne*, 4 vol. in−8, trad en fransais par M. Tissot, Paris,
1833. —Chr. Aug, Brandis, *Manuel d'histoire de la philosophie grecoroma-
ine*, 3 t., Berlin, 1835−60 (all.)—Le même, *Histoire du développement de*

la philosophie grecque et de son influence dans l'empire romain, 2 vol., Berlin, 1862-64(all.) —Roeth, *Histoire de notre philosophie occidentale*, 2 vol., Mannheim, 1846-58 (all.). —Laforèt, *Histoire de la philosophie ancienne*, Bruxelles, 2 vol., 1867. —Ed. Zeller. *La philosophie des Grecs*, en 3 t. 1re éd. Tübingen, 1844-52; 2e éd. en 5 t. entiérement refondue. Tüb.. 1856 ss. (all.). Réimprimé 1869-82, M. Emile Boutroux a entrepris la traduction de cet ouvrage capital, continuée par MM, Lucien Lévy et Jules Legrand. ——在這些特別的著作以外,應該加上:les *Histoires générales de la philosophie*, citées plus bas, et pour mémoîre: Stanley. *History of philosophy*, 1655, et en latin. Leipzig, 1712, 2 vol. —Pierre Bayle, *Dictionnaire historique et critique*, 1695-97, 2 vol. in-fol.; 4e éd. revue et augmentée par Des Maizeaux, Amst. et Leyde, 1740, 4 vol. in-fol. —Boureau-Deslandes, *Histoire critique de la philosophie.* ——大家如果參考下列諸書也是很好的:Grote, *Histoire de la Grèce*, trad. par Sadous, 19 vol.; le même, *Platon and the other disciples of Socrates*; Draper, *Histoire du developpement intellectuel de l'Europe*, trad. Aubert; etc.

[20] Collection J. P. Migne, Paris, 1840 ss.

[21] Tels sont: les *Révolutions célestes* de Copernic, les *Principes mathématiques de la philosophie naturelle* de Newton, l'*Esprit des lois* de Montesquieu, la *Mécanique analytique* de Lagrange, l'*Histoire naturelle du ciel* de Kant, la *Mécanique céleste* et l' *Exposition du système du monde* de Laplace, le livre de Darwin sur l'*Origine des espèces*, etc.

[22] *Histoire de la philosophie moderne*, trad. par M. Challemel-Lacour, 3 vol., 1861.

[23] *Essai d'une exposition scientifique de la philosophie moderne*, Riga et Leipzig, 1834-53(all.).

〔24〕 *Histoire de la philosophie allemande depuis Leibniz jusqu'a nos jours*, Paris, 1636.

〔25〕 *Histoire des derniers systèmes philosophiques en Allemagne depuis Kant jusqu'à Hegel*, 2 vol., Berlin, 1837–83(all.).

〔26〕 *Histoire de la philosophie allemande depuis Kant jusqu'a Hegel* 4 vol., Paris, 1846–49.

〔27〕 *Développemet historique de la philosophie spéculative dequis Kant jusqu'à Hegel*, 4ᵉ édition, 1848(all.).

〔28〕 *Histoire des doctrines religieuses de la philosophie moderne*, Paris, 2 vol., 1855. —*Histoire philosophique de l'Académie de Prusse*, Paris, 2 vol., 1851.

〔29〕 *Histoire de la philosophie moderne*, Mannheim, 1854 ss. (all.) ; 8 vol., ont paru.

〔30〕 *Histoire de la philosophie allemande depuis Leibniz.* Munich, 1872, 2ᵉ édition, 1875(all.).

〔31〕 *Histoire de la philosophie moderne(all.).* Deux volumes ont paru.

〔32〕 *Histoire de la philosophie moderne*, 2 vol. en danois et en allemand.

〔33〕 *Historia critica philosophiae inde a mundi incunabulis*, 6 vol., Leipz., 1742–67.

〔34〕 *L'esprit de la philosophie spéculative depuis Thales jusqu'à Berkeley*, 6 vol., Marb., 1791–97(all.).

〔35〕 *Histoire de la philosophie*, trad. par Jourdain, 1816.

〔36〕 *Histoire comparée des systèmes de philosophie relativement aux principes des connaissances humaines*, 3 vol., Paris, 1803, 1822–23.

〔37〕 *Histoire de la philosophie*, en 12 tomes Leipz., 1791–1819(all.). —*Précis de l'histoire de la philosophie*, trad. par M. Cousin, 2 vol., 2ᵉ éd.; 1839.

〔38〕 *Manuel de l'his. de la phil.* (all.) , 3 vol., 1822-23.

〔39〕 *Histoire de la philosophie*, 12 vol., Hambourg, 1836-45 (all.). —*Histoire de la philosophie ancienne*, trad. par Tissot, 4 vol., Paris, 1835-37. —*Histoire de la philosophie chrétienne*, trad. par Trullard, Paris, 1843.

〔40〕 *Cours d'histoire de la philosophie*, publié par L Michelet, Berlin, 1833 (vol. 13-15 des *Oeuvres complètes*, all.).

〔41〕 *Esquisse de l'histoire de la philosophie*, Stuttg., 1848, 7e éd., 1870 (all.). —*Histoire de la philosophie grecque*, 2e éd., Tübingen, 1870 (all.).

〔42〕 *Manuel de philosophie ancienne*, 2 vol., Paris, 1844. —*Manuel de philosophie moderne*, Paris, 1842. —*Esquisse d'une classification systématique des doctrines philosophiques*, 2 vol., Paris, 1885-86.

〔43〕 *Tableau des progrés de la pensée humaine depuis Thalès jusqu'à Leibniz*, Paris, 1858, 1860.

〔44〕 *Cours d'histoire de la philosophie*, Paris, 1829. —*Histoire générale de la philosophie depuis les temps les plus anciens jusqu'au XIXe siécle*, 1 vol., Paris, 1863; 12e édition publiée par M. Barthélemy-Saint-Hilaire, Paris, 1884.

〔45〕 *Histoire de la philosophie morale et politique dans l'antiquité et dans les temps modernes*, Paris, 1858.

〔46〕 *Histoire de la logique en Occident*, Leipz., 1855 ss. (all.).

〔47〕 *Histoire du matérialisme*, 3e éd., Iserlohn, 1876-77; trad. en français par M. Nolen.

〔48〕 *Esquisse de quisse de l'histoire de la philosophie*, 2 vol., 2e éd., 1869 (all.).

〔49〕 *Esquisse de l'histoire de la philosophie depuis Thalés jusqu'à nos jours*, 3 vol., 3e éd., Berlin, 1867-68(all., avec un supplément de M. Janet sur la philosophie française au XIXe siècle). Réédité et complété par M. Heinze, prof. à Leipzig.

〔50〕 *Histoire comparée de la philosophie et de la religion*, 3e éd. très augmentée, 1868(holl). Traduit sur la 2e édition par M. Réville, Paris et Strasbourg, 1861 et en allemand sur la 3e éd. par M. Redepenning.

〔51〕 *Histoire critique de la philosophie depuis ses origines jusqu'à nos jours.* Berlin, 1869(all.).

〔52〕 *A biographical history of philosophy from its origin in Greece down to the present day*, Loudres, 3e éd., 1863.

〔53〕 *La philosophie*, Paris, 1879.

〔54〕 *Histoire de la philosophie*, Paris, 1882.

〔55〕 *Dictionnaire des sciences philosophiques*, 2e éd., Paris, 1875.

〔56〕 *Histoire de la philosophie*, Paris, 1875; 4e éd., 1883. —*Extraits des grands philosophes*, Paris, 1877.

〔57〕 *Histoire de la philosophie*, Paris, 1877.

〔58〕 *Catéchisme d'histoirc de la philosophie*, Leipz., 1878(all.).

〔59〕 *Histoire de la philosophie*; *les problemes et les écoles*, Paris, 1837.

〔60〕 *Histoire de la philosophie*, t. 1, Berlin, 1892(all.).

〔61〕 *Griechische Denker. Eine Geschichte der antiken Philosophie*, 3 vol., Leipz., 1909-12, trad. française, 3 vol., 1904-10.

第一卷　希臘哲學

第一期　狹義玄學的時代或研究自然界哲學的時代（從紀元前六百年起至四百年止）

第四節　希臘哲學的根源

希臘人的哲學，用神學的和箴言（morale gnomique）的形式從宗教裏面分離出來[1]。這種哲學的出發點就是亞里安民族（aryen）的自然論（但是因爲希臘民族有一種特別的天才，并且他們物理環境也有不同，這種自然論已經受過一種變化）。當這種哲學出現的時候，這種自然論超過它的兒童時期已經很久了。那些先民覺得發光的空氣（Diaus-Zeus），太陽和它的光熱（Apollon），暴風雨時的雲雷（Pallas-Athéna），就是神們的自身；兒童把他的周圍看作極樂的世界，並且把他的泥人，木馬當作有生命的東西；人類的兒童時期也就和他們一樣，覺得自然界是與他們同類的東

西。荷馬(Homerus)和赫西友杜斯(Hésiodus)同時的人,覺得這
些現象,不過是藏在現象後邊那些神靈的表現;這種神靈與人類
的靈魂是同類的東西,但是能力比較偉大,并且也和靈魂一樣是
不死的。這些神成了一種超出的,理想的人類,他們的惡德和美
德同人類一樣,不過更偉大些。世界就是神們的製造品,神們的
帝國,神們發現自己意志和成敗的舞臺。神們對人類的愛情不如
他們的忌妒,人類因爲是他們的玩具才能存在。他們是要生活
(vouloir-vivre)的最高的表像,並且忌妒人類卓絶的能力,不肯把
完全的幸福授給人類。當我們人類的榮盛使他們不喜歡的時候,
頂虔誠的教儀,最富裕的祭品,最完全的敬事,也不能使他們回心
轉意。梭倫(Solon),德歐柯尼斯(Theognis)的箴言式的詩集裏面
所表現底愁悶,就是從這裏邊生出來。這些詩人宣言生不如死,
覺得未曾降生的人和幼年夭亡的人是很有幸福的。

以後道德觀念逐漸發達,逐漸變細,那些宗教的觀念也就跟
着道德觀念變了形式,受了精神化。荷馬所説底神們,反射出來
希臘民族幼年洋溢的,急旋的,好鬥的精神;這些神們以後變成了
公正的和有智慧的,就是這個民族精神成熟的反射(Pindarus, Es-
chylus, Sophocles)。宗教觀念,在這種性質的變化以外,又有一種
數量的變化。多神教帶出一種變簡單的傾向。人類意志所看做
最高目標的"善"與"叶和"(harmonie)的意義相同。叶和就是在
不同的東西裏面,找出來一種相同的東西。宗教和道德是向着同
一的方向,向着一神的方向前進的。

道德的意識,在希臘人的心目裏面,同"美麗"的覺官相混,
在理性和理性天然向着統一走的傾向裏面,得了一種强有力的幫

助。神學受了一元本能的影響,就來問在群神裏面那一位最長? 由他們公同的祖先生出來以後,他們有什麼樣的輩數? 赫西友杜斯,凡萊西德斯(Phérécydes)[2],歐爾凡烏斯(Orpheus)[3]的神生成論(la théogonie)就是來答這個問題的。這是哲學的精神第一次給人類的滿足,它用些奇異的形式,對於自然界作一種合理的(rationnelle)講明。

在道德意識和理性以外,又有第三種的原動力,就是經驗。經驗要使宗教的觀念改變形式,就來證明:用些很隨便的意志想絕無例外地講明一切現象,是可不能的。數學方面的事實,因爲帶着普遍性和必要性,最先逃出神學的講法:我們怎麼樣能够説二乘二得四,或一個三角形的三角等於二直角,不是一種絕對必要性的結果,却是一種隨便的結果呢? 在天文和物理的界限裏面,也有同樣的現象。對於事實的觀察,對於它們恒定的合法性(la régularité constante)和對於它們那定期性的觀察,使人覺得在群神的隨意(anagkê,adrasteia,moira,tuchê)上面,還有一種意志,一個不變的正義(dikê,heimarmene),一種神聖的定律(theios nomos),一種無上的智慧(theios logos,theios nous),所以達來斯,柯塞耨法奈斯,畢達戮拉斯,凡是起頭反對神學的人神同形論(anthropomorphisme)的人,總是些數學家,博物學家,天文學家,——如果有人對於星宿的行度,數目的本性,物體的本質,有點粗淺的智識,我們就可以這樣叫他們。

當這些物理學家(physiciens)—亞里斯多德這樣叫他們,以別於從前的神學家,——當他們把那些口耳相傳的神們,送在寓言的界域裏面,開始用原始和原因(Archai kai aitiai)講明自然界的時候,哲學就發生了。哲學從理性和宗教權力的衝突裏面發生,宗教因爲要報復它,就要成系統地攻擊它是無神論,並且説它背叛祖國,所以哲學起初總不能立時脱去神話的形式。它喜歡用詩人的帶音調的語言表示出來,並且它的概念從宗教裏面出來,還帶着宗教信仰的痕迹。它並不把神們删去:却把神們引到他們真實的本質,並且把他們當作原質(stoicheia)解説。哲學也同神學一樣,起首來問:那一種是最初的原質?按着品位,按着歲數,那一種比别種在前?别種原質全是從那一種發生出來呢?神生成論這樣就變成了世界生成論。最初思想家所爭論底惟一重要問題,就是要知道:那一種是自然界裏面最初的主動者,最重要的原始(arche)。

原　注

〔1〕這就是説哲學的根源比較新近,至於歷史在它前面的宗教,可以追溯到民族的摇床裏面,以至於可以追溯到人類的摇床裏面。實在,宗教是我們人類本質最早的和永久的表現,在道德意識的和理性的發展能使它瞥見它的理想上的目的以前,她在要存在(vouloir-être)的意識裏面綜括得這樣好:對於不死的信仰和把死人當作活人奉事的教儀同宗教的一切表現全是很密切地相關聯。宗教雖然也生出來一種理論,一種神學,成了哲學最初等的形式,並且生出來一種實用,一種教儀,爲道德最早的形式,它在本質上也不是一種理論,也不是一種法典,却是一種本然屬於感觸的(affectif),屬於本能的,屬於美的現象;它同人類有同樣地年紀,同樣地長久,並且對於他有一種很高的威力。至於哲學却同它相反,爲理性的兒子,它同理性一樣,爲人類發展以後較晚的結果;它在歷史上面止算一種隨屬的和

時刻間斷的脚色。

〔2〕 *Pherecydis fragmenta* coll. et illustr. Fr. G. Sturz, éd. II, Leipz., 1814.

〔3〕 對於歐爾凡烏斯，要看 Lobeck 的博雅的著作：*Aglaophamus sive de theologiae mysticae Graecorum causis*, 2 vol., 1829, 對於希臘哲學和名爲神秘（*mystères*）的宗教制度的相互影響，要看：Zeller-Boutroux, t. I 的導言。

第五節　米萊突斯（Miletus）學派，達來斯（Thales），亞納柯西曼德爾（Anaximander），亞納柯西默奈斯（Anaximenes.）

達來斯[1]爲米萊突斯學派的首領，并且爲友尼亞一切學派的鼻祖[2]。他在紀元前六百年左右，說這種最初的原始是水，水爲宇宙的内質（substratum），其餘一切的物體，全是由它變化出來的。水包圍大地的各方，至於大地在無邊的大洋上面漂着，不住地從那裏面吸收它所須要底營養。

這個學說，是把亞里安民族的老神話翻譯成科學的語言。按着這個神話，天上的 Okéanos 或暴風雨的雲彩，浸灌大地，爲一切生物的祖先[3]。我們對達來斯的哲學，所的確知道底止有這些。另外，古人傳說他在希臘人裏面，是最先的幾何學家，最先的天文學家，最先的物理學家。他們說他曾預言紀元前五百八十五年五月二十八號的日蝕，並且知道磁氣的現象，和被摩擦的琥珀有吸引力（êlektron）。

亞納柯西曼德爾[4]是他的同鄉，並且是他的弟子，米萊突斯的亞納柯西默奈斯[5]爲亞納柯西曼德爾的弟子。按着他們兩個

的學説，最初的原始並不是水，是一種微渺的物質，包圍着地和海
的各方，並且浸灌它們。按着老師的學説，這是一種無定的本質
（apeiron）；按着弟子的學説，這是空氣（aêr），噓氣（pneuma，
psuchê），它就是各天和各世界（在各天裏面包着）的公同母親（tôn
ouranôn kai tôn en autois kosmôn）。一切存在的東西，全從這種原
始得到他的有，並且由於分離從原始裏面生出來：所以每一件事
物在命運（le Destin）所定底時期，要把原始所借給它底生命還給
原始，爲的是這個生命可以周流，並且過在些另外的有裏面，這是
很應該的。在 apeiron（譯者案：可譯爲無限，混沌等意），原始的
混沌（migma）[6]裏邊，没有寒，暑，燥，濕的相反，在那裏面，一切
全中和了；這些事物漸次分離，並且用它們那些有分別的原質組
成自然界。最先的衝突，一方面就是熱和燥，他一方面就是冷和
濕；冷和濕聚在大地裏邊，熱和燥聚在周圍大地的天裏面。大地
是一個圓柱形的物體（一），自由地在無限的液體上面漂流。它因
爲距離天上一切的形體全屬相等（dia ten homoian, pantôn aposta-
sin），所以能保持着它的平衡。有無量數的世界（theoi）輪換着生
滅。最早的動物在水裏面構成，從這些動物慢慢生出些高等動
物。人類是由魚類生的，個體（les individus）和種類（les espèces）
不住地變遷，但是它們所從出底質料（apeiron），是不能毁滅的
（aphtharton, athanaton, anolethron），因 爲 它 不 是 被 創 造 的
（agennêton）。它包圍一切，産生一切，治理一切（periechei hapan-
ta kai panta kuberna）。它是無上的神聖（to theion）；在它自身裏
面，有一種運動和一種永久的生活力，aidios kinêsis, aidios Zôê（物
質生活論，hylozoïsme）。

原　注

〔1〕主要材料的來源爲亞里斯多德玄學的第一卷的第三篇。

〔2〕按着亞里斯多德所用底詞爲 O tês toiautês archêgos losophias（譯者按：原印如是，但查希臘文字典，並無 losophias 及相類似的字，查玄學第一卷第三篇的原文當係 philosophias 的誤寫。如上所言不誤，則此數字的本誼爲此類哲學的創始人）。

〔3〕Plato, *Cratyle*, 402 B.

〔4〕著有自然界論 peri phuseos，史料來源：亞里斯多德玄學第十二卷第二篇；物理學第三卷第四篇。—Simplicius, *In Phys.*, f. 7. 32.—Eusebius 書中所引底 Plutarcus, *Praep. evang.*, I. 8.—Hippolyte, *Refut. hoeres.*, I, 6.—參考 Hermann Diels 所著底：*Doxographia graeca*, 559, 2 t.—Cicéron, *De nat. deor.*, I, 10.—Schleiermacher 的 *Mémoire sur Anaximandre* (all.), *Oeuvres complétes*, 3e série, t. II.—Ritter et Preller 的 *Hist. phil gr*, *et rom.* éd. VII, p. 12 ss.—C. Mallet 的 *Histoire de la philosophie ionienne*, Paris, 1842.—H. Martin 的 *Les hypothèses astron. des plus anciens philosophes de la Grèce*, Paris, 1878.—Tannery 的 *Anaximandre de Milet*, dans la *Recue phil.*, 1882. p. 506; etc.

〔5〕Plutarcus 和西塞婁的同書。—Schleiermacher, *Mémoire sur Diogéne d' Apollonie* (même vol.).—Ritter et Preller 的同書。

〔6〕我們在亞納柯薩穀拉斯和紀元前第五世紀的物理學家的著作裏面還可以遇到亞納柯西曼德爾的 Migma 和他那些主要的學說，他們多少總算是米萊突斯學派的門徒。

譯者注

（一）這是亞納柯西曼德爾的學說。至於亞納柯西默奈斯則同達來斯一樣，覺得地是完全平的。大約從看地爲平面到看地爲球形的中間時期，人類的知慧總要從這一階級經過。中國蓋天家所説"地法覆槃”,也是同一的意思。亞納柯西曼德爾覺得地的圓柱,高與平徑爲一與三之比,真是“覆槃”的樣子了。

第六節　生成的問題(le Problème de devenir)

以後的哲學家,對於米萊突斯學派的物理學和此學派所得基本的總念,如最初的實體,永久的運動,定律,或有指揮力的運命(fatalité dirigeante)等類,對於這些再加一種反想,就成了玄學(*métaphysique*)。這種 archê,這種最初的原始,你們叫它做水,空氣,噓吸,無限,它的自身却是什麼東西呢? 你們説它有能蕃殖的和能毁滅的運動,這個自然界(phusis)怎麼樣能包含着它呢? 因爲原始永存,至於他的形狀,却是不住地變易;物質不變,至於由它所成底東西,却是發現,消滅;有常住,至於衆有或生長,或死亡,永久地變換;然則,在有裏面,怎麼樣同時能够永住和不永住呢? 怎麼樣同時能够有和没有呢? 一句話説完,生成(ginesthai)是什麼?

從此以後,對於這個一定要遇着的問題,有三種系統來回答它,這三種就是歐洲一切哲學的典型:愛來阿(Elea)派的學説,額拉吉來圖(Heraclitus)的學説和原子論説。至於原子論,畢達戮拉斯(Pythagoras)派的學者用惟心論的意思講明[1],萊西普斯(Leucippus)和德謨吉來圖(Democritus)用惟物論的意思講明,亞納柯薩戮拉斯(Anaxagoras)的學説帶着二元論的色彩。愛來阿派和額拉吉來圖有根本的主張,並且輪流着把這種反對論的兩端删去一端。至於原子派是一種調和的學説。按着愛來阿派的假説,有就是全體,變易不過是表面的;按着額拉吉來圖的假説,變易就是全體,至於有,永存,不過是一種幻覺;按着元子論(mon-adisme)和原子論(atomisme)派學者的假說,同時也有永存,也有變易:衆有的自身永存,可是在它們的關係中間,有永久地變易。愛來阿派的學者否認生成,額拉吉來圖把生成尊爲神聖,原子論的學者講明生成。

原　注

〔1〕畢達戩拉斯派的學者把有們看作數學的或理想上的單一,原子派把有們當作物理的或物質的單一。

A　否定生成

第七節　愛來阿學派,柯塞耨法奈斯(Xenophanes),巴爾默尼德斯(Parmenides),默黎蘇斯(Melissus),載耨(Zeno),戩爾吉牙斯(Gorgias)

當亞納柯亞曼德爾的學說,在米萊突斯正盛的時期,另外一個友尼亞人,寇婁峰(Colophon)的柯塞耨法奈斯去到大希臘,爲哲學的行吟詩家,游行各城。他歸結在 Lucania 的愛來阿地方的Vélie,找到許多的贊成人,就在那裏定居。他關於神學的新發見,經愛來阿的巴爾默尼德斯,Samos 的默黎蘇斯的推明,組成系統,就變成了玄學。愛來阿的載耨爲巴爾默尼德斯的弟子,用論辯法來給這些學說作辯護,爲哲人派的先河。

柯塞耨法奈斯[1]堅決地反對希臘民族的神話,他對於這些神話,和希伯來的預言者盡同樣的職務:他們全是揚起强有力的聲音,反對多神論和它那些概念的謬誤。柯塞耨法奈斯用他的語言和他的著作,成了哲學裏面一神論的真正創造人。他自己覺得這種議論,同萬有神論相同。他所著底諷刺詩,我們還保留些斷簡殘編。他用着一種飽含着嘲弄的雄辯,攻擊人類的謬誤,因爲人類誤認神聖有無窮的數目,並且説他的形式也像人(神人同形論)和情緒也像人(神人同情論)。柯塞耨法奈斯大聲疾呼説:止有一位神,止有一位惟一的和無上的神,無論他的形體和智慧全不能和荷馬所説底神們和人類相比擬。這位神全體都是眼睛,全體都是耳朵,全體都是理解(l'entendement)。他是不變的,不動的;不須要左右周流就能實行他的意志;止要用他的一個思想,就可以絶無困難地治理一切。人類因爲相信荷馬和赫西友杜斯,就臆想神們也像他們一樣的生長,一樣的有感情,有聲音和形體,并且把人類裏面一切可耻的和隳落的行爲,——比方説,偷盗,不潔和欺詐,——給神們安在身上。如果牛或獅子能彀繪畫,它們一定把它們的神們畫成獅子和牛的樣子,人類所作,就同它們一樣。我們現在應當崇奉那位惟一的和無限的有,替代那些想像上的有們;這位唯一的有包含着①我們,至於它的自身也没有蕃殖,也没有腐敗,也没有變易,也没有生成[2]。

  2 巴爾默尼德斯[3]把他老師所説底,更加研精,用他的師説作出發點,作成一種嚴密的一元論。因爲在神裏面没有變易,并且神就是全體,然則我們所説底變易(Allioiousthai),不過是一種

———————

①編者注:"着",原誤作"看"。

表面，一種幻覺（doxa）；實在說起，也沒有生成，也沒有死亡，止有永久的有才能存在。他作了一首哲理的詩來主張這種議論，這首詩還留下些殘編，我們對於希臘人真正玄學的思辨所保存底，這總算最古的了。這首詩的第一部分，講明真理，他用一種皮毛的論辯法，證明變易，衆多，限制等觀念，是和理性相矛盾的。第二部分，講解他所說底表面。因爲有這種表面，他就來試着給自然界作一種解釋。

　　他從有的觀念出發，說有不能變成有，也不能變成無，或變成別的東西；因爲如果有曾開始存在，它或者是從有裏邊生出來，或者從無裏邊生出來；可是，照着頭一說，它是從它自身生出來，它是自己發生，這就是要說它並沒有生成，它是永存的。第二說，設想從絕無裏面能生出有，那是荒謬的。由同樣的理由，存在的東西也不能變化和消耗，因爲死，或是把它變成有，或是把它變成絕無。如果有變成有，那就是說它不變，至於設想它過到絕無，同無能生有的議論，同樣是不可能的。歸結，有是永存的。有并且是不動的，因爲它止能在空間裏面運動；可是空間是有或是無：如果空間是有，它就同有相同，說有在空間裏面運動，就是說有在有裏面運動，就是要說有還留在原處；如果空間是無，運動也不能有，因爲運動止有在空間裏面才是可能的。然則運動不過是一種表面，我們無論用什麼法子也不能想出來。有是一個連續的（suneches）和不可分的全體。在此有和彼有中間，並沒有斷絕：歸結就沒有原子。我們現在姑且設想有一種空虛，在他們所說底宇宙的各部分中間，有了斷絕。如果這個空隙是些實在的東西，它就是有；它就要連續着有，不能把各有間斷開，它就要把物體聚成一個,並不能把它分成各部分;如果没有空虛,那更不能分離他們了。然則在此有和彼有中間,没有空隙,一切的有止成了一個有。有(宇宙)是絶對的,自足的;它也没有欲望,也没有需要,也没有任何種的感動。如果説有是相對的,它止能係於有或係於無。説有係於有,就是説它係於它自己,就是説它是無係屬的,説它係於無,它還是無係屬的;它因此就免掉一切的欲望,一切的需要,一切的感動。它就是全體,它無論什麽也不能需要了。歸結有是一個:因爲如果有第二個有,第三個有,也不過是它的連續,這就是説還是它自己。括總説起,有止能看作永存的,不變的,不動的,連續的,不可分的,無限的,惟一的。在思想家看起,止有一個惟一的有,在這位<u>惟一全體</u>(Un-tout)的身上,一切個體的差異全没有了。能思想的有和被思想的有,是同一件東西(Tauton d'esti voein te kai ouneken esti noêma)[4]。

　　<u>巴爾默尼德斯</u>在他那部詩的第二部分,講明意見(doxa),這種意見屬於覺官,意見的對象不過是表面的。理性看見宇宙是一個不可分的單一;覺官却把宇宙分成兩個區域或兩個相敵對的原質:一方面爲夜爲寒,他一方面爲光爲火爲熱。理性看見宇宙無始無終;表面上却有生成,生長,這種生長是光明原始對於黑暗原始接續的戰勝。黑夜是一切形式(eidê)的母親,光明是一切形式的父親,世界就是到最小部分,也有生世界的兩種原質的痕迹。寒暑,明暗,到處全是用恒定的比例混合。宇宙是由一組集中的球作成的,光明的和炎熱的球同黑暗的和寒冷的球互相交錯,最外面的球包含一切的球(to periechon);它是固體的,寒冷的,黑暗的,但是同在裏邊的恒星所著底光明球(olumpos eschatos)接界。

中心的球也是固體的,寒冷的,但是被一個光明的和生活的球包圍着,這個光明球周圍着世界的固體的核子,爲運動的源泉(這就是説,爲幻覺的源泉[5]),爲普遍生命的家鄉(hestia tou pantos),爲神靈的住所(Daimôn),爲世界的主人(kubernêtês),爲正義(Dikê),爲必要性(Anagkê),爲愛情的母親(Aphroditê)。

　　這些學説,有一部分是抄襲友尼亞學派和畢達轂拉斯學派的,他並不説它是真的,不過把它當作些假説,在幻覺的世界裏面,給我們指一條路罷了。巴爾默尼德斯并不覺得這些學説有友尼亞學派所覺得底重要。他不承認有運動。他把自然界的真質扔在幻覺的界域裏面,他除却玄學,除却由先推理(raisonnement *a priori*)的玄學,不知道有別的科學。因爲他説在實在和理解(Intelligible)中間有反對性,他就成了柏拉圖派惟心論的重要前驅,並且不屬於帶近世意義的精神學派。精神學派分別物體的實體和靈魂的實體;愛來阿學派的玄學,對於這一類的分別,全不知道。他所肯定底有,也不是物體,也不是靈魂,也不是物質,也不是精神;它就是有,什麼別的全不是,它止是有,其餘一切不過是偶遇(accident),表面,幻覺。如果有人用物質這個字玄學的和暗昧的意義,把它當作普遍的實體和内質解説,他可以把巴爾默尼德斯算作一個惟物派學者,同可以把近世效法他的人斯賓挪沙(Spinoza)説作惟物派的學者一樣。但是如果有人給他一個和德謨吉來圖及近世惟物派學者同樣的名字,那就錯了。因爲對着真正的精神學派才能有真正的惟物學派;這個時期比巴爾默尼德斯較後。巴爾默尼德斯和額拉吉來圖的一元論,就像一塊大理石,也可以作成水盆,也可以刻作 Jupiter,以像母親的胎胞,按着周圍的情形,可以生出來一個蘇格拉底,也可以生出一個 Erostrate。
它的界限可以變明瞭,變成物質的一元論,或精神的一元論。

　　3　將來柏拉圖要從這些學説裏面,找出來惟心論,至於薩懋
斯的默黎蘇斯[6](他的盛年(一)在紀元前四百四十年)却照着惟物
論的意思講解它。這位哲學家同時是一個勇敢的將帥和能幹的
政治家,他用愛來阿學派的世界永存説,反對友尼亞派的世界生
成論。如果生成不可能,從此以後,考究宇宙怎麼樣的生成,成了
無意義的和荒謬的事情了。有在時間和空間裏面全是無限的
(hôsper estin aiei, houtô kai to megethos apeiron aiei chrê ein-
ai),——巴爾默尼德斯覺得世界是一個球,並不是無限的。這樣
的性質,使默黎蘇斯的唯物論不留一點疑惑,他的學説,帶上一個
很近世的印記,對於大半的古代學説,尤其是亞里斯多德的學説,
全不相同:因爲希臘人用美術的眼光判斷事物,他們覺得無限因
爲没有邊際,就是不完全的,至於宇宙就是完全的自身,就是完成
的球,眼睛能使我們看見一半,地球爲宇宙的中心。

　　4　愛來阿的載耨[7]爲巴爾默尼德斯的聽講人和弟子,是這
個學派的爭辯家,他發明引到荒謬證明的方法(procédé de
démonstration par réduction à l'absurde),爲論辯法和哲人派的開
山人。他説我們所能想到底止有"二",至於面積,大小,運動,空
間,全是無法想到的。設想有一個大小(有界限),由一切的必
要,它要同時是無限大和無限小;無限大,因爲它可以分到無限,
由無限的部分合成;無限小,因爲無面積的部分,就是到了無限,
也不能合成一個廣延和一個大小。

　　運動是無法想到的;因爲隔離出發點和目的點的綫,是由些

點合成的，因爲點無面積，所以這些點的數目無限。所以一切的距離，以至於頂小的距離，也是無限，目的點就不能達到。設想那位跑得頂快的 Achilles 離遲慢的龜無論怎麼樣近，他永遠趕不上它：因爲在這件事情，無論這個距離怎麼樣小，他起頭總應該越過隔離那龜的距離的一半，這樣推下去，想越過這一半，他應該先越過這一半的一半，依此類推，可至於無窮。那根綫可分到無窮的性質，對於他，成了一種無法越過的障礙物。你相信一支箭飛，但是這支箭要達到它的目的地，就應該在空間裏面，越過一組的點；然則它應該連續地占據着這些不同的點；可是說它在一個已知的時候，占據空間的一點，就是說它正在休息；然則，那支箭是在那裏安靖着，至於它的運動不過是表面的。

　　再進一步説，運動如果能有，它止能在空間裏面。可是如果空間是一件實在，它要在一個地方，這就是說它還在另外一個空間裏面，這第二個空間還在另外一個空間裏面，這樣推下，以至於無窮。然則運動從無論什麼視察點看起，全是不可能的。並且除了説荒謬的事物也可以真實，就萬不能承認運動是實在的。止有一個有，這個有就是不變的物質[8]。

　　5　Léontium 的毅爾吉牙斯[9]從載耨學修辭學，他的祖國在紀元前四百二十七年派他上雅典去。他把愛來阿學派的原理推到最後的結果：走到虛無論（nihilisme）。在他的無論或自然界論（peri tou mê ontos hê peri phuseôs）那本書裏面，他不止同載耨一樣的否定運動和空間，他並且把有的自身也毀壞了。他説什麼全不存在，因爲如果有一個有，巴爾默尼德斯已經證明它是永住的。可是一個永住的有，是無限的。可是一個無限的有，也不能在空

間裏面,也不能在時間裏面,因爲時間,空間,輪流着來限制它:然
則它沒有地方可以存在;既然到處都没有它,就是它不存在。並
且從那不可能的方面再進一步說,如果還有點東西存在,我們也
不能認識它;就是設想我們能認識,這樣認識,無論用什麼法子,
全不能傳達給別人的。

　　殼爾吉牙斯是愛來阿學派裏面一個怕人的孩子,他的不謹慎
使額拉吉來圖的格言:"有什麼全不是,生成就是全體。"得了勢
力。巴爾默尼德斯和載耨所説底有,是永存的和不變的,但是無
論那一個實在的屬性(attribut),全加不上,這不過是一種抽象。
就像國王的一件衣裳,一切人全贊嘆它的工細,以至於一個孩子
任着他的童朴,喊叫着說:國王是赤裸的!

原　注

〔1〕 Aristote(?), *De Xenophane,Zenone et Gorgia*. —Clément d'Alex., *Stro-
mates*, V. p. 601 C, *Ibid.*, p. 711 B. —Buhle. *Commentatio de ortu et pro-
gressu pantheismi inde a Xenophane*, *etc*. Goett., 1798. —V. Cousin, *Xe-
nophane*, *fondateur de l'école d' Élée*(在 les *Nouveaux fragments philo-
sophiques* 裏面), Paris, 1828. —Kern, *Quaestiones Xenophanae*, Naumb.,
1846. —Mullach, *Fragmenta phil. graec.*, I, p. 101 ss. —Ritter et Pre-
ller, *Hist. phil. gr. et rom*., éd. VII, P. 75 s. —J. Freudenthal, *De la
théologie de Xenophane*(all.), Breslau, 1886. —Freudenthal,由於 en
te theoisi(Mullach, p. 101)這個詞,要把柯塞耨法奈斯説成一個多神
論者。這是太重視字面,却把學派的精神鬧混了。這同因爲斯賓挪
沙把自然界叫作神,把神叫作一個思想的東西,就説他主張有神論
一樣地鬧誤。

〔2〕Mullach，I pp. 101-102：

Eis theos en te theoisi kai ani anthrôpoisi megistos

Oute demas thnêtoisin homoiios oute noêma.

....

Oulos ora, oulos de noei, oulos de t' akonei.

....

all'apaneuthe ponoio noou phreni panta kradainei,

Aiei d'en tautô te menein kinoumenon ouden,

Oude metechesthai min epiprepei allote allê,

....

······alla brotoi dokeousi theous gennasthai,

tên spheterên t' aisthesin echein, phônên te demas te.

....

Panta theois anethêkan Homêros th' Hesiodos te

hossa par' anthrôpoisin oneidea kai psogos estin,

kai pleist' ephthegxanto theôn athemistia, erga,

kleptein, moicheuein te kai allêlous apateuein

....

All' eitoi cheiras g'eichon boes êe leontes

ê grapsai cheiressi kai erga telein aper andres.

hippoi men th' hippoisi, boes de te bousin homoias

kai ke theôn ideas egraphon···········

略譯如下：

在神們人們裏面，有一位惟一的最偉大的神，

無論身體，無論思想，全與人類不相似。

....

全體能視，全體能理解，全體能聽。

……………………………………………………………………

他却是没有困難地用他的精神治理一切，

他常久住在同一的地方并不轉動其他的事物，

也不去這裏或那裏變換位置。

……………………………………………………………………

但是人類相信神們是被創造的，

有他們自己那樣的感覺，聲音和形狀。

……………………………………………………………………

荷馬和赫西友杜斯附加在神們身上把人身上一切可耻和可貴的事情，

並且述説神們不正當的行爲最多：

比方説，偷盜，通姦和彼此互相欺詐。

……………………………………………………………………

但是假設牛和獅子都有了手，

可以寫字並且同人類一樣的作事。

那麼馬就要爲馬，牛就要爲牛，

説它們的神們有同它們相類的形像…………………………

〔3〕 Sextus Empir., *Adv. math.*, VII, 111. —Simplicius, *In Phys.*, f. 7, 9, 19, 25, 31, 38. —Proclus, *Comment. in Plat. Timoeum*, p. 105. —Clém. d' Alex., *Strom.*, V, p. 552 D, 614 A. —Mullach, *Fragm. phil. gr.*, I, p. 109 ss. —Ritter et Preller, p. 85 ss.

〔4〕 Simplicius, *In phys.*, f. 19 A, 31 B.

〔5〕 可同印度人所説幻覺之母 Maja 相比較。

〔6〕 peri tou ontos(用友尼亞的土話寫的)的著作人。Simplicius, *In phys.* f. 22 et *passim* 屢次引用此書。

〔7〕 Aristote, *phys.*, VI, 2, 9. —Simplicius, *In phys.*, f. 30, 130, 255. — Mullach, I, p. 266 ss. —Ritter et Preller, p. 100 ss.

〔8〕 Aristote, *Met.*, III, 4, 41.

〔9〕 Aristote, *De Xenophane*, *Zenone et Gorgia*. —Sextus Empir., *Adv. math.*, VII, 65, 77. —Ritter et Preller, 187 ss.

譯者注

（一）希臘還不大注意到人的生卒年月，但記他的盛年。希臘文爲 akmé，約在四十歲左右。

B　尊生成爲神聖

第八節　額拉吉來圖（Heraclitus）

額拉吉來圖[1]因爲喜歡作奇異的議論，人家就給他加了一個"暗昧"的徽號。他的學説，當第六世紀的末期，在 Ephesus 盛行，他在第一時期的物理學家裏面，算是在希臘人的思想上遺留了頂深的印象的一個人。並且在他那本自然界論的殘編裏面，他的假説很像近世的，不止一個，有些不過是一種預覺；有些意思，已經明白地成立了定則。

額拉吉來圖，也同米萊突斯的物理學家一樣，把一切的物體，當做惟一的和相同的原質的變遷，但是這種原質，不像亞納柯西默奈斯所説底空氣：這是一種更細的實體，他有時候，叫它作火（Pur），有時候叫他做熱噓氣（psuchê），它或者像物理學從前所叫底熱力，現在所叫底以太（éther），或者像近世化學家所説底氧氣。這種最初的物質，從大地的邊際延到世界的盡境，一切存在的東西全從它裏面出來，並且有回到它裏面去的傾向：一切的有全是火的變遷，轉過來説，一切的有可以變遷並且歸結要變成火[2]。空氣和水，是要熄滅或重生的火；大地和固體是已經熄滅的火，並且在命運所指定底時候，要重新地燃燒起來。天空的火按着一種不變的定律，接續着變成蒸氣，水，土。以後按着相反的次序，轉回它的原始。以後又變濃厚，再向諸天飛昇，由此推下，以至無窮。然則，宇宙是一種正在變遷的火（Puros Tropê）。一種永久生活的火，按着一定的期限燃燒和熄滅。它並不是一位神的或一個人的作品。宇宙無始無終。世界有一個終結，這就是説那個時候一切的東西全完了，又變成火，但是世界永久地從它的灰裏面再生出來。宇宙的生命，是創造和毀滅的無窮循環，Zeus 獨自一個所玩底一種玩藝。凡所説底休息，停止（一個字説完，就是有），不過是覺官所得底一種幻覺。想兩次下在同一的河流裏面，是不可能的[3]，以至於一次下到裏面，也是不可能的；我們進去，同時我們不進去；我們在裏面，同時我們已經不在裏面；因爲我們所想着洗濯我們底水浪，已經離我們很遠了。在永久的迴旋裏面，“絶無”（le néant）不住地變成有，有不住地陷入絶無裏面。絶無生出有，並且能轉回來。有和没有，生和死，生成和消滅，這些字的意思是相同的，如果它們不是同一的事物，它們不能從這個變成那個。

　　事物永遠的流動，並不像字面可以使我們想到的，好比一條溪水，在一種光滑石頭的河身裏面流，它並不是一種容易的和没有抵抗的發展。生成是些相反對的力，相衝突的潮流的一種争鬥。這一種從上邊來，要把天空的火變成固體的物質；那一種向天飛昇,要把地上的物質變成火。地面上一切動植物的生命,就是從這兩種相反的潮流永遠地交流生出來的。除却相反的爭鬥,什麼全不生長[4]。從牝牡生出有機體的生命;從高下的音生出音樂的調和;沒有病,看不出健康的貴重;沒有工作,覺不出休息的舒服;沒有危險,就沒有勇氣;沒有須勝過的罪惡,就沒有德性。同樣的,火由空氣死而生;空氣由火死而生,水由空氣死而生;土由水死而生。同樣的,植物死,動物生;動物死,人生;人死,諸神生;惡習死,德性生;德性死,惡習生;然則,善就是毀壞的惡,惡就是消滅的善,並且因爲沒有惡,善就不能存在,沒有善,惡就不能存在,所以相對地,惡也就是一種善,善也就是一種惡。有和無,善和惡,就這樣在普遍的叶和裏面相混起來。

　　額拉吉來圖主張永遠的遷流,事物絕對的無静止,一切個體存在的虛幻。至於無惡的善,無困苦的痛快,無死的生是不可能的。他因此在古代就同樂觀的德謨吉來圖相反,成了悲觀派的典型[5]。他因爲對有否定就引起懷疑學説[6]。因爲真理是在今天,明天或永遠,都是一樣的,如果覺官所覺底一切事物,接續着變換,就沒有一準的和確定的知識了。不錯,覺官並不是我們知覺的惟一的方法,我們另外還有理性(nous, logos)。覺官所表示底,是過而不留的事物,止在感覺上面建立的科學是虛僞的;理性才能把存在的事物,給我們表現出來;止有神的定律(theios nomos),能在永久的生成裏邊常住。但是頂明白的人的理性離神的理性差的還遠,就同猴子離人類還遠一樣[7]。在額拉吉來圖的學説裏面,這樣分別感覺的現象和心象(noumène),友尼亞派的哲學已經出了幼稚時代了;它起頭對於它的方法不信用,疑惑到

它自身，自問本體論的問題是不是能解決的：一句話説完，它仿佛
已經看着了批評的問題。

　　人學（anthropologie）已經從對於宇宙的思辨裏面分離出
來，在額拉吉來圖全體學説裏面狠爲顯著。靈魂由天空的火裏
面分出來，除却常常接近生命的源泉（火），是不能生活的，它由
於呼吸，或由於感覺，不住地换新；生殖就是從液體的種子轉换
成乾燥的噓氣。然則這就是在地中暗藏的火，通過液體的狀
態，在人類的靈魂裏面，還了它原始的狀態。頂乾的噓氣組成
頂强固的靈魂，但是醉漢不到死的時候，已經使他的靈魂，經過
液體的狀態，是怎麽樣的不幸！死的時候，生命的噓氣或靈魂，
漸漸地又回到土質的狀態。個體生命能力的大小，就在於我們
對於天空的火交通的多少，這種火就是世界的靈魂，它是非常
有智慧和才能的。

　　括總説起。一切的東西全從一種燥和熱的原始裏面出來，並
且歸結還要吸收到那裏邊去；一切都是永遠地變换，在那種發展
裏面，除却管理它們的①定律，没有不變的。這種定律，無論神
們，無論人類，全不能改變它的。

　　黑智爾（Hegel）和近世思辨所得底一元論，演變的原理，和他
們那名理的限定論（le déterminisme logique）帶着古語的和童樸惟
物學派的形式，在這裏全遇見了，在這個時候，哲學家講精神，就
像通俗化學談精神和真質一樣；但是它雖然屬於唯物論，它自己
還不覺得，以至於它還没有一個術語來表明物質[8]，人除了對於

───────────

①編者注："的"，原誤作"們"。

同他有分別的人不能認識自己。物質生活論將來遇見從<u>畢達殼</u>
<u>拉斯</u>學派所生出底精神論的反對，就成了唯物論[9]。

原　注

〔1〕主要的史料：Platon, *Cratyle*, p. 402 A.—Plut. *Is. et Osir*., 45, 48.—
Clém. d'Alex., *Strom*., V. p. 599, 603.—Diogene L, IX.—Sextus Empir.,
Adv. math., VII, 126, 127, 133.—Stobée.—Schleiermacher, *Mémoire sur
Héraclite l'obscur*(*Oeuvres compl*., 3e série, t. II).—Jac. Bernays, *Hera-
clitea*, Bonn, 1848.—Le même, *Mémoires sur les lettres d' Héraclite*, 1869
(all.).—Mullach, *Heracliti fragmenta*, ouvr. cité, p. 310 ss.—P.
Schuster, *Fragm. d' H*., dans les *Acta societatis philol. lips*., Vol. III,
Leipz., 1873.—*Heracliti Ephesii reliquiae*, éd. J. Bywater, Oxford,
1877.—Ritter et Preller, p. 24 ss.—A. Patin, *Quellenstudien zu Herak-
lit*, Würzb., 1881; *Heraklit's Einheitslehre, die Grundlage seines Systems
und der Aufaug seines Werks*, Munich, 1885; et *Heraklitische Beispiele*,
I, Neubourg s. D., 1892.—Em. Pfleiderer, *Die Phil. des H. im Lichte
der Mysterienlehre*, Berlin, 1886.

〔2〕這就是近代物理學所講授底熱力(de la thermo-dynamique)或熱力機
械理論(théorie mécanique de la chaleur)的先河。這種理論説一切有
機的生命全是太陽熱力的一種變化。

〔3〕Platon, *Cratyle*, p. 402 A: panta chôrei kai ouden menei k. t. 1. (略譯
爲一切逝去且無物留住)

〔4〕Hippolyte, *Ref. hoer*., IX, 9: polemos(<u>達爾文</u>將來把它譯爲生存競
爭)pantōn patêr esti kai basileus(競爭爲萬物之君父)。

〔5〕參考第十二節。

〔6〕<u>額拉吉來圖</u>學派講授懷疑論，他的最著名弟子，<u>柏拉圖</u>的師 Cratylus

尤爲顯著。

〔7〕 看 le *Grand Hippias*, p. 289 A.

〔8〕 hulê(物質)一直到亞里斯多德才成了哲學上的術語。

〔9〕 額拉吉來圖的意見同畢達斅拉斯的學説到 Hippase de Crotone(ou de
Métaponte)互相混合起來。參考 Ritter et Preller, p. 55.

C　講明生成

第九節　畢達斅拉斯派(Pythagoricienne)的思辨

畢達斅拉斯學派的玄學理論[1]是否儘少總還有一部分是畢
達斅拉斯自己的? 它是否出於畢達斅拉斯會的會員,比方説:在
第五世紀上半期從意大利放逐出來的斐婁拉烏斯(Philolaus)或
當第五世紀下半期達朗突木(Tarentum)執政的亞爾吉塔斯(Ar-
chytas)? 這個會,從最初的時候,就被神秘包圍着,所以這就成了
無法解決的問題。就是亞里斯多德對於這些,也好像有點懷疑,
他説的狠少,就是説,也止説畢達斅拉斯派學者的學説。雖然如
此,最初對於數理方面的思辨,從來的人叫它作畢達斅拉斯的哲
學,應該是出於薩戀斯的大數學家。我們雖然没有實在的和直接
的證據,儘少,説這一節裏面所講述底新鮮學説爲他所發明,是遇
不着一點阻礙的。

畢達斅拉斯同達來斯一樣,屬於友尼亞民族,在第六世紀的
上半期,生於薩戀斯。他起首從神學家凡萊西德斯(Pherecydes)
受業,或者也從物理學家亞納柯西曼德爾受過業。傳説——不
錯,這種傳説,是没有經過古人保證的,——他曾旅行到斐尼基,

埃及,巴庇倫各國,他在巴庇倫,從事於東方神學的思辨和幾何學,因爲這個數學的祖國,這門科學已經研究到完善的程度。他在紀元前五百二十年附近,回到故鄉,關於宗教,社會,哲學抱有很多的改革思想,他在大希臘^(一)的 Crotona 建立一種公會,把他所抱底改革思想實行出來。公會的會員對於道德,政治和宗教,講授些公同的學説[2]。

這位哲學家晚節的事迹我們全不知道。他的事業在當時狠興盛。他這一派的學者保有當時一切的科學:幾何學,天文學,音樂,醫學[3],他們在比友尼亞民族晚進的鐸來斯民族裏面,得了最高的勢力。他們在 Crotona,在 Tarentum,在西昔利(Sicilia)的民主國,成了一種主人翁,一直到第五世紀的中期,民衆戰勝,才把他們放逐出去。以後他們有許多人或住於 Thebes,或住於雅典。他們在雅典限制哲人派的勢力,引起蘇格拉底,柏拉圖的精神論的反動,來反對唯物學派和懷疑學派,可是後面這兩種學派,同時又移於西昔利,Thraces 和友尼亞。

友尼亞學派的玄學,從物理學起;畢達轂拉斯派的玄學,是嵌在數學裏邊的。那些物理學所注意底,就是物質和它那永遠的運動,畢達轂拉斯派學者所最留神底,就是物質中間所有底非物質部分,就是統理世界的秩序,就是相反對的事物中間所有底單一,比例,叶和,就是萬有根基上的數學關係。他們覺着幾何學同天文學和音樂一樣,一切全是數目的問題。然則數目就是世界的原始和真質,事物就是可以感覺到的數目。每一個有表現一個數目,科學最終的目的,就是對於每個有找出來與它相等的數目,數目無限,所以有也是無限。它們從單一生出來。數目爲事物的真

質,單一又爲數目的真質。畢達穀拉斯學派分別兩種單一:第一,
爲一切數目(有)所從出底單一,它能包括一切,籠罩一切,綜括
一切,它是絕對的並且没有同它相反的單一,他是元子們的元子
(hê monas),神們的神;第二,爲單數,就是一切數目的頭一個數
目,它和二、三及一切的多數(plêthos)相反對,歸結,它就要被二、
三和其他多數所限制:這是相對的單一,被創造的元子(to hen)。
一和多數的相反,爲其餘一切相反的母親。自然界一切的反對;
燥濕,寒暑,明暗,牝牡,善惡,有限(peperasmenon),無限(apei-
ron),不過是一和多的變化,或者可以説是奇(peritton)偶(artion)
的變化。多數的自身,並不是顚撲不破的,它們全可以分析成單
一;偶數可以減成奇數的單一。絕對的單一,不是奇數,也不是偶
數,或者更可以説,也是奇數,也是偶數,也是少數,也是多數,它
同時也就是神,也就是世界。它在畢達穀拉斯學派裏邊的地位和
apeiron 在亞納柯西曼德爾的思想裏面所占底地位一樣:它屬於
中性,在一切性的衝突上面和前面,絕對地没有性的分別,在力和
質的上面,並且產生它們。但是畢達穀拉斯派並不把它叫做
apeiron,因爲就像受動者與主動者相反對,物質和工人,形式及塑
像的原理相反對一樣,apeiron 是同 perainon(限制)相反對的。他
覺得一切全能變成數目和數目的關係,確定説起,就是可以變作
意象(Idée)。友尼亞學派所説底物質和運動,在他的眼目中,不
過是些消極的事物,没有觀念上的單一。對於運動和生成的問
題,他的結論同愛來阿學派的結論没有差別。運動和生成好像同
他那抽象的惟心論不能相容。它雖然也同當時別的學派一樣,有
它的世界生成論,這並不是它承認世界在時間裏面,從一個時候

開始，並且在那個時候以前，可以没有宇宙。世界永久地存在，並且將來也仍是永久地存在(ex aiônos kai eis aiôna)。他的世界生成論，並没有別的目的，不過使人看出秩序，定律和等級。事物永久地按着這些，從它們的原始裏面發生出來。

畢達穀拉斯派的物理學，同巴爾默尼德斯的物理學相似，全是對於人類感覺(la *Sensibilité*)的一種讓步。它把自身不變的事物説作變易的，它從覺官的視察點看起——在那裏初學者同深學者(akousmatikoi)是一樣的——説永久的單一，是一個渾淪的球(hê tou pantos sphaira)並没有各部分的分別(plêres, suneches)，在無限(apeiron)裏邊浮游着。意象上奇，偶，單數，多數的反對，在實在上，成了盈滿和空虛的反對。最初，止有盈滿，没有空虛，或者儘少説，空虛是在盈滿外邊的。從空虛攻入盈滿的時起，世界就開始地創造。這種攻入，就好像一種永遠可以震動世界的噓氣(Pnoê, pneuma)，空虛穿進球(sphaira)裏邊，並且停住，就把這個球分裂成無窮的無限小的部分，成了大球的小影(原子學派所説底 atoma)。從幾何學的視察點看起，性質的問題成了數量的和形式(la forme)的問題；這些小分子，除了數量和形狀，没有其他的分別。它們或爲立方形或爲四邊形，或爲八邊形，或爲二十邊形，或爲十二邊形。單一對於這一類無定限的(indéfini)分裂起一種反動，這些小部分按着幾何學的相類性互相聯屬，就成了簡單的物體；土，火，空氣，水，以太(éther)。頂主要的原質是火，爲四邊形小部分所作成。火在自然界裏面爲神聖原始的象徵，聚成一個中心的火，爲宇宙的焦點，並爲無上的神的住所(hestia toi pantos)，周圍着中心的火運動的：第一爲烏拉糯斯(Ouranos)包括着"反地"(antichthôn)和地;第二爲狹義的世界,包括月,日(?),行星;第三爲<u>歐林普斯</u>(Olympus)和恒星。<u>畢達彀拉斯</u>把中心的地換成中心的火(這火是看不見的,因爲地球常把我們所住底反面向着它),並且使地球向着這個中心旋轉,無疑義的,他還沒有發明太陽中心論(*hèliocentrisme*),但是對於太陽中心論,作一個先導,他這一個學派,在以後的各世紀,歸結找出太陽中心論^(二),但是没有得到科學家的公同承認。——隔絶這些球形的距離,是同聲音高下和絃索長短相關係的數目成比例的,這種繞世界軸綫迴旋的結果,成了一種神聖的叶和,這種叶和止有天才的音樂家才可以看得出。這種叶和就是宇宙的靈魂。由盡善(perfection)的觀察點看起,衆有組成一種上升的階級,它們就從這種盡善反射出來宇宙的叶和。初等的有,物理上的點,運動起來,生出綫;綫運動生面,面運動生體。感覺,知覺,知慧是按着階級裏面生出來的(分播論[émanatisme])。

個體爲物質按着一種比例——這種比例在定限裏面變化——暫時地聚集,它因此就是可以死的。如果越過這種定限,比例就變成非比例(disproportion),不相等的爭鬥,消滅和死亡。但是毀滅的事物,在意象上的涵質(le contenu idéal)是不會消耗的。靈魂爲一種有定的數目,它在事物永久的階級中間,有一種地位,它爲世界靈魂的一部,爲天體的火裏面的一個火星子,爲神的一個思想,靈魂用這樣名義就成了不死的,死使它過在比現在或高的,或低的,或相似的一種形狀上面,按着它原來是爲神,或爲世界,或爲他自己生活的(靈魂移轉説[métempsycose],復生説[palingénésie])。

　　畢達戤拉斯學派雖然也同巴爾默尼德斯和額拉吉來圖一樣，專注重事實的基礎原質的一種，並且歸結至於爲意象而否定具體的實在，他確是在希臘人的思想裏面加入一種頂重要①的原質，來解決額拉吉來圖和愛來阿學派所要解決底問題:什麼是生成？什麼是額拉吉來圖所肯定底永遠變化？並且怎樣來使它同愛來阿學派所竭力聲明底物質永存和不變相調和呢？他的解決就是元子(無限小部分，或現實的點)能組成物質的假說。將來的學説是用單一的物理數目論(la théorie physico-arithmétique des unités élémentaires)，來調和愛來阿和額拉吉來圖兩派的議論的。巴爾默尼德斯否定經驗上很重要的事實;否定事物的生育和變遷，額拉吉來圖因爲主張生成，就把有和有的永存犧牲了。思想在這兩派中間，在原子論的假說裏面，找出一個居間的學説，它能把這兩種相反的學説連合起來，成一種較高的綜合，同時也就是對生成問題一切合理講明的必要基礎。所以這些講明以後不把物質看做連續的，主要本性不住改換形式的一種大塊，這種講明把物質分裂成小部分，這些部分的自體是不變的，但是它們相對的位置連續變換。這樣，在物質(物體)的形象上面，有了永久的變換，至於它的真質和它那些本性同時也有了永存。這就是把一切的變化講成地位的變化，就成了機械論。

　　安伯斗克萊斯，亞納柯薩戤拉斯和德謨吉來圖對於這個視察點，也就像額拉吉來圖，畢達戤拉斯，亞納柯西曼德爾一樣，意見不同，這就是説第一派説它的學説最高的關鍵是運動，第二派説

―――――――――
①編者注:原於"要"後衍一"要"字。

是意象(nous),第三派説是物質。

原　注

〔1〕 Stobée, *Eclog.*, I.—Platon, *le Timée.*—Aristote, *Mét.*, I, 5; passim.
De caelo, II, 13.—Diog. L., VIII.—Porphyre, *Vie de Pythagore.*—Jam-
blique, *Vie de Pythagore.*—Mullach(*Pythagoreum carmen aureum*, p.
193. Ocelli Lucani, *de universa natura libellus*, 388. Hieroclis, *commen-
tarius in carmen aureum*, 416. *Pythagoreorum aliorumque philosophorum
fragmenta*, 485 ss.).—Ritter et Preller, p. 40 ss.—A. Langel,
Pythagore, sa doctrine et son histoire d' après la critique allemande(*Re-
vue des deux-Mondes*, 1864).—C. Schaarschmidt, *Die angebliche
Schriftstellerei des Philolaus*, etc., Bonn, 1864.—Chaignet, *Pythagore et
la philosophie pythagoricienne*, Paris, 1873.

〔2〕 如果我們按着新柏拉圖派學者(尤其是穰布黎庫斯[Jamblicus]的著
作)所描述底畢達毃拉斯派,拿他們的學説,傾向和他們那公會的組
織,與佛教的僧侶制度相比較,我們幾乎同 Alexandre Polyhistor 和
Clement d' Alexandrie 的意見相仿,要把畢達毃拉斯説作婆羅門教的
學生,一至於説他就是佛。實在,不但少隨便一點的文字學可以因
爲他們名字的相仿(Puthôn, Puthagoras＝受神啟者,卜者;Bouddha＝
大覺),就想用"佛教的宣傳人"翻譯 puthagoreios,並且畢達毃拉斯
派和佛教的學説很顯著地相同。二元論,悲觀論,輪迴説,不婚嫁,
按着一種很嚴的戒律營公同的生活,反復地自省,静觀,虔誠,禁用
血祭和食動物,對於一切人的慈惠,不妄語,誠篤,正誼:這一切的意
見兩方面全有。頂古的著作家,尤其是亞里斯多德對於他的一生不
很知道,頗可以證明畢達毃拉斯學派和佛教相同的假説。雖然如
此,在紀元前五世紀以前,有一位數學家畢達毃拉斯的存在,有額拉

吉來圖和 Herodotus 的證明，是没有一點疑惑的。另外一方面，佛教向西方的發展並不大能在紀元前三世紀以前。如果我們把新柏拉圖派歷史家所述底畢達戮拉斯的學説和原初的，正確的畢達戮拉斯的學説分别開，或者什麼全可以講明：因爲缺少清楚的記載，對於薩懋斯的智者的一生和著作没有豐富的知識，並且對於史料的選擇不很小心，爲些相同點所誘惑，給畢達戮拉斯作傳記的人因爲以上各點可以從波斯的二元論和印度的悲觀論裏面，借得些很重要的東西。

〔3〕這些科學，爲畢達戮拉斯派的教授的目標，叫作 mathemata，*mathéma-tiques* 就是從這個字變出來的，它的原意却是包括人類一切的知識。

譯者注

（一）在西歷紀元前五六紀，意大利南部住有很多的希臘殖民，就叫它作大希臘（Grande—Grèce），並不是希臘本土。讀者並須留神：在紀元前六世紀，希臘本土並無哲學的發展。其思想發展的中心：一在東方小亞細亞沿海岸及其附近各島，如米萊突斯學派，愛來阿學派，額拉吉來圖等；一在西方大希臘及西昔利島，如畢達戮拉斯學派及少晚的安伯斗克萊斯，亞納柯薩戮拉斯等。至於希臘本土，直至第五世紀中葉，由於 Pericles 的提倡，才成希臘文化的中心點。

（二）在第三世紀，畢達戮拉斯學者數學家亞里斯塔爾庫斯（Aristarcus）開始説地球繞着太陽旋轉，並且説太陽與地球的大小爲三與一之比。

第十節　安伯斗克萊斯（Empedocles）

安伯斗克萊斯是西昔利島的 Agrigentum 的人（他的盛年在紀元前四百五十年）[1]。他對於醫藥的知識，他的療治和他很喜歡裝出的威嚴，使他成了一個幻術家和一位神。他著了一篇很長的哲理詩。按着他的逸文，他對於愛來阿學派和友尼亞學派，好像占了一個中間的位置。

　　他不承認額拉吉來圖所說底生成，很像愛來阿學派，但是他承認運動的實在，又很接近友尼亞學派。物質的真質是不變的，但是物體不住地變換；它們那基礎的原質，用着些不同的比例，聚集和分散。我們不能明白：火由它的自身，怎麼樣能變成空氣？空氣怎麼樣能變成水？由此類推；但是我們很可以明白，這些原質由千萬不同的法子組合出來，生出無限變化的物體，然則我們現在不要再想找出來一種單一的原質，以後不要說空氣從以太生出，水從空氣生出，土從水生出，我們應該把空氣，以太，水，土，全看作最初的原質。

　　安伯斗克萊斯是否屬於物質生活論者，與友尼亞派的物理學家有同樣的意義？他那四種原質（stoicheia）所感受底動作，是否屬於原質的自身，或者是從另外一種原始接受來的呢？雖然說在他那些誇張的話裏面，比喻很多，不容易把他真正的思想找出來，但是他好像同亞納柯薩毅拉斯一樣，帶着物質和動力（Force motrice）的二元論的傾向。動力又分作兩種力，由相反的方向在原質上面活動，就是；愛情（philia，philotês，storgê）——或名集合的原始——和爭競（neikos，eris，echthos）——或分離的原始[2]。這兩種動因，實在說起，止是一種。但是這個詩人的想像，把它們說成互相反對的神，輪流着統治那些原質。在根源上，愛情把原質聚起來，使它們成了一個單一的球形（sphairos）物體。以後爭競來了，把原質分開：大地，大洋，空氣界，天體的以太和星宿，就因此生出。這種最初的創造是爭競的事業,以後接續着就是愛情和爭競的奮鬥時期;植物,動物,人就在這個時期生出來。爭競把原質分離開,令每種有各有相當的住址,但是它製造不出來有機物質。有機物質是四種原質的混合,歸結,就是集合原始的事業,就是愛情對於憤嫉單獨統治反動的結果。如果在現在的世紀,兩種原始還在爭鬥,愛情歸結總要勝的,並且世界的四層球形,現在雖說分離着,到最末的日子,總要混合起來,再成了一種混沌。原質聚集和分離的時期,循環交流,是一種必要的結果,並且永遠地這樣連續。

安伯斗克萊斯同亞納柯薩彀拉斯和額拉吉來圖一樣,用演變(d'évolution)説明萬有的根源。他覺得它們的肢體,最初,亂七八糟地,互相分離地發現出來,以後消滅,以後又發現出來,分散和聚集,一直到它們互相配合,並且在它們的中間,固定地集合起來。它們最初的構造是出於偶然的,但是最後得了適宜,就可以保存起來,强固起來,發展起來[3]。這個哲學家並且覺得有不見得有什麼好處,所以他不但爲達爾文的先導,並且爲叔本華的前驅。他同額拉吉來圖和 Hippasus 的意見相似,説靈魂就是火的原始,最初,靈魂同將來的萬有全混在一起,爭競把它從球裏邊分離出來。它也就像其餘一切的事物,歸結要轉回去。生命是它對於希望單獨存在的懺悔。它輪流着成了植物,動物,人,漸漸地升高,以後由於節欲,斷食和貞節,歸結可以復歸於神。人類的蕃殖是一種罪孽,因爲它把事物現在的狀態延長,並且把它們歸還本初的時期延緩[4]。人類是球的小像。四種根本的原質全在他們身子裏面;身體堅固的部分是土質,液體的部分是水質,生活的噓

氣是空氣,精神是火。他們同時屬於愛情和爭競。他們的知識傑
出,就是因爲世界一切原質全聚集在他們的身子裏面。他們能知
覺全體,因爲他們就是全體;他們能知覺固定質,因爲他們自己是
土質;能知覺液體,因爲他們自己是水質;依此類推。我們更可以
說,他這一種感覺論可以叫做同感論(homéopathique)同亞納柯薩
殼拉斯的異感論(allopathique)相反對。亞納柯薩殼拉斯説感覺
生於異質的衝突;安伯斗克萊斯説它生於同質的接觸。感覺和靈
魂,就在血裏面住。四種原質在血裏面,很密切地互相滲進。它
的證明就是:如果把身體裏邊一切的血提出來,我們同時就把感
覺,意識,生命提去,一句話説完,就是説把靈魂提去。人類的健
康係於血的組織。如果他的組織合於常規(mesê krasis),他就很
強壯和慈善。血是神聖的東西,所以不應該作食品。……他的議
論同時可以使我們想起埃及,摩西,佛和 Zoroastre,很像有了近時
生理學的遠景。

　　至於他的神學,却爲用神話形式所遮蔽底自然論。他把四種
原質説作神——但是他不過用一個名字,在事實上,並不像普通
人的信仰——他把它們叫做 Zeus, Hera, Orcus, Nestis;把兩個動
的原始,叫做愛情和爭競。在這種受自然化的多神論下面,却有
愛來阿學派的一元論。他有把原質,原始引到一個最上的單一的
傾向,止有這一位才是神。原始的原始,就是愛情,原質不過是他
的代理者;就是爭競,也是它所必須底一個同事:它就是説不出來
的看不見的,無形體的神,它用思想做羽翼,周流宇宙[5]。

　　如果把這一派神學的外貌放在一邊,他主要的意思,在亞納
柯薩殼拉斯的學説裏面,還可以找出來,亞納柯薩殼拉斯一方面

建立微物體(corpusculaire)的物理學,另外一方面,因爲他設想一
種 nous(精神)爲事物的構造者,他就開<u>柏拉圖</u>和<u>亞里斯多德</u>目
的論(téléologie)的先聲。

原 注

〔1〕 Sextus Empir., *Adv. Math*., VII, 123. —Simplicius, *In Phys*., f. 24. f.
76. —Plutarque, *De plac. phil.* —Aristore, (*Mét.*, *Phys.* et *Psychologie*),
etc. —*Fragments d'Empédocle* recueillis par Amédée Peyron (Leipzig,
1810), S. Karsten (*Reliquioe phil. vet gr*., vol. II, Amst., 1838), Th.
Bergk (Leipz., 1843), H. Stein (Bonn, 1852), Mullach (I, p. 1 ss.),
Ritter et Preller (p. l24). —J. Bidez, *Biographie d'Empédocle*, Gand,
1894. – Le même, *Obsrevations sur quelques fragments d'Empédocle et de
Parménide* (*Arch. für Gesch. der Phil.*, IX, 2).

〔2〕 我們將來要叫作吸力(l'attraction)和推力(la répulsion)。<u>安伯斗克
萊斯</u>的宇宙生成論開康德學説的先河。

〔3〕 Mullach, I, pp. 315–16.

〔4〕 <u>亞納柯西曼德爾</u>説死是一種超度;<u>柏拉圖</u>蔑視覺官的世界,熱烈地
希望轉回純粹意象的世界;<u>普婁蒂努斯</u>覺得他的身體和他進到身體
的樣子是一種恥辱,他的觀察點同<u>安伯斗克萊斯</u>相同,宗教裏面所
有墮落(chute)的觀念,種孽(péché d'origine)的觀念,超度(expia-
tion)的觀念在<u>亞里安族</u>的<u>歐洲</u>和在<u>亞洲</u>一樣,全是很習見的。

〔5〕 Mullach, I, p. 12, v. 395.
... phrên hierê kai athesphatos epleto mounon
phronti kosmonisisi hapanta kataissousa thoêsin.

第十一節　亞納柯薩彀拉斯（Anaxagoras）

亞納柯薩彀拉斯[1]生於友尼亞的 clazomène；他的家族很有聲名。他於紀元前四百六十年附近，移到雅典去住，在希臘新文化中心的中心，住了三十年。因爲他同 Pericles，Euripides 和普婁塔彀拉斯有很密切的關係，並且他對於公家的宗教非常地蔑視，所以在他的老境，人家强迫他回到 Lampsacum 去，他就在那裏，於紀元前四百二十九年附近去世。他也同大多數的大物理學家一樣，留下一本 peri phuseos（自然界論）。我們還保存些斷簡殘編。

亞納柯薩彀拉斯在兩個主要點，同額拉吉來圖相反對：

（一）他用一種機械説的世界生成論，反對額拉吉來圖動力説的世界生成論。

（二）他用二元論替代額拉吉來圖物質生活的一元論，他的二元論主張：一方面有一種無知慧的和惰性的實質，另外一方面有一種有知慧的原始，爲運動的原因。

一　世界生成的質料　物質并不像從前的物理家所説，由於惟一的原質，一種同質的實質（比方説，水，氣，或火）所組成（這惟一的原質可以變成他種原質）。我們想不出來一種原質怎麽樣能變成一種別的原質。然則，原質是有許多種的，並且不像安伯斗克萊斯所説止有四種，其實有無限的種類。這些東西的種子（spermata）[2] 有無可計算的數量，並且是無限小的（chrêmata apeira kai plêthos kai smikrotêta），非創造的，不能毀滅的，它們實在的本性是永遠不變化的。全體的總數是永遠相同的；它也簡直不能消散，也簡直不能增加，（panta isa aei… aei panta ouden elasso estin oute pleiô）它們的性質和數量，永不變化。它們也沒有創造，也沒有毀敗。通常人家對於生成和死亡的觀念，是全不精確的。從虛無裏面（ex nihilo）無論什麼，也生長不出來，並且無論什麼，也不能變成虛無：從前所有底種子集合起來，就生出衆有，種子分散，衆有也就消滅，至於這些種子却接續地存在。所以與其說是生成，不如說是集合，與其說是死亡，不如說是分散[3]。除却地位和聚積的變換，就是說除去外貌的變換，沒有其他的變化；真質變化的觀念，實體轉換的觀念，是自相矛盾的（contradictoire）.

　　二　世界生成的作成因（Cause efficiente）和目的因（Cause finale）　亞納柯薩穀拉斯覺得生長事物和毀滅事物的運動，不是一種最初的，永遠的，從原質的本質裏面發生出來的事實。原質的自身有惰性，並且不能運動，然則，單看世界裏面的運動和運動所守底秩序，是無法滿足的。想講明世界，在有惰性的，無知識的原質以外，應該承認有一種原質，由它的自身，就是勢力和知慧（nous）。這種衆原質的原質是絕對簡單的，同質的；它不同別種原質混合，並且永遠同它們分別開。至於衆原質是被動的，nous却受有一種天然的動作，完全自由（autokratês），爲一切運動和一切生命的源泉。下等的原質對於它們自身，絕沒有一點意識，止有精神知道過去，現在，將來的一切事物，用着計畫和適當的目的安插一切，組織一切；精神是宇宙永遠的整理者，比別的原質一切全聚積起來，更有勢力。

　　三　世界生成論　在原始的時候，有惰性的和無知慧的一切原質，亂七八糟地（migma homou panta）混合起來。全體就在全體

裏面:金,銀,空氣,以太,現在分別開的一切東西,成一種無區別
的和中性的大塊。止有知慧的實體,有另外的生命。那個時候,
它就走近混沌,把它們分別開,並且用它們作成世界(entha noos
elthôn panta diekosmése)。種子受精神的運動,按着它們内界的
相似性,互相判別和聚積起來。從運動穿入混沌的那一點起,生
命的漩渦(dinos)依着螺綫延到世界一切的地方。它就像我們看
見底天體運動,接續着,並且將來永無停止地接續着,一直到 mig-
ma(混沌)全體的分辨起來。我們的大地是一個圓柱的物體,由
頂重的原子所組成。創造的推力(impulsion créatrice),使它落在
世界的中心。在這固體的核子上面,放着比較小的物體,就成了
水;歸結在天空裏面聚起來頂微細的物質,就是火質的以太。世
界這樣聚積起來,創造的運動對於原質作第二次的解析,就慢慢
地把礦物質和有機物質分辨出來,並且我們中心的世界就這樣慢
慢地成了現在的形狀。群星是些固體的塊子,因爲大地起首同宇
宙的全體全有迴旋的運動,就把這些群星拋射出去,它們同天空
的以太接觸,就變成了發光體。太陽是一個大火塊(mudros dia-
puros)。月明上面有山有谷,它的光綫是從太陽借來的。

　　如果在我們剛才所陳述底思想裏面,可以找出畢諷(Buf-
fon),康德,拉普拉斯(Laplace)諸人世界生成論的預覽,亞納柯薩
殼拉斯在另外一方面,因爲他肯定聯續的原理(principe de
continuitè)[4],並且在動植物模範的變化裏面,有單一的趨向
(l'unité d'intention dans la variété des types végétaux et animaux),
開比較生理學的先聲。無論人家怎麼説,如果用特嘉爾學派的意
思,他不能狠算屬於精神學派,因爲他覺得動物,以至於植物,全

與精神有聯屬。他想着人比動物聰明，就是因爲他有精良的肢體。一切生活的東西，全與精神有聯屬，絕無破例。

有生的物怎麼樣與精神聯屬呢？亞納柯薩穀拉斯所説底知慧原始是在這些生成以外存在呢？或是一切智慧，一切傾向，一切動作（普通的運動就是這些動作的結果）的總數呢？由一方面看起，精神認識過去，現在，未來的一切事物，並且在物質組成以前，就認識它們，總不像斯賓挪沙所説底實體，也不像黑智兒所説底觀念，這是一定的；因爲斯賓挪沙所説底實質，黑格爾所説底觀念，除了經過人腦，——就是説除了由於預先組成的物質，——不能認識事物。亞納柯薩穀拉斯很承認精神自由地，有意識地動作，他覺得運命（heimarmenê）這個字，没有一點意思，並且他表明運動原始所用底術語，也有覺官，傾向的意思。他好像把它看作一種超出的有；對於萬有，全没有係屬，並且對於它們作些狠像機械的動作，他好像雖然把這些有看作有智慧的，但並不是用這個字的真意思，不過把它們看作些傀儡，它們好像有智慧，實際上却是没有。由另外一方面看起，他狠像萬有神論者的神氣，説精神在一切的生物裏邊；這就是説超出（transcendance）和内含（immanence），人格和非人格，有意識的智慧和無意識的智慧，——這一些問題，對於這個時代的思想家全不存在。額拉吉來圖不覺得他所説底最初的實體和永遠的生成有矛盾，亞納柯薩穀拉斯同他一樣，同時肯定精神的超出性和内含性，並没有覺得那裏面有矛盾。

如果我們想要知道亞納柯薩穀拉斯所説底精神的實體，不過比別種實體的物質性較少一點，或者它的本質是一種真正非物質的，我們對於這個問題，要同上面所説底一樣，一方面，無疑義的，它的屬性,一切全狠像精神論裏面所説底精神,我們可以説它同物質,除却它們全算"有"的一個條件以外,没有其他的公同點;但是在另外一方面,它和物體的實質中間,好像止有程度的區别;它在一切裏面,是頂細微的,頂輕的(leptotaton pantôn chrêmatôn)[5],同亞納柯西默奈斯所説底 aêr-psuchê(空氣)是同義的;然則它不過是一種頂高的物質,歸結,它不能在無論那一方面全同物質相反對,就像真正精神論者所説底一樣。在亞納柯薩殼拉斯的學説裏邊,二元的觀念還不很清楚,他從物理學家的惟物論分離出來,有這樣的困難:他①的弟子亞爾格拉鳥斯把精神當作微細的物質,另外一方面亞納柯薩殼拉斯對於他那最初動因的觀念和目的的觀念,並没有很在意:以至於亞里斯多德可以詰責他,説他用這種觀念就像用一根小繩子,來使有惰性的物質運動起來,剛作過創造的動作,就把這根繩子扔掉,他以後止去找物理的和機械的原因了[6]。

雖然如此,他在精神論的路上走的很遠,能使友尼亞的物理學起一種反動,物理學由於這反對,就確定地成了惟物論。

原　注

[1] Aristote, *Mét.*, I, 3; *passim.* —Simplicius. *In Phys.*, f. 33, 34, 35, 38. —Diog. Laërce— *Fragments recueillis par Schaubach* (Leipz., 1827), Schorn (Bonn, 1829), Mullach (I, p. 243 ss.), Ritter et Preller (p. 112 ss.). —Zévort, *Dissertatiton sur la vie et la doctrine d'Anaxagore*, Paris, 1848.

[2] homéomérie(to homoiomeres, ta homoiomerê, hê homoiomereia, hai ho-

---

①編者注:"他",原誤作"牠"。

moiomereiai)這個詞説屬於<u>亞納柯薩毅拉斯</u>,是錯誤的,它屬於<u>亞里斯多德</u>和以後的著作人,有時候用以指明由相同的部分或種子所組成底物體(金,銀,肉,血,等),或有藻飾(métonymie)指明這些物體的自身。

〔3〕Simplicius,*In Phys.*, 34:To de ginesthai kai apollusthai ouk orthôs nomizousin hoi hellênes. ouden gar chrêma oude ginetai oude apollutai all' apo eontôn chrêmatôn summisgetai te kai diakrinetai kai houtôs an orthôs kaloien to te ginesthai summisgesthai, kai to apollusthai diakrinesthai.

〔4〕Simplicius,*In Phys.*,38:Ou kechôristai alllêlôn ta en tô heni kosmô oude apokekoptai pelekei.

〔5〕所以<u>亞里斯多德責備亞納柯薩毅拉斯</u>雖然好像要分別 nous 和 psuchê 兩詞,却把它們用成一樣(*De anima*, I, 2)。

〔6〕Aristote,*Mét.*, I, 4, 7. Cf. Platon, *Phédon*, p. 98 B.

第十二節　亞樸婁尼亞(Appolonia)的狄由格奈斯(Diogenes),亞爾格拉烏斯(Archelaus),萊西普斯(Leucippus),德謨吉來圖(Democritus)

1.<u>亞樸婁尼亞</u>的<u>狄由格奈斯</u>[1],對於原質的多元論和物質(無知慧的),知慧(非物質)的二元論同時全不承認。他是<u>亞納柯西默奈斯</u>的門人,承認最初有唯一的原質,就是空氣,空氣在自然界中爲一切生命的源泉,並且爲一切物體的基礎。<u>亞納柯薩毅拉斯</u>好像要説精神爲另外的一種原始,其實精神對於空氣不能獨立到這步田地:如果人不能呼吸,精神立刻就没有了,然則,並不是精神(就是思想)造成空氣,却是空氣產生精神。除却空氣,就没有生命,意識,知慧;然則空氣(物質)就是惟一的原始,知慧並不是另外一種實體,止是空氣的一種屬性。狄由格奈斯說:狠顯著地,我們所承認底原始是偉大的兼有勢力的東西,它是永久的並且在它裏面充滿了知識(mega kai ischuron kai aidion te kai athanaton kai polla eidos)。這位物理學家是默黎蘇斯和愛來阿學派的近支,他覺得二元論要否定知識的根本原理(ex henos ta panta)。他又說:我相信一切生存的東西全是相同的,並且我覺得這是很顯著的。實在通常所說底原質:土,水,空氣,如果它們根本上不是一種,它們怎麼樣能夠互相聚集起來呢?它們怎麼樣能夠互相輔助或互相妨害呢?土怎麼樣能夠產生植物,植物怎麼樣能夠產生動物呢?所以我們要同古代的物理學家一樣,承認一切事物從同一實體裏面生出,並且將來要轉回到那個實體裏面[2]。

2. 亞爾格拉烏斯　亞爾格拉烏斯[3]是雅典的人,有人說他是米萊突斯的人,他是亞納柯薩戮拉斯的弟子,承認他的原子論,但是反對他那二元論的講法,精神同水,金,鐵一樣,爲一種特殊的東西。它同這些實體有分別,也就像它們互有分別一樣。金並不是鐵,但是金鐵彼此全是物質。精神也是一樣,不是金,也不是鐵,但是它並不因此就不屬於物質:它是頂精細的,頂微渺的,頂不捉摸的東西,但並不是簡單的東西。說某一種實體是非組合的;就是說什麼也沒有組成它,歸結就是並沒有它。然則物質和實體是兩個意思相同的術語。

3. 原子論者　大體講起,這也就是萊西普斯[4]和他的弟子德謨吉來圖[5]的學說。德謨吉來圖爲 Thraces 的 Abdera 地方的人,在友尼亞物理學家裏面是頂有學問的人,並且爲古代和近世惟物學派的首領[6](他的盛年在紀元前四百二十年)。他那很多的和重要的著作不幸散逸了,但是還剩些斷簡殘編,並且我們雖說没有直接的史料,可是盧柯來西烏斯(Lucretius)的詩裏面曾陳述原子論的原理。

自然界和物質組成的理論,在亞納柯西曼德爾,狄由格奈斯,亞納柯薩縠拉斯的著作裏面,還有點渾沌,到德謨吉來圖著作裏面就清楚了。他同亞納柯西默奈斯,狄由格奈斯一樣,説一切的物體是同質的;但是他同亞納柯薩縠拉斯一樣,把物質——物質自身是没有分别的,——當作無限小的小塊,數量無限,輪流着聚集和分離,限定東西的成毁。這些無限的小塊是不能破開的(atoma)。

但是它們也並不是數學上的點,因爲没有廣延(inétendue)的東西,就算簡直没有;它們在化學上的性質(to genos hen)是同一的,由它們的廣度(megethos)和形式(schêma)互相分别。它們有永久的運動,爲它們真質所自有,並不是從一位超出的原始得來的。使它們活動的動力,就像命運一樣,盲目地動作(kath' heimarmenên, hup' anankês),並不像亞納柯薩縠拉斯所説,有意趣(nous)並且向着一個目的(telos)動作。但是如果德謨吉來圖駁擊目的論,他對於偶然的觀念也不承認,他有時候用 tuchê(偶然,命運)這個字,却是用作必要(anagkê)的意思。他覺得偶然這一個字,止足以表明人類的無知識,因爲他不知道現象真正的原因,才那樣説。在自然界裏邊,絶無没有原因的事實,一切全有它存在的理由和必要[7]。

　　愛來阿學派否定空虛，因此就否定運動，承認運動就是承認空虛(to kenon)。没有空虛，原子也不能彼此互相分别，這就是説並没有原子。然則，空虛就是原子存在的必要條件，它因爲是運動的條件，所以在東西構造的時候，就同盈滿(to plêres)有同樣的重要。實在這就是在惟物論的物質旁邊又加上一個第二種的原始，並且在德謨吉來圖的學説裏面，攙入二元論的色彩。這種二元論，就是頂嚴密的一元論，也不能完全避免。德謨吉來圖所説底空虛，我們在畢達戮拉斯學説裏面已經看見；他把它叫做 apeiron，這將來就是柏拉圖，亞里斯多德，普婁蒂努斯所説底 mê on (無)，坎巴迺拉及黑智兒所説底消極(négativé)。在德謨吉來圖的學説裏面，這第二種原始爲物質運動的條件；將來在惟心派的學説裏面，就成了思想時候論辨運用的條件。

　　永遠的運動(aidios kinêsis)使原子成一種渦旋(dinos)，結果就按着它們外面的相似性(這就是説按着它們的大小和形體)集合起來，因爲由化學的觀察點看起，他們全是同質的，也不能互相吸引，也不能互相排斥。它們自然從地上落下，頂重的原子積在空間下面，頂微渺的原子作成空氣。有些原子的外面不平均，澀糙，或帶針，或帶鈎，因此就互相鈎結，作成酸辣的東西，至於外面平滑的原子，組成能令感覺痛快的東西。組成靈魂的原子，頂細微，頂光滑，所以頂容易運動。組成靈魂的原子，如果孤立，或集合的很少，就没有感覺；它們集成大塊，就得着感覺的能力。

　　靈魂的原子散布在全身裏面，但是在感覺的器官裏面，聚集的更多，感覺就從這些覺官裏面生出來；它們也聚在腦中，爲思想的部位，聚在心裏，爲感觸的部位，聚在肝臟裏面，爲欲望

（l'appétence）的部位。德謨吉來圖用交流或發散物（aporroiai）的假說，講明感覺和知覺；這些發散物從各種物體發出，進在我們的機體裏面發生感覺，又進到腦子裏面發生東西的觀念或表像（eidôla）。

感覺爲認識的惟一源泉；在思想面裏，除却從覺官進來的，什麼全没有。我們的觀念表明我們的印象，就是説表明我們和外界中間所有底關係；這種觀念並不是直接地把對象自身再發現出來，這些對象密切的真質，我們無法知道它[8]；我們的覺官由對象所覺到底性質；比方説，顏色，臭，味，絕不是對象所固有底。它們不過是原子的運動和覺官的本質在主觀方面所發生底印象。在我們的外面和内面，除却運動的原子，無論什麼全没有。組成靈魂的原子，全體在我們的身中有多少時候，我們就有多少時候，能够認識自己；如果有一部分的原子逃出，我們就有了磕睡，陷於無意識的狀態；如果全體差不多全逃出，止剩一小部分，外面看着就好像死了；歸結，心理上的原子全體同身體分離開，我們就死了。死並不能把這些原子毀滅，因爲原子不可破，所以它的本質就是不能毀滅的；所毀滅底不過是在一個身體裏面暫時的聚集，和由這種聚集所構成底個體。因爲孤立的原子並不能有感情，必須心理上若干原子在腦子裏面和在其他機關裏面聚集起來，才能發生感情，所以死就把感情删去，没有感情，也就没有個人了。

神們比人類組合的更强固，但是它們的不死並不是絕對的。它們同另外能死的東西一樣，爲原子所構成；它們的生命，雖然比人類長的多，可是也要受公同定律的支配。在永久的宇宙裏面，個體没有絕對的特權。因爲神們比我們有權力和有知慧，我們應該崇拜他們。我們可以承認,在他們和我們中間有關係,比方說,在夢裏面;但是我們對於他們應該把一切迷信的恐懼,全解除開;並且不要忘掉,它們無論怎麼樣的有威力,在它們的上面,還有一位比它們更有威力的;這就是必要(la Nécessité),這就是最上的,非個體的和絕無偏私的管理天地的定律。自然界在萬有上面所放底定律,我們應該心悅誠服地聽它的命令。我們的幸福用這樣的代價,才可以得到[9]。

也就像額拉吉來圖的學說在柯拉蒂盧斯(Cratylus)的議論裏面,愛來阿學派在戳爾吉牙斯的議論裏面一樣,原子論的惟物觀察在普婁塔戳拉斯的議論裏面,成了懷疑論的根據。這種危機却是狠有利益的;希臘的哲學有一個時候因爲把各派所說底認識方法排列起來一看,就喪失了勇氣;但是當它出了這個危機的時候,實際上更强固,更偉大,對於它自身的意識狠明白,並且對於一直到這個時候還沒有人注意到的問題;知慧和道德方面的問題,加意研究,所以它的内容也就更加豐富起來。

原　注

〔1〕 Simplicius, *In Phys.*, 32, 33. —D. L., IX. —Mullach,Ⅰ, p. 252 ss.

〔2〕 Mullach,Ⅰ, 254.

〔3〕 Diog. L.,Ⅱ. —Simpl., *In. Arist. Phys.*, f. 6.

〔4〕 對於這位哲學家,亞里斯多德同古代的人異口同聲地稱他同他的弟子德謨吉來圖同爲原子論的建立人;有些人說他是 Abdera 的人,有些人說他是米萊突斯或愛來阿的人,他的生事我們絕對不曉得,他好像並沒有留下著作。

〔5〕 Aristote, *Met*., I, 4. *De coelo*, III, 2. *De anima*, I, 2. *passim.* —Sext. Emp., *Adv. math*., VII, 135. —Diog. L., IX. —Lucrèce, *De rerum natura.* —Clém. d'Alex., *Stromates.* —Mullach, I, p. 230 ss. —R. et. P., p. 154 ss. —德謨吉來圖的逸文由 Burchard(Minden, 1834) 和 Lortzing(Berlin, 1873)所采集, 由上所述時地出版, 一想知道德謨吉來圖對於科學和哲學革新的影響, 要看 Loewenheim, *Der Einfluss Democrit's auf Galilei*(*Archiv. für Gesch. der philos.*, VIII, 2).

〔6〕 我們要説惟物派, 並不要説原子派。實在, 原子派, 就是不在名義上, 而在事實上, 總應該追溯到亞納柯薩戮拉斯和他的 chrêmata apeira kai plêthos kai smikrotêta 的理論。

〔7〕 Stobée, *Ecl. phys.*, p. 160. —Mullach, I, p. 365: ouden chrêma matên ginetai, alla panta ek logou kai hup' anagkês…

〔8〕 這種議論, 將來爲普婁塔戮拉斯所承受, 否認可以有研究絶對的科學: 玄學, 它就是懷疑論, 批評論, 實證論, 無知論的根源。
比較下列各書: Aristote, *Physique*, VIII, I, 7. —Natorp, *Recherches sur l'histoire du problème de la connaissance dans l'antiquitè*(all.). Berlin, 1884, et Hart, *De la psychologie de D., etc.* (all.). Leipz., 1886.

〔9〕 Voy. Burchard, *Fragments de la morale de Démocrite* (all.), Minden, 1834. —Liard, *De Democratis philosophia*, 1873. —對於普通的原子論, 要看 Léopold Mabilleau, *Histoire de la philosophie atomistique*, Paris, Alcan. 1895.

第二期　　批評時代或名對於精神的哲學

第十三節　　普婁塔戮拉斯(Protagoras)

普婁塔戮拉斯[1]爲德謨吉來圖的同鄉和友人。他那雄辯的

講演,在西昔利島和雅典狠有聲名。他不止是一個 philosophos
(智慧的朋友,研究哲學的人),却是一個 sophistês(哲人),這就
是說他講授哲學。他的講授是要報酬的,當時就有不少有才幹的
人來仿效他,把哲學裏面的意思教給識字的人,——這一類的知
識一直到那個時候,限於哲學家狠狹的範圍。他們是些聰明的宣
傳人。因爲他們所說底道德原理狠有彈性,並且對於多神教絶無
信仰,所以哲人這一個名詞也就爲人所唾棄,其實他們和人道派
學者(humanistes),學術類典派學者(encyclopédistes)相似,全不
是無益的人物。普婁塔彀拉斯狠爲受過教育的,有錢的,懷疑的
青年所注意,但是民衆却狠厭惡他,因爲他們對於祖國的宗教還
狠熱烈地崇敬。他歸結也像他的同時人亞納柯薩彀拉斯和蘇格
拉底一樣,供了群衆狂信和要人偏私的犧牲。他在紀元前四百十
一年被放逐,至於他的著作在通衢中間焚燬。禁令的原因顯然是
由於他在 peri theôn(神論)那本書上面,對於群神存在的懷疑。

　　普婁塔彀拉斯的懷疑論,是一個三段論理的結論,大前提是
額拉吉來圖所說底 panta rhei(萬象皆過而不留),小前提就是德
謨吉來圖的感覺論。所能感覺底世界是一種永久的變形。覺官
止能表示出來過而不留的東西;至於不變,必要的,普遍的東西,
無法表示出來。然則想要認識真理,我們應該到比騙人的覺官較
高的機體裏面找:就是說要到反想,到理性裏面去找。但是按着
德謨吉來圖的學說,反想不過是感覺的延長,在真質上,同感覺並
沒有什麼分別。如果感覺是變化的,無定的,欺騙的,可是它却是
認識惟一的源泉,然則一切認識全屬無定的:就是必然的結果。
每人所認識底東西,止有他的感覺。我們所感覺到底東西,對於

我們可以算有。沒有到我們感覺裏面的東西對於我們就可以算沒有。原子,因爲我們的感覺不能接觸,就是從德謨吉來圖的視察點看起,也不過是一種假説,沒有絕對的價值。至於亞納柯薩戮拉斯所説底種子,安伯斗克萊斯所説底原質,友尼亞學派所説底原始,全是這樣。人,除了他所知覺,他所感覺,他所接受,沒有另外真實的東西。因爲人人感覺的不同,這個看見是藍的,那個看見是綠的,這個看着大,那個看着小,結果就是真理要同個人一樣多;個人就是真偽的衡量(pantôn chrêmatôn metron anthrôpos, tôn men ontônôs esti,tôn de ouk ontôn hôs ouk estin)[2];沒有普遍的公理,沒有對於一切人全有價值的原理,或者儘少説,我們沒有一定的標準(kritêrion)可以認明在玄學或道德學上,某種議論是絕對的真理。個人爲真理的衡量,也就是善的衡量;某事對某人有益,對於別人就有損;它對於第一人算善,對於第二人就算惡。實用的真理和理論的真理同樣是相對的,是由於興味,由於性情,由於教育的。所以,玄學家的爭論完全無用。我們在感覺的個別事實以外,無論想看出一件什麼樣的事實,全不可能;我們如果想認識事實的原因,或最初的條件,——這種原因在一切知覺以外,——更屬不可能的。

　　然則希望人類以後止研究在實際上所能達到底唯一的事物;就是説希望止研究他自己! 希望他們把對於最初原因所作底無益的思考全撤開,把他們的能力注重在獨一重要的問題上面:就是説注重到幸福的條件的問題。有幸福就是自己能管理自己和別人;自己能管理自己,就是有德性;哲學就是使人有德性的技術。想管理別人——在一個喜歡辭令的社會中間,並且這個社會常常可以對於形式把實在犧牲掉，——應該有雄辯，這就是說思想的好和說的好。然則哲學就是使人思想的好，和說的好的技術，括總說起，哲學有三部分：實用的道德學，論辯法，修辭學。

友尼亞學派和愛來阿學派的懷疑思想，在這個學說裏面凝集起來。這個學說不過把哲學上面一種基礎的真理說的過火一點，這個基礎真理就是：所說底客觀的事實，現象，按着科學上的用法，並不能對於我的感覺，我的知覺，我的思想獨立地存在，如果它不過是對象（Objet）或現象，它的單一，它的衡量，確定說，就是它的實在，是我給它的。如果這樣講，普婁塔毅拉斯的話非常正當，爲知覺主體的人，的確是一切事物的衡量。雖然說，在他的口中，他這種議論，頂要緊就是要用在道德上面，可是他這種僻謬的學說及它的係論，和蘇格拉底的 gnôthi seauton（你要認識你自己），在古代哲學史上成了一個時期。他們開批評時代的先河，把過去毀壞，並且給將來所要蓋底更堅固的新建築預備地方，因爲思想將來要在對它自身的意識上面建築這些。

普婁塔毅拉斯和哲人派學者批評的結果很多，並且有益。他把多神教的精神基礎毀掉，給蘇格拉底，柏拉圖和斯多噶（stoïques）派學者的宗教預備好道路。其次他把虛擬的，童樸的定斷說毀掉；他並且把論辯法和僞辯用的狠過火，強迫人類思想對於思想自身，對於思想的構造，思想的方法，和思想的定律，加意研究。哲學家推理，已經有許多世紀，但是他們却不預先研究三段論理法的本質和形式；他們推論，演繹，却不把歸納和演繹的方法，作他們研究的對象；他們很像那些億萬的生物，能看，能聽，但是對於視覺和聽覺的機關，一點觀念也沒有。哲人派的哲學，無論怎麼樣同人類的思想衝突，並且正因爲這些衝突，才能使思想覺到它自己有定律，並且給它剖析這些定律的機會。論理學演成系統，是<u>亞里斯多德</u>的成績，哲人派替他開闢先路，他們不但創造思想的科學，並且把思想所不能分離底外象，就是說言語的科學：文法，句法，文字學——用這些術語頂普通的意思——也創造起來。因爲他覺得形式有非常地重要，並且用話要非常地小心，他就使<u>希臘</u>文變成輕妙的語言，並且使它成思想的很精妙的工具，我們在<u>柏拉圖</u>的問答裏面，可以讚賞到這些。

　<u>普婁塔叡拉斯</u>的錯誤，就是用 anthrôpos（人）這一個字，並不是要說普通的人類，却是要說個人，不是要說人類的知能，却是要說每一個人的知能，並且歸結他承認真僞的衡量同個人的數目一樣多。他也像大半的古代哲學家，一方面把個人中間生理心理的差異，另外一方面，把感覺的詐僞，說的過火一點。他却不知道，將來的科學所要證明底，就是科學家可以把覺官所知道底，彼此互相糾正。他因爲有這樣的成見，就說真理没有客觀上的標準。他不認識人類的理性，並且不知道理性在無論何人的心中，真質總是相同的；人們障礙着他，使他看不見人，這樣他不但把沿習的信仰和玄學毁壞，並且頂利害的就是把社會秩序的基礎和國家的基礎毁壞；因爲照他那樣的觀察點看起，道德止能爲個人的，止有特殊，個體，原子。無論國家，社會，無論何種普遍，全不能有。

　<u>蘇格拉底</u>將來就要對於這個重要點加以批評。

原　注

〔1〕 Le *Thèètète* de Platon. —Diog. L., IX. —Sext. Emp., *Hypotyp.*, I, 217.

Adv. mathem., VII. —Ritter et Preller, p. 183 ss. —J. Geel, *Historia criti-ca sophistarum*, *qui Socratis aetate floruerunt*, Utrecht, 1823. —Vitri-uga, *De Prot. vita et philosophia*, Groen., 1858. —Valat, *Essai histo-rique sur les sophistes grecs*（*Investigateur*, Paris, 1859）.

〔2〕 Diog. L., IX, 51.

第十四節　蘇格拉底（Socrates）

雅典的蘇格拉底（生於紀元前四百六十九年,死於三百九十九年）[1]起初同他父親一樣,是一位雕刻師,以後聽了哲人派學者的講演,就研究哲學:他也同他們一樣,盡力於青年的教育和訓練。他雖然容貌很醜陋,却並不因此減少雅典人對於他的親愛;他的同時人,尤其是青年一輩人,受他的影響非常地大。他所説底話精細,聰明,頂帶阿蒂各（attique）的風味。他的道德思想很高尚,他對於政治的議論很奇闢;除了他的形貌,他所有底一切,全可以欣動人,並且使他的弟子景仰到極點的,就是他自願的殉道。他爲哲人派學者的敵人,深恨他們的貪黷,但是他同他們很相似,以至於要相混起來。他同哲人派學者一樣,對於玄學和自然界的知識很冷淡,因爲他説這些學問要達到無神論;他對於數學也很冷淡,他覺得這是些無益的思考;他還同哲人派學者一樣,並且他是真正的雅典人,那教育的中心點就是要研究怎麽樣才算有道德的人和有道德的人所應盡底義務是什麽;歸結,他還同他們一樣,他特別注重於精神上明確的訓練。不要再説他對於宗教和對於國家的組織,也帶着自由的態度了。然則,人家把他混在哲人派裏面,並不是沒有一點理由;當時帶保守性的民政很恨他。

Aristophanes 對於這個革新人，開始攻擊。他在 *Nuées*（雲彩）那齣戲裏面，嘲戲蘇格拉底並且使他對於宗教或政治的觀察點，成了可疑的人物。在三十暴君滅亡以後，人家控告他不信國家的神祇，却宣布有另外的神祇，並且敗壞青年。他在紀元前三百九十九年被定飲酖的罪名。

他雖然自己沒有留下著作，因爲景仰他的兩個弟子柯塞糯諷（Xenophon），和柏拉圖對他有詳細的記載，我們知道他，比知道他以前的人更清楚一點。實在說起，他兩個的記載並不很相似。如果我們按着紀念錄（*Choses mémorables*）上所說，我們與其說他是一位玄學家，寧可說他是一位革新的倫理學家；如果按着柏拉圖所說，他却是一位巧妙的和深微的思想家，爲額拉吉來圖，巴爾默尼德斯，亞納柯薩毅拉斯的勁敵。對於這種互相矛盾的紀載，我們大約可以這樣講明他：就是柯塞糯諷給我們所說底，就是他所自己明白底，並且是他很明白底；至於柏拉圖所說底，已經過了蘇格拉底學說的界綫，把他那學說的玄學方面，說的過甚一點，並且用他老師的名字遮掩着他自己的意思。在他這兩位弟子所說底很詳細，但是不很確定的證據以外，我們幸而有亞里斯多德的判斷。他的評判很簡明，儘少說，不至於有偏見的嫌疑[2]。

蘇格拉底哲學的出發點同普夒塔毅拉斯和哲人派學者的懷疑論的出發點是一樣的。他所知道底，止有一件：就是他什麼全不知道。另外他確信在物理科學的界域裏面，確定是不可能的。但是他對於宇宙生成論雖然懷疑，對於道德却絕没有疑惑。他對於他那時代的思想，加入些積極的，新穎的原質；就是他相信在宇宙裏面，有一個對象可以認識，並且可以認識到深處：德爾斐

（Delphi）廟宇上面所刻底字："你要認識你自己"，就是指這個對象，它所指底就是人，如果我們不能解決關於外物的真質和本原的問題，儘少，我們可以知道我們應該作底是什麼，生命的意義和目的是什麼，靈魂上最高的善（souverain bien）是什麼，止有這種認識是固定的和有益的，因爲止有他是可能的。除了道德學就絕沒有嚴正的哲學了。

蘇格拉底把人當作科學真正的目的，很明白的，他並不是要說人學，也並不是要說近世界所說底心理學。他所要說底是爲道德觀念住所的靈魂。但是他雖然在道德學以外——亞里斯多德說他創立這門科學——不承認有別種科學，他却覺得道德學是一種真正的，確定的，積極的，放在普遍原理上面的科學。不錯，由外面看起蘇格拉底並沒有超過普婁塔戮拉斯的觀察點和他所說人類爲一切事物的衡量的原理。但是普婁塔戮拉斯的道德並不是一種科學，因爲他不承認對於一切人全有效的原理。按着他的意思，爲一切事物衡量的人，就是個人，他用人這個字，有特別，偶然和變化各意思，並不是要說精神的公同根源，道德思想不變的和必要的原質。一切人類有這種根本的性質，他却不相信。照着他的意思，道德的觀念，沒有客觀的和絕對的制裁；善，正誼，真，全是由於個人的評定，個人就是它們最後的惟一的裁判官：然則道德要同個人的數目一樣多，那就是說簡直沒有，並且從這個時候起，有名無實的社會要建立在什麼上面呢？哲人派的學者因爲人類的意見，判斷和感情有差異，就被他們蒙蔽着了。其實這種差異不過是表面的。道德的觀念在個人的成見下面藏着，並且好像睡着了，我們止有用教育把這種寄生的外套剝去，就可以在一切人的心窩裏面看出來他們向着善和正誼有同樣的趣向，那就是一切真正社會秩序的基礎。

　　然則，蘇格拉底的功績就是從特殊裏面找出普遍，——儘少說在道德學裏面，——就是從個體升到社會和普遍，就是在帶複雜色彩的各意見裏面，找出來一切人的真正的和不變的意見，公衆的意識，——這種意識當時已經被虛僞的論辯家鬧錯路了[3]。在知識界的無治狀態的下面，他引導思想去推論和下定義，他給每字一個清楚的意思，使思想的混亂得一種限制[4]。比方説，止要神的觀念還沒有下定義，大家用同樣的理由可以主張有神論和無神論：如果大家用神這個字要説統制世界的惟一的和不可分的神智（Providence）就可以主張有神論；如果要指希臘人所擬想底在歐林普斯山居住的那些同人相類的東西，那就可以主張無神論。然則，頂重要的就是要把所用底術語先商量好，並且想要這樣，就應該下一種嚴重的定義，蘇格拉底在這些地方，什麼人也趕不上他。柯塞樠諷説[5]：他不住地考察並且定明善和惡是什麼，義和非義是什麼，智慧和瘋狂，勇敢和怯懦是什麼，國家是什麼，公民是什麼。他並不肯把已經作好的定義，説給他的聽衆；他同持感覺論的普婁塔毃拉斯相反，深信道德的觀念藏在一切靈魂的深處，每人的精神裏面，全飽含着真理，深信講授並不能把他身外的東西給他一點，講授不過是提醒，長育，發展他所已經有底根芽；他很高興作一種精神的產婆，引他的聽衆自己來發見真實的定義。從來沒有比他更巧妙的教授。他在公衆場所，散步場，作工室，並且無論在什麼地方，止要遇見一個聰明的容貌，他就實用他的技術，他很高興把他的技術同他母親的技術相比[6]。他常常

用一種很無聊的問題，接近偶然來聽講的人，他起首對於他們的
知識暫爲承認，以後他慢慢地發一組很巧妙的問題，使他們自己
承認知道的不清楚，或者簡直不知道，並且跟着往下問，就引他們
的確地知道。柏拉圖所著底問答書，可以使我們知道這種有名論
辯法的一點意思，蘇格拉底用這種論辯法，可以把他那些對話人
的很有學問的自負，消除净盡。後人把這種論辯法叫作蘇格拉底
的諷喻（l'ironie socratique）。

　　他講學的目的，全是實用的。他專去提高公衆的道德。但
是，如果哲人派學者的道德學是爲個人和個人的幸福説法，他的
道德學却是非常地社會的，人道的，是照着公衆的幸福，祖國，國
家走的。如果他努力使精神得着光明，引他們能正確地思想和真
正地認識，這並不是要使他們成有學問的人，不過要使他們成真
正的人和公民[7]。他覺得知識也就同個人一樣，不過是一種方
法；我們應該傾向底目的是完善的社會，是在善和正誼的總念上
面建築的，並且由頂好的，頂合正誼的，頂有智慧的人統治的社
會[8]。但是，知識雖説止是一種方法，却是正當生活，作好公民和
作政治家的必要的方法。這並且是蘇格拉底哲學的根本原理：在
知識和志願中間，有極密切的關係，如果人能思想的更好，知道的
更明白，理解的更明白，他的事要作的更好；我們對於道德上的價
值，是直接與我們的智慧成比例的，并且從這種原理，自然要生出
別種使它得到特別性質的議論，就是：德性是可以學到的，德性是
一整個，這就是説人不能在這一點有德性，在另外一切的點就没
有德性，也不能在這一點有毛病，在一切情形之下就没有毛病；歸
結，没有一個人因爲明白了才可惡，却是因爲他不明白才可惡；罪

惡就是無知識的結果[9]。

蘇格拉底的道德學，在畢達毅拉斯的惟心論和樂利論
（l'eudémonisme）的中間，——這種樂利論和友尼亞學派的感覺論
和惟物論的傾向是不能分離的。蘇格拉底簡直是一個苦行人，他
尋找理想，但是他喜歡把他的理想翻譯成一種感覺的形式，並且
道德的美麗（to kalon kagathon），在物質的美麗裏面反射出來；他
想着把本質（la nature）調養好，使它爲知識所用，知識對於它成
無上的主人，但是他絕不想把本質壓服[10]。他頂要緊的是希臘
人和雅典人，對於外物的引誘，不是無所感覺的，他自己承認不得
不對於物質的誘惑繼續底奮鬥。

在宗教的界域裏面，他同哲人派學者的相合，反對神話的它
的寓言，但是他並不是普婁塔毅拉斯那樣的一個自由思想家。以
至於他那精神論的信仰裏面還不是完全免掉迷信。他相信超自
然界和些高等的有，保護民族的鬼神和啟示個人的鬼神（daimo-
nia）。但是他極力主張神智的普遍，同雅典人的遍見相衝突，並
且爲斯多噶派和基督教將來所講授底人道觀念和普遍的聯責
（solidarité universelle）觀念打掃道路[11]。

括總説起，這一位道德學的創立人，從理論一方面看起；比近
時的康德低的多。他的榮譽在這一方面，因爲他個人的名望和就
死的慷慨，就把他前面的第一等的哲學家遮去，却太過了。他同
那些物理學家和差不多一切像樣的思想家全不同，他不肯著書；
他不但對於危險的和"污慢神祇的"思考蔑視，很可以令我們詫
異的，是對於正確的科學也有一種蔑視。歸結説起，在柯塞穭諷
所述説底幾種有名的學説，和沿襲的歷史上所給他底位置的中間

不能成比例。雖然如此,他總是這一類革新人;他們在地球上過去,要留一種頂長的和頂可生發的痕迹。他不朽的事業就是對於意識,對於義務,一句話説完,就是對於理想,把它所應該有底重要位置給它,並且去實行它,去使它實現,並且可以説,在它裏面生活;至於在他那個時代,別人確是張明旗鼓的説,道德除却各人的利益,没有其他的定律,“善”除却成功,就没有另外的標準。可是肯定義務的絶對,不止是創造獨立的道德學,實在就是在道德學的根基上面把玄學刷新;因爲①無論蘇格拉底和康德怎麽説,人類的思想除却反對自己的判斷,不能在實用上承認絶對,在理論上又不承認絶對。

　　歸結,一方面,他有一部分的弟子,頂有名的,就是亞里斯蒂普斯和昂蒂斯特奈斯,他們接續道德學家的蘇格拉底,反抗古代學派對於玄學的思考;另外一方面,他别的弟子,比方説,歐几里德和柏拉圖把他那哲學裏面所説底至善和愛來阿學派的絶對,道德學裏面的目的和玄學家所説底最初原因混合起來,這樣,他們就在關於風教的哲學(la philosophie des moeurs)和關於自然界的哲學中間,把哲人派學者所已經隔斷底關係,重行聯合起來。

原　注

〔1〕來源:Xènophon, *Les Choses mémorables de Socr. et Le Banquet.* —Platon, *Apologie de Socrate*; *Phédon*; *Phédre*; *Ménon*; *Théététe*, etc. —Ar-

①編者注:“爲”,原誤作“有”,據文意改。

istote, *Mét.*, I, 6 et *passim.*—Cicéron, *Acad.*, I, 4, 15 et *passim.* —R.
et P., p. 192 ss. —Fréret, *Observations sur les causes de la condamnation
de Socrate* (*Mém. de l'Académie des inscriptions et belles -lettres*, t. 47
B). —A. Ed. Chaignet, *Vie de Socrate*, Paris, 1868. —A. Fouillée, *La
philosophie de Socrate*, 2 vol. Paris, 1874. —E. Boutroux, *Socrate fon-
dateur de la science moderne.* (*Comptes rendus de l'Acad. des Sc. mor. et
pol.*, 1883). —K. Joël, *Der echte und der Xenophontische Socrates*, Ber-
lin, 1893). —A. Doering, *Die Lehre des Socrates als sociales Reformsys-
tem*, Munich, 1895. —Joël 先生不以爲紀念録可信，他覺得柯塞耨諷
書内的蘇格拉①底，不過是昂蒂斯特奈斯和西尼克學派的學説的一
種假名。Doering 先生接續沿襲的説法，承認蘇格拉底這樣形貌的
正確；他覺得蘇格拉底的事業，在一切以前，總算一種社會改革的
試驗。

〔2〕*Met.*, I, 6; XIII, 4; *Top.*, I, 2. *Eth. Nic.*, *passim.* 並且比較上面所舉
Joël 和 Doering 的著作。—Vatorp, *Protagoras u. sein Doppelgänger.*

〔3〕額拉吉來圖的 koinos logos。

〔4〕Aristote, *Mét.*, I, 6; XIII, 4, 8-9, 35; *Top.*, I, 12.

〔5〕*Mém.*, I, 1, 16.

〔6〕Platon, *Théététe*, 149 A, 151. —*Mém.*, IV, 7, 1.

〔7〕*Mém.*, I, 1, 11. —Aristote, *Mét.*, I, 6; XIII, 4. *De part. anim.* I, 1, 642.
Cicéron, *Tuscul.*, V, 4.

〔8〕*Mém.*, I, 2, 9; IV, 6, 12.

〔9〕*Mém.*, III, 9; IV, 6. —Aristote, *Eth. Nic.*, III, 1; VI, 13.

〔10〕Platon, *Banquet*, 176, 214, 220.

———

①編者注："拉"，原誤作"格"，據前後文改。

〔11〕 *Mém.*, I, 4, 18; IV, 13, 13. 參考：Platon, *Phédon*, 96 ss.；*République*,
　　　 VII, 529.

譯者注

（一）這位蘇格拉底的大弟子歐几里德（Euclides）同著幾何原本的大數
　　　學家同名，大家總不要把他們兩位鬧混。默加拉學派的建立人大
　　　約生於紀元前四百四十年附近；至於大數學家則生活於紀元前第
　　　四世紀末及第三世紀初。

第十五節　亞里斯蒂普斯（Aristippus）和快樂論（Hédonisme），昂蒂斯特奈斯（Antisthenes）和西尼克學派（le Cynisme），歐几里德（Euclides）和默加拉學派（l'école de Mégare）

　　一　西來納（Cyrena）的亞里斯蒂普斯[1]，在從蘇格拉底受業
以前，爲一持感覺論的哲人派學者，以後他總忘不了哲人派關係
理論的視察點。　他同德謨吉來圖和普婁塔戩拉斯一樣，說我們
一切的知識是主觀的，想知道事物的自身是不可能的；他把看見
的及認識的對象和將來康德所說底事物本體（la *chose en
soi*），——就是說我們感覺還未認識的并且絕對不能認識的（to
empoiêtikon tou pathous）[2]原因，——辨別的非常清楚。他所講
底道德學也是一樣，與其說它合於蘇格拉底的原理，不如說它合
於普婁塔戩拉斯的原理。他說生命最後的目的就是快樂
（hêdonê）。他的學說因此就叫作快樂論（hédonisme），其實是一
種粗淺的感覺論。在主要的一部分，他却遵守蘇格拉底的道德原

理,最先就要求快樂的中和,並且個人的毅力應當順着理性,反抗感覺的誘惑。他說:對於一切的事物,我們總應該作我們自己的主人,總要可以說:echô ouk echomai(我持定,却不被他物持定),或就像拉丁的詩人 Horatius 把亞里斯蒂普斯的格言翻成這一句詩:

　　… Mihi res non me rebus subjungere conor[3](我盡力使事物服屬於我,不要使我服屬於事物)。

在快樂的階級裏面,精神的欣悦,友誼,慈,孝,美術,文學,比在情欲上面過而不留的情緒重要,智人所頂應該尋求底,並不是暫時的快樂(le plaisir),是有永久性的歡娛(la joie),可以永遠保存的,道德上的喜悦。另外,亞里斯蒂普斯和信從他的人,在下面所説底一部分,同哲人派學者相合:一切動作的動機,全是求幸福的欲望,它的目的就是它所得到底欣悦。這些快樂派學者對於宗教,也同普婁塔穀拉斯相合;他們是堅定的自由思想家,他們也來破壞在知識階級裏面所勝餘底多神教的信仰。西來納的特歐斗魯斯(Théodorus)別號無神論者[4],他留着底神説裏面,張明旗鼓地宣傳無神論。另外一個快樂派學者,愛海默魯斯(Euhemèrus)[5],在一本關係感覺的著作(hiera anagrapsê)[6]裏面,説神是些英雄,帝王,有名的人,他們死後,大家才把他們供事作神。這種理論受大部分羅馬人的歡迎,以至於受基督教徒的歡迎,這些教徒很高興看見村野教(le paganisme)用這樣有力的武器來反對它自己。他的學説無論怎麼樣的不滿足,他確是建立了研究宗教的科學;這門科學,直到現代,才有人作更深的研究。

有一種演變,驟看起來,很奇怪的,其實是很自然的,快樂論在海格西牙斯(Hégésias)[7]的哲學裏面，成了厭世論。這位哲學家別號 peisithanatos(勸人自殺的人)。這種演變是含在快樂論原理的名理裏面的。按着西來納學派的意思，生命的目的就是快樂：有些人說，是片時的感覺(hêdonê en kinêsei)，有些人說，是永存的快樂或幸福(chara-eudaimonia)。然則經驗曾經證明，在一切的存在裏面，痛苦總是比快樂利害；絕無攪雜的幸福，是一種烏托邦。然則生命的目的沒有達到，並且萬不能達到。然則生命就沒有價值；歸結，死比較的還要好一點。因爲，儘少，它能給我們得到惟一可能的景福(félicité)，消極的景福，就是說把痛苦絕對地删去[8]。海格西牙斯就是這樣推理，其實。一切覺得生命除却快樂，歡悅，幸福以外，沒別種目的因(telos)的人全應該這樣推理。生命除却對於承認比較高尚的目的，就是說道德的良善，義務的實行，爲德性而實行德性，生命除却對於承認這些的人，沒有價值；換句話說，它除却對於把它當作一種方法，不當作一種本身的目的的人，沒有價值；一句話說完，就是對於惟心派學者才能有價值。從惟心論的視察點看起，德性成了最高的善；可是，除了活着，想實行德性是不可能的；然則，生命成了德性(最高的善)的方法和必要的條件，它自身雖然不是最高的善，却是一種相對的善。然則，道德上的惟心論，必然地可以免除厭世論。

　　快樂學派在西來納的昂尼塞黎斯(Anniceris)[9]的學說裏面又成了一種相對的樂觀學派，這種學派將來在伊壁鳩魯學派裏面接續下去，伊壁鳩魯用德謨吉來圖的物理學補足亞里斯蒂普斯的道德學。

　　二　昂蒂斯特奈斯[10]　　蘇格拉底所有惟心論的志趣，在雅典昂蒂斯特奈斯的學說裏面接續下去,並且走的過遠一點。昂蒂斯特奈斯為西尼克(cynique)學派的創立人,因為他在 Kynosargès 學校裏面講演,所以他的學派就叫西尼克。他的格言就是:為德性而實行德性;德性為我們一切動作最終的和唯一的目的;德性為最高的善。昂蒂斯特奈斯的繼續人,西尼克派學者,激揚過甚,就說快樂是一種罪孽,如果我們想有德性,除了完全放棄我們一切的快樂,——物質的快樂以至於精神的快樂,——沒有別法。他們至於把精神的訓練和知識的自身全當作一種罪孽,一齊拋開。他們因為蔑視社會生活的快樂,就把禮貌上頂粗淺的規則全行拋棄,歸結至於抵抗國家的法律,——儘少說在原則上要到這步田地。這些"古代的盧梭(J. J. Rousseau)"要用自然的狀態替代訓練的和文明的生活;要用世界主義替代國家主義。哲人派學者和蘇格拉底所宣傳底個人獨立的原則,就這樣的從理論變成事實。雖然如此,西尼克派學者不是全這樣的極端,至於昂蒂斯特奈斯的弟子西耨坡的狄由格奈斯(Diogène de Sinope)[一]的著名故事,一部分出於民眾的惡意,他們對於狄由格奈斯,自然地要攻擊他和嘲弄他。

　　昂蒂斯特奈斯的道德的惟心論,他的門人走的太遠,失了原意,將來載耨(Zeno)和斯多噶學派裏面,帶一種新鮮的形貌,再行顯示出來。

　　三　歐几里德為默加拉學派的創立人[11],他第一個要把他老師的道德學找出一種玄學上的根基,他在愛來阿學派的哲學裏面找出來。　他一方面同巴爾默尼德斯一樣,承認有的統一性,同時在他一方面和蘇格拉底一樣,承認精神和道德觀念的實在性,他由一種狠大膽的綜合,——近時的菲土特又要作這樣的綜合——結論説止有一個唯一實在的有,就是精神或善。我們對於他,除了這種議論,所知道底很少。但是在阿蒂各的哲學家裏面,已經可以使他得着重要的位置,因爲他在蘇格拉底和柏拉圖的中間居聯絡的地位。默加拉學派在斯蒂爾本(Stilpon)的時候很有名[12];蘇格拉底最親愛的弟子佛愛德(Phaedo)建立愛黎斯學派(école d'Elis)[13];這兩派全盡力於論辦法的發展,並且很有成功。但是很早被柏拉圖,亞里斯多德,伊壁鳩魯,載樆各派遮掩下去。

在第一時期,哲學的興味全集中於自然界和生成的問題上面;蘇格拉底派的探索開精神哲學的紀元,這種哲學在第二時期最爲昌明,並且因爲有些哲學家覺得我們的有的真質(essence)和最高的目的在思想(柏拉圖,亞里斯多德),有些哲學家覺得它在感覺(伊壁鳩魯),有些哲學家覺得它在意志的勤動(斯多噶學派),他們就分成惟心派,唯物和快樂學派,或具體的精神派的學者。

原 注

[1] Diog. L., II. —Sext. Emp., *Adv. math*., VII, 191-192. —H. v. Stein, *De philosophia Cyrenaica*, Goettingue, 1855.

[2] Sext. Emp., *Adv. Math*., VII, 191: Hoti men leukainometha, phasin, kai glukazometha dunaton legein adiapseustôs kai anexelegktôs. hoti de to empoiêtikon tou pathous leukon estin ê gluku estin, ouk hoion t' apophainesthai. eikos gar esti kai hupo mê leukou tina leukantikôs diatethênai kai hupo mê glukeos glukanthênai.

[3] Horace, *Epitres*, I, 1, v. 10.

[4] 盛年大約在紀元前三百一十年;爲 Démétrius de Phalère 和 Ptolémée I

的同時人,並受他們保護。

〔5〕盛年約在紀元前三百一十年。

〔6〕逸文在 Diodore 和 Eusèbe 著作内保存。

〔7〕Ptolémée I 的同時人。

〔8〕Cicéron, *Tusc*., I, 34: *A malis mors abducit*. (譯爲:死將不幸引去。)

〔9〕盛年約在紀元前三百年。看 Diog. L., II, 93 ss.

〔10〕Diog. L., VI

〔11〕Diog. L., II.

〔12〕Diog. L., II—Sénèque, Ep. IX.

〔13〕Diog. L., *loc. cit.*

譯者注

（一）希臘哲學界中,有四位 Diogenes:一即本書第十二節所講底 Appolo-
nia 的 Diogenes;一就是這一位差不多人人皆知的犬儒 dioge-
nes,——其實本節中曾説 Cynique 是因爲昂蒂斯特奈斯在 Gymnase
Kynosargès 講學(要留神希臘字母中無 C,他的 K 到拉丁文裏面全
寫作 C;共 U 寫作 Y,所以此字前二母,也可以作 ku,作 cu,其實全
是一樣)與 kunos(犬)的字源毫不相干,稱他們爲犬儒,實由於後
人對他們的惡意。——他爲紀元前第四世紀的人;他的事情雖然
傳的很多,真正就像威伯爾先生此處所説:"一部分出於民衆的惡
意"!另外一位就是 Diogenes Laertius,法文也寫作 Diogène Laërce
或 de Laërte,他爲紀元後第三世紀的人,著有哲學家傳記,裏面的
材料,選擇的雖多有可議的地方,而搜羅宏富,終不失爲考古代哲
學家的一部重要參考書。還有一位,他雖然生於 Séleucie,却號作
巴庇倫人(Babylonien);他是一位斯多噶派的哲學家,生於紀元前
第三世紀之末。曾同懷疑派的加爾奈阿德斯(Carneades)一塊派到
羅馬去,在那裏曾講過學,他大約爲斯多噶派中的調和派,承認利

益爲善的結果或爲達到善的一種方法。

A　否定物質，以思想爲神聖

第十六節　柏拉圖（Plato）

　　雅典的柏拉圖在四百二十七年附近，生於從默塞納（Messenia）來的一個有名人家裏面。輪流着從額拉吉來圖的弟子柯拉蒂廬斯（Cratylus），蘇格拉底，歐几里德受學。歐几里德使他知道巴爾默尼德斯和畢達戮拉斯派的學者。這一派的學者關於數學的思考，對於柏拉圖思想的發達，有一種極重要的影響。他從三百八十五年到他臨終時候（三百四十七年），在亞嘉德謨斯（Academos）裏面教授哲學。這個地方，是由他那些好事的朋友所買，並且這種產業以後有幾世紀，總屬於柏拉圖學派。

　　格特（Goethe）説：人從那一方面進在生命裏面，並不是一件没重要的事情。蘇格拉底生在一個手藝人家裏面，他自己當少年的時候，也作過手藝，他狠高興在這些群衆中間，雖然蔑視他們的狂妄，但是他盡力地教育他們，提高他們的程度。戮突吕斯（Codrus）和梭倫的後裔（一），預定要成了貴族式理想國（De republica）的著作人，惟心派的哲學家。他覺得形式就是全體，至於物質是一種污點，一種困苦，一種討厭的事物；他是詩人，預言者，對於庸俗的實在没有什麼關係；永存，絕對，理想才是他的故鄉；他是教會的神父，神智論者（théosophes）和神秘論者所親愛底主人。蘇格拉底的思想很小心，一步步地走，對於無定，未知和假説，没有信用；柏拉圖的思考有冒險的性質，並且高興走到神秘裏面去。

他並不是除了生長的地方，就不認識世界，除了那些無聊的事情，就不明白生命的"都人士"，他却是對於庸俗的接觸，很爲蔑視，並且在他那第宅的高處，很高興游目於空闊的天涯的貴族。

柏拉圖在希臘哲學家裏面，是第一個我們曾保存着他的著作的，並且只有他的著作，我們保得完全[1]。在古代所傳說是他的著作裏面，有些是的確虛僞的，有些是可疑的，比方說 *Parmenides*, *Sophistes*, *Cratylus*, *Philebus*. 評判家對於 *Apologie de Socrate*（蘇格拉底的辯護録）和 *Criton* 也有疑惑，但是沒有滿足的理由。

無論什麼樣嚴重的疑難，對於它們無疑惑的著作，共有九種，就是：1. *Phaedrus*，這本書用哲學家真正的雄辯反對哲人學派謀利的修詞學，它主要的注意，就是對於不可見的世界的知識；2. *Protagoras*，或名按着蘇格拉底的原理所講底德性；3. *Banquet*（宴會），講明愛情（éros）的各種不同的表現，從性欲的愛情以至於對於真，善，美的愛情，這種愛情由蘇格拉底的人格表現出來；4. *Gorgias*，講明反對哲人學派者的真正智人；5. *De Republica*（理想國），講明實現正義理想的國家；6. *Timaeus*，講明自然界和世界的本源；7. *Theateteus*，講明認識和意象；8. *Phaedo*，講明靈魂的不死：9. *Lois*（法律），這本書好像對於理想國加一部分否認。這些著作用問答體，文詞細密高雅，有時候達到壯美的地位[2]。在大半的著作裏面，蘇格拉底爲主要的會話人，並且他的演説很忠實地反射出來柏拉圖的思想，柏拉圖用問答的體裁，同時使我們知道他的哲學和他那哲學構成的歷史，他那哲學在蘇格拉底附近怎麼樣的生長。不錯，人家對於這些著作可以覺着一種不方便，因爲對於著作人的哲學不能得着一種全體的觀察，有人説：如果很困難來用系統説明他的哲學，這就是因爲他用問答體的形式。我們覺得實在與此正相反對：柏拉圖用這種形式，正因爲他的思想在那裏找尋，並且他沒有一種成就的系統，像普婁蒂努斯，斯賓挪沙，黑智爾一樣。這種形式，如果能把無論什麽全遮蔽起來，那就成了一種不方便；但是它甚麽全不遮蓋，它同它的内含是同一的；他就是柏拉圖哲學心理創造方面的自身[3]。

　　另外，還有一種更實在的困難；因爲他常用些神話和比喻，他或者是要使讀者對於抽象的真理容易明白一點，或者要同多疑忌的民政作一種交換[4]，或者要避免哲學家的批評，並且當他的思想自身還沒有完全配合好的時候，他可以藏在詩人自由的思想後面。他的著作裏面大半的神話是比喻，他自己預先告訴我們説，應該給它應有的價值。雖然如此，有幾處，好像更直接地表明著作人的思想，比方説在 *Timaeus* 和 *Phaedo* 裏面，在教授的成分和真正的學説中間，在借號和真正意思中間，不容易畫一條嚴格的界綫。如果柏拉圖自己對我們説 *Timaeus* 裏面所説底創世記，是一種比喻，是否因此就可以説在他的思想裏面，絶對沒有世界創製的觀念？如果他到説造物主，並且也仿佛群衆的想像，用一個工人來表示他，這是否就是説他思想的深處，不是有神論？*Phae-do* 那本書也是一樣，有狠多神話的比喻，如果不把他當作比喻，那自然是荒謬的，但是我們不敢同黑智爾一樣，相信他除了世界的靈魂，和神聖的精神（nous）以外，就不承認靈魂生前的存在和不死。在他的書裏面，找出來真正意思和形式，是一件很困難的事情。我們應該躲避兩種極端全與歷史不合的議論；就是老實按

着字面的講法和反對時代觀的講法，——第二種講法要使柏拉圖
變成了一個近世的哲學家。

　　柏拉圖的學說同時是從額拉吉來圖，蘇格拉底，意大利的哲
學裏面生出來的。由額拉吉來圖學派，他相信可見的宇宙永久地
變換形式；感覺騙人，不能把真理給我們；在覺官所接底東西裏
面，没有不變的；在智慧所接底事物裏面，才有不變的。他從蘇格
拉底，知道我們雖然不能知道最初的原始，却可認識我們自己，並
且靠着一個萬不能錯誤的内覺官，可以認識最高的善。但是蘇格
拉底對於玄學很懷疑，意大利的哲學又使柏拉圖堅確地走一步。
他從畢達戳拉斯學派和愛來阿學派，覺得蘇格拉底學說裏面的覺
官，不但可以認識道德的意識和實用方面，並且可以認識理論方
面，能把絕對，永久，必要，給我們顯示出來。他從數學和數學裏
面顯著的公理，找出一種重要的武器，來反對柯拉蒂盧斯和哲人
派學者，因爲他們把"萬象皆過而不留"説成普通的定理。幾何
學最能使他起一種很深的印象：幾何學和它的方法，成了柏拉圖
玄學的模範。他至於從幾何學裏面，借用術語。幾何學建竪在些
由先的直覺(intuitions *a priori*)上面：綫，三角，圓球，意象上的圖
形，智慧能接的實在：這些事物的本性，永遠是那個樣子，並且反
射這些圖形的物質，無論怎麼改變形式，這種本性，總是不變的。
幾何學全在理性上面建竪，一點用不着覺官上的視察，這些真理，
對於覺官是絕對無係屬的。所以柏拉圖的哲學，也就像數學一
樣，——惟一顯著的和必要的科學——是一種由先直覺的和惟理
的科學。柏拉圖因爲爲哲學作基礎的由先直覺同幾何學的直覺
相似，就把它也叫作意象(eidê, ideai)，這就是説，它是不變的形

式,過而不留的事物的永久模範,心象(nooumena)真正科學(epistêmê)的對象,同感覺(aisthêsis)的及意見(doxa)的對象和現象正相反對。柏拉圖的哲學,要成意象的科學,按着他的方法叫作論辯法(la *dialectique*)。對於這種研究最初原始的科學(基本的科學,並且止有它,才配叫作科學)他又加上一種對於自然界(phusikê)的理論,其實這種理論,不過是次要的一種補足,並不配叫作科學。道德學或研究最高的善的科學,是柏拉圖論辯法的末一章,並且爲他那哲學的加冕。

然則我們應該接續着來研究:第一就意象的自身研究意象;第二,從意象成了塑象的模範,來運動物質的一方研究意象,這就是説研究自然界;第三,研究爲自然界目的所向底意象,這就是説研究最高的善。

一　意象[5](二)

母親救她的孩子,可以犧牲她自己的生命;戰士能以死報國;哲學家能以身殉他的一種確信,如果我們把三件事情比較起來,可以覺得它們很相似,它們帶着同一的標識,並且從同一模型裏面生出來:這就是説從善的意象生出來。如果我們把建築家或雕刻家的名著,和 Sophocles 的悲劇,和一個美人相比較;這三種物件無論他們怎麽樣不相同,也有一個公同點相仿佛;這就是美,或美的意象。如果我們把組成一類的個體(比方説人類),相比較起來,我們在他們裏面,可以找出來一個公同的性質,一個同一的模範;這些共同性質的總體,這個一切從他發生的模範,就是人的自身(autoanthrhôpos)或人的意象。歸結,如果我們把我們覺官所接底一切的有比較起來;我們在一切裏面可以找出這個公同點;

就是它們存在或者已經不存在，它們動作，或者正在休息，它們彼此相同或彼此相異，這種一切事物所參加底有，這種無，這種運動，休息，同一，差別，柏拉圖就把它們叫作有的意象，運動的意象等等。然則意象這個名字包含着：（ㄅ），近世哲學所叫作底思想的，道德的和興味的定律（ideai）；（ㄆ），就是亞里斯多德將來所叫底範疇（catégories），我們用這種普通的形式看事物，並且這種形式，照着上面所説底記號排列（genê）；（ㄇ），博物學所叫作模範，系（espèces），或者照着柏拉圖所説底意象（用 eidê 的本意）。一句話説完，這是一切所能有底普通性，並且同公名的數目一樣多。每一個公名表示一種普通意象，就像每一個專名表示一個個體一樣，覺官所表示底是些個體或自然界的物件，意象是從抽象和概括（epagôgê）得來的。

　　蘇格拉底已經很盡力於普通意象的構成。但是蘇格拉底的學説同他所攻擊底感覺論一樣，覺得這些意象，不過是些思想和精神上的概念，並且止是這些（ennoêmata）。柏拉圖在這個地方，有他自出機軸的學説。按着感覺論，止有感覺才同在我們外面的實在的有相當。按着柏拉圖的意思，普通的總念和概念，也同實在相當，並且比覺官的對象更實在，絕對説起，止有它們才算實在，並且這些實在，這些爲感覺論所否定底我們總念的對象，就是柏拉圖所叫作底意象。意象爲我們總念客觀上的原因，也就像自然界的物件爲我們感覺客觀上的原因一樣。怎麼樣！感覺爲騙人的和下級的機關，我們可以把它們所表示出來底物件，當作實在的有，至於理性爲群神的使者，從它找出來的意象，我們反倒當作同我們的意覺（l'aperception）同時生滅的幻象！如果覺官的對象可以當作實在，我們更有理由把智慧的對象當作實在。我們由概念所表示底普通意象：善，有，同一，人等等，是些實在。因此中世紀就鬧錯把柏拉圖的學説叫作實在論（realisme），其實這個字要表明同近世的實在論正相反對的傾向。柏拉圖的實在論，正是近世的惟心論，因爲它把意象當作實在的有。

意象爲實在的有！有的意象比有更實在，星宿的意象同照我們的太陽一樣的實在，並且更實在！人的意象同蘇格拉底，昂蒂斯特奈斯，歐几里德一樣的實在，並且更實在。通常的意見，對於這種奇怪的議論，要起一種反抗。我很看見蘇格拉底，但是我並没有看見模範人（l'homme-type）；我很看見美麗的人，美麗的雕像，美麗的圖畫，但是我並没有看見美麗的自身；我看見運動的物體，但是看不見運動的自身，運動的意象；我看見生活的有，但是有和生命的自身，我到處都見不着：然則這一切的普通性，止有在我思想裏面才能有，與實在簡直不相合。對於這種見不到的結論，柏拉圖答辯説，如果感覺論者看見美麗的物件，合於正誼的事情，却看不見美麗的自身和正誼的自身，就是因爲他們止有一部分的覺官，至於對於意象的覺官：理性，他們却没有。如果理性能有相當的發展，它將來不能把物質的存在看作實在的實在（to ontôs on），止有意象才能看作實在的實在；它將來要不在感覺一方面，却在智慧一方面尋找實在。普通的意象並不是知識對於覺官所接底有（這是自命爲實在）所作底一種抄本，實在正相反對，意象實在是原型，範本，至於自然界裏面的有，個體，才是抄本。意象是我們的思想（logoi），同時也是思想的永遠的對象（to on-ta），神的思想。

　　人類的知慧，没有一個，能把它完全發現出來，然而他並不因
此，就不實在，並且是絕對的實在。

　　我們現在來看美麗的意象或絕對的美麗（auto to kalon）。感
覺論者覺得美麗，同善和正誼一樣，是我們的思想從覺官的對象
裏面所抽出來底（abstrahere）一種性質，對於這些對象不能獨立
地存在。柏拉圖覺得美麗是一種實在，不但實在的，並且要比一
切美麗的東西更無限地美麗。能延長的東西比較地要更有生氣，
歸結要比過而不留的事物更實在。可是一切美麗的物件：人或刻
像，事情或個體，全要死掉，並且被忘過去；美麗自身却是不能毁
壞的。然則，它要比感覺派學者所叫作一切底美麗更實在。模範
人，也是同樣的，比個人更實在，因爲他不變化，至於個人是要消
滅的；樹的意象，花的意象，要比某樹某花更實在，因爲它更可以
延長。意象就是事物所表明底本身；它是絕對地並且無限制地實
在；我們止可以説，覺官的對象，對於意象所有底東西有一部分
（metechei），至於意象的有絕不是部分的。

　　我們再來看美麗的意象，——因爲這是柏拉圖所最喜歡説
底[6]，他並且喜歡把美麗的意象同善的意象合起來説。美麗在覺
官所接底世界的表示不過是相對的，因爲它同另外醜陋的事物相
比，才算美麗，如果同更美麗的東西相比，就不能算美麗，它今天
美麗，明天就不美麗；在某地方，在某種情形，在某種光綫下面，在
某人的眼睛裏面美麗，至於在另外的地方，有不同的條件，和別人
的判斷，就失了美麗。然則在現象的美麗的界域裏面，一切全是
相對的，經過的，暫時的。意象的美麗（auto to kalon）是永遠的，
無終始的，無盛衰的，不變的，絕對無從改換的（monoeides, aei

on）；無論從什麼關係，無論從何種視察點看，全是美麗的，常常美
麗，到處美麗，並且無論對什麼人，全是美麗，絕無攙雜，絕無污
穢，非物質的（eilikrines, amikton, katharon）。它也不是一個簡單
的總念，也不是一種純粹個人的知識（oude tis logos oude tis
epistêmê），它是一種永久的實在。

對於美麗的觀念是真的，對於大小和普通的觀念全是真的；
如果有人把<u>西米亞</u>同<u>蘇格拉底</u>相比，<u>西米亞</u>大；如果使他同<u>佛愛
德</u>相比，他就小了。大的意象，無論從那個視察點看全大，絕對的
大，然則，括總說起：（ㄅ）<u>意象</u>是些實在的有；（ㄆ）<u>意象</u>比覺官的
對象更實在；（ㄇ）止有<u>意象</u>由它們的自身就算實在，至於覺官的
對象，不過是一種假借的實在，從<u>意象</u>得來的實在。<u>意象</u>是永遠
的根源（paradeigma），覺官的對象，按着這種根源作出來；這些事
物，是<u>意象</u>的表像（eidôla），模仿，永遠不完備的抄本（homoiômata
mimêseis）[7]。覺官所接底全世界，不過是一種記號，一種圖形，
一種比喻；止有記號所表明的事物，事物所表示的<u>意象</u>，對於哲學
家，才有重要。如果哲學家對於覺官所接底世界有興趣，這就好
像一個人，當與一個朋友不能相見的時候，對於他的像片總有興
趣一樣。

覺官所接底世界，爲<u>意象</u>世界的抄本；反過來說，<u>意象</u>的世界
同它的表像相仿佛，這就是說，他也有一種階級。在可見的世界
裏面，從頂不完備的衆生，以至於覺官所接底頂完備的世界（就
是宇宙），一切的有成一種階級，在智慧所接底範圍的裏面（世界
的模範）也是一樣的：<u>意象</u>們，對於其他較高的<u>意象</u>就互相連屬
起來，較高的<u>意象</u>，轉過來，對於更高的<u>意象</u>，又連屬起來，依此類

推。意象的普通性和勢力，總是漸漸的增加，以至達於極點，最後的，最高的，萬能的意象就是善，它把一切的意象周圍，包括，總括起來，也就像它的抄本：可見的宇宙，能周圍，包含，總括萬有一樣。意象們同最高的意象的關係，也就像感官一切對象同意象的關係相似。我們已經説過：這樣對象對於它們所表示底意象，占有一部分[8]，它們不是由它們的自身就可以有，却是由它們所反射底意象，才可以有，除了它們從這些意象所借來底，沒有其他的實在，一句話説完，它們對於這些意象，就像偶遇（accidents）對於實體（substances）一樣，下級的意象，也是一樣的，除了我們把它們同它們可見的抄本相比，由它們的自身，不能實在地算作有。同無上的意象比較，它們就不能算作實體；它們成了惟一絶對的有（用這個字頂嚴重的意思）的形態（modes），這位唯一的有就是善。善就是智慧所接底世界（monde intelligible）的太陽，一切意象對着它，也就像一些星宿遇見太陽的光輝一樣，它們的個體一切全消失了。

　　然則，意象是些個體，由它們自身就可以有的原子，同時也是一個上級單一的肢體。在柏拉圖自己的學説裏面，意象有統一性和連責性的原則，勝過它們有個體性的原則；在他門人的學説裏面，有點翻過來，意象的原子性和實體性，好像慢慢地聚積起來，勝過它們的統一性[9]。老師的學説，還是純粹液體的和透明的，在他那學派裏面，就像密聚和結晶起來，以至於里塞鳥穆（Lyce-um）對於亞嘉德謨斯，説它在物質世界裏面，又加上一個物質世界的裏子，其實完全是無益的。柏拉圖所説底意象，組成一種單一，一個機體，它們很可以有一個公同的生命，以至於萬不能把它們分離開,使它們成些有分辨的有[10];它們同時間和空間没有關係,這正是説,和分離它們,使它們得個體和人格的事物,没有關係。無疑義的,柏拉圖曾説意象在天上寄居,應該升到天上,從它們那神聖精微的地方瞻望他們[11]。但是他所説底天,並不是物質宇宙的那一部分。意象的地方,並不像事物的地方,却是另外一類(sui generis)的地方,同意象的本質相合,這就是説它是理想的,可理解的(noêtos topos);意象的地方,就是精神(nous),這就是説意象的自身。意象除了它的自身,没有另外的地方;意象並不像德謨吉來圖所説底原子,有空間,才能存在,却是由於它自身,就能存在(auto kath auto)。對於惟物論,不能有更驕傲的挑釁了。你們主張惟物論的把空間當作實在的一個條件,其實正相反對,空間正可以表明它不實在,柔弱,無能。意象是實在的,因爲它止一個,並且是無廣延的,它的單一性就使它有了力,勢力,實在。可是在意象裏面的事物,好像聚在數學上的一個點,以後分散在空間和時間裏面,散布在千萬不同的地方和不同的時候,歸結要衰弱,貧乏,相對地消亡(mê on)。你們把意象當作實在世界的一種反射,其實你們所稱底實在世界,如果比起來意象,不過是一種意象(就用你們給意象這個字最貧乏的意思),這就是説它不過是一個影子,一個虛無。世界是相對的,意象是絶對的(kath, auto on)。

如果意象就是絶對,那神是什麼呢? 柏拉圖常常説到神,並且好像有頂不同的意思,他有時候用單數,有時候用多數。在Timàeus 裏面[12],創世主(ho dêmiourgos)是永久的神(ôn aei theos, ho theos);他直接的創造品,星和天上的鬼神,叫作神們

（theoi ouranion theôn genos）；歸結。覺官所接底宇宙，是一位正
在創造的神（esomenos theos）。很明白的，他所說底將來的神和
被創造的神，是對於官家多神教的一種讓步，只有創世主一個，才
是真正的神。但是這位最大的神好像也不是絕對的；當創造的時
候，他看着永久（to aidion），並且把它當作工作的模範，可是永久
就是意象，就是善。然則，創世主屬於意象，就像抄寫屬於他所仿
效底範本一樣。他要想成無上的和絕對的有，他須要同他的模範
同樣，就是說要和意象的自身，有人格的善同樣。雖然說柏拉圖
設想有一位居間的原始，是他那意象和物質的二元論必要的結
果，可是他把造物主當作按着一個模範作工的工人，卻是這本書
帶着神話外皮的一部分，這也是很顯著的。造物主和創造的模
範，在創造的意象裏面，相混起來，造物主不過是詩詞上的人格。
在柏拉圖的學說裏面，神和意象相混到這步田地：有時候好像神
從意象裏面出來，有時候神成了一切事物永久的根源，意象就從
他裏面生出。他雖然有時候把神放在意象下面，有時候說神在意
象上面，我們現在止有取他的中間，說柏拉圖所說底神也不比意
象高，也不比意象低，卻與意象相合，神就是從主動，模範，創造方
面看的意象。並且由柏拉圖所給善和無上的有的屬性，可以很明
白地看出創世主和意象是同一的。一段很短的比較就可以使我
們相信。絕對的意象（善，一）在精神世界裏面是最高的，也就像
太陽在覺官所接底方面爲最高的有一樣[13]。在品位上和權威
上，它超過有以至於超過實體性[14]。它爲一切正誼的和美麗的
原因，爲惟一的和萬能的原因，在感覺的一方面，產生光明和太
陽，在精神一方面，產生真理和理性。在另外一方面，他把這位群

神的神,說作世界裏面善的永久原因,最上的智慧,——在它附近,人類一切的哲學全不完備,——最上的正義,同時是立法人和無上的定律;事物的起首,中間和末尾,全被它統治;它並且是純粹的理性,對於物質和罪惡絕不認識[15]。然則柏拉圖所說底神是善的絕對意象,對於這一點可以没有一點疑惑。這是否要說因爲他的神是一種意象,就不是一種實在呢? 其實正相反對,他因爲是意象,所以除了他,就没有最高的實在,因爲從柏拉圖的視察點看起,止有意象才是實在的。

意象不在真正的空間裏面,却在知慧裏面,知慧就是它自然的地位,並且有點是它生長的地方,它不能從外面來[16],說它從感覺裏面生出是錯誤的,絕對的意象,和一切的意象,最初全含在精神裏面:它們就是精神的實體。但是起頭它們在潛伏的狀態,我們不覺得。感官把在我們外邊的鈔本,給我們表示出來,好像使我們追憶在我們裏面的原本(anamnêsis)。感覺引起意象,並不能發生意象。使我們追憶我們由先(a priori)所有底意象(但是我們從前不覺得有它),感覺的效用止是這些。括總說,覺官是欺騙的,不能把真理給我們,却使我們離真理更遠。止有一個方法能引到真理那邊,就是推理(noêsis),它最初的根源,就在愛情(erôs)裏面。對於學問的愛情,就是普通愛情的一種特別形式,它的真質,就是靈魂所感覺的無限的欲望,靈魂被放逐到覺官所接底世界裏面,有離故鄉的苦痛,總想同絕對結合,可以對面來瞻望光明的和真理的原始。這種願望,根本是清潔的和神聖的,它在自然的感觸,友誼,審美的快樂裏面,自尋滿足[17]。但是降生在人形裏面的意象,由藝術而物質化的意象,不能使它滿足。

它所須要底是純粹的意象，純粹思想對於它直接地和立時地瞻仰。情人和美術家的熱狂，如果同哲學家對於發見的真理，意象的美麗，絕對的慈善所生底熱狂相比，不過是開一個頭罷了。並且哲學家不應該誇張着達到這個理想的目的，因爲止有神才能有絕對的真理[18]。神有完全的真理，因爲他就是完全的真理；没有學問的人，並不覺得他存在，所以就不去找他；尋找真理（philosophia），就是受了天上光明的人的特別記號。

柏拉圖同時屬於神秘派和惟理派；這裏面並没有矛盾。惟理論和神秘論是互相交接的兩個極端。實在：他那惟心派的惟理論和他那演繹的方法，須要一個出發點，須要對於一種絕對的原理，有由先的意覺，這是一種直覺，我們很有權利叫它作神秘，因爲它很像一種啟示的神感（une inspiration révélatrice），並且可以説他對於解析的階級，一跳就超越過去。柏拉圖的惟心論和他的同派普婁蒂努斯，斯賓挪沙，西林的學説，全是從一種神秘的事迹起首，達到一種宗教[19]。

二　自然界

柏拉圖從意象説到有，從論辯法説到物理學，不很容易。如果意象已經自足，如果智慧所接底世界，是些完善的有所成底一種統係，爲什麼在意象旁邊，又有一種覺官所接底實在，却一定地不完全呢？爲什麼一個物質的世界，必然地走到罪孽一方面去呢？在範本的旁邊，爲什麼又有些不能把神聖完全描畫出的抄本呢？實在的世界，當時使巴爾默尼德斯感着困難，現在又使柏拉圖感着困難，因爲他止用意象無法講明它，他就設想第二種的原始，同精神一樣的實在，這個原始就是物質。承認覺官所接世界的實在,就是拋棄了意象的絶對一元論,就是承認意象不過是實在的一半,這就是對於感覺論和惟物論作了讓步。無論怎麽樣,覺官所接底世界總在那裏,它雖是粗陋的事實,另外一方面却是無從否認的事實,我們總需要講明它。無疑義的,這個世界有很多的不完善,但是一切説完以後,它總是很高尚的一種美術品,惟心派學者同惟物派學者一樣,對於它的叶和,有一種無限的欣悦。人類的精神,想完全穿盡世界的神秘是不可能的。但是並不因此就不應該盡其力之所能地去探索,並且不住地去找一個滿足的解決。柏拉圖從神聖慈善的觀念裏面找出來一把鑰匙,並且他的思想,就用着這種觀念,從意象方面過到實在方面[20]。意象是絶對的善;神是無上的慈善,可是,善(le bien)慈善(la bonté)止能生成善。神是生命,生命止能生出生命,所以,在真質上,神自然能創造,意象自然能再現出來[21]。

　　意象因爲是惟一的實在,所以在它的外面止有虛無(mê on)。但是因爲它是頂特殊的實在,它也成了最上的勤動,爲可以同虛無交通的有,所以對着虛無,意象成了能創造的原因,意志,模型;以至於虛無也可以轉過來,同有相似(toiouto ti oion to on)也來參與意象的實在(koinônia methexis)。這樣,虛無成了最初的物質,意象就用這種物質,按着它自己的形像構成一個可見的世界,這個世界,能完善,成就,神聖到那步田地,就到那步田地;就像柏拉圖的門人將來所説底:它能成了物質(hulê)。按着柏拉圖的意思,物質并不是物體,却是由於仿效意象的動作,能成物體的東西。物體有界限,有性質,並且是可以看出性質的事物;物質,如果把意象所給它底形式放在一邊,單由它自身看起,就是無界限

(to apeiron)；無論什麼實在的性質也没有，無論用什麼實在的術語指明它，全不可能，因爲一切的術語，全有定限；它是不能有界說的(aoriston)，無形式的(amorphon)，無從知覺的(aoraton)。但是它的自身，雖然無定限，無形式，無從知覺，由於意象作模範的動作，它却是可以接受一切可能的形式和一切可能的定限(pandeches)，成覺官所接各種事物的母親(en ô gignetai to gignomenon, ta panta dechomenê)，爲一種普遍的承受器(dexamenê)。它同物體的空間和地方(chôra, topos)[22] 相混。它並不是意象的出產品，神的創造品，因爲：(ㄅ)有不能產生虛無，物質却就是虛無，(ㄆ)創造就是動作；可是一切的動作，全需要一個對象，才能對於它動作，這種對象才可以受它的動作(paschon)；然則神聖的動力，需要物質，並且絶不是它創造的。物質因此就成了意象創造動力的條件(sunaition)，同神聖有同樣的永久。但是物質的永久，絶不能減少意象無上的尊嚴(basileia)，意象並不因此就不算頂特殊的有，因爲物質永久的生存，等於永久的無。

　　但是永久的物質，雖然不能限制絶對的意象的自身，它却是可以在世界裏面，限制意象動作。因爲這個動作非它不行，它就成了意象永久的束縛。無疑義的，它是被動的，但是它的被動，不是絶對地人家想怎樣作，就可以怎樣作。它同意象公同的作業，却是一種抵抗。它因爲無形式，無制限，它對於形式，制限，永久美術家所給它底限度，嫌忌並且抵抗；這種抵抗表示出來，就成了惰性，重力，非比例，醜陋，頑愚；它因爲是虛無，對於有，作永久的否定，所以它對於一切實在有點不變的事物，全嫌忌並且抗拒，它永久地毀傷神的事業：一方面，事物的不完善，物質上的和道德上

的惡，它就是最初的原因。在另外一方面，它就成了無定性
（l'instabilité）的和永久變化的最初原因，——這種永久變化就是
自然界最高的定律。

　　意象的（或父性的）原始和物質的（或母性的）原始，兩個結
合起來，就生出世界，世界就是不可見的神聖惟一的兒子和影像
（huios monogenês eikôn toi theou），它是將來的神（esomenos
theos），可見的神（aisthêtos theos），它那相對的完善，可以使人想
到宇宙的父親（poiêtês kai patêr tou pantos）；它是活動的有
（zôon），盡它力之所能爲，把意象永久的構造（zôon aidion），忠實
地再現出來，第一，它有一個身體（sôma）受運命（anagkê）的支
配；第二，它有一個合理的内含，一個意趣，在那裏面表示出來一
種整理的智慧（nous，zôon ennoun），一種最後的目的，一種應盡
的定命（telos）：歸結；第三，它有一個靈魂（psuchê，zôon empsu-
chon），把組成它那些相反的原始神秘地關合起來，它的職務就是
使物質的世界受意象的命令，使粗淺的必要受理牲的指揮，使它
受造物主的有目標的意趣。宇宙的身體是一個球形，這是所能想
出底頂美麗的形式，並且使它同它那可理解的模範頂相似。它周
圍着它的軸旋轉，就永久地再還到它原來的地方，它作一種頂完
善的運動，這是在一切可能的運動裏邊，同意象永久的休息頂相
似的，並且頂能表示意象的不變性。它是完善的（teleion），永久
少年的（agêrôn），並且不能生疾病的（anoson），因爲它把自然界
所有底力全包在身中，外邊絶没有一個勢力來毁壞它。它不能同
創造的意象，有同樣的永久，但是它同永久性頂相似；它有一種無
終的綿延。nous 或宇宙的精神——這就是在世界構造裏面所顯

出來的意趣,或者一個字說完,就是世界的目的因,——盡它所能,把意象頂完善地表示出來,或者像我們所說底,把善的意象現實。歸結,世界的靈魂就是數目,它能使無秩序的物質,受叶和的和有比例(analogia)的定律的命令[23]。

原子派的惟物論因爲否定目的因,就否定世界有一個意趣,能把一個意象現實。柏拉圖的惟心論把亞納柯薩殼拉斯所說底精神嚴氣正性地來說,用目的論(téléologie)的視察點來講世界生成論的全體。他承認物質的原因,但是他使它們受目的因的係屬,物質的原因無意中成了目的因的方法,工具。原質——柏拉圖對於這些,從昂伯斗克萊斯的學說,——起頭就可以用目的因來講明:火就是窺見的方法,土就是觸覺的方法。在這兩個極端的原質中間,需要有兩種居間的原質,並且全體應該有四種原質,因爲四這個數目,可以代表物體的性質。我們可以看出來柏拉圖是真正的畢達殼拉斯派的學者,他頂重要的是一個幾何學家,他把物質和廣延說成同一的事物,這就使他同愛來阿派學者一樣,不承認德謨吉來圖所說在物質旁邊存在的空虛。因爲物質同空間相混,空間到處是同一的,所以不像亞納柯薩殼拉斯所說:在組成物質的實體中間,有相異的根源;把空間離開它一切的包含來看,除了它們外面的周圍和它們的形象,不能互相分辨。柏拉圖在別的地方,跟隨畢達殼拉斯,這個時候,無意之中,同萊西普斯和德謨吉來圖有同一的假說。物質分成同質的小部分,由它們的形式互相分別。但是這些形式。絕不像原子偶然的形式,它們與幾何很精密地相合,這就是說它們是合於理性的,合於意象的,有目的的,屬於神智的。固體的原質由於些立方原子所組成,水由於些二十四面體所組成，空氣由於八面體所組成，以太由於四面體所組成。

最初的物質，有一天，預備着受將來的構造，神聖的建築師先用它造成些星宿，最早的是些恒星，其次就是些行星，復次就是地球；這些全是被創造的神聖，所以，由它們的自身，是可以死的，但是它們由於造物主的慈善，就得了不死。這些神聖——尤其是地球，地球在這一切神聖裏面，是頂可崇拜的，——它們順着造物主的命令，轉過來，生產些有機物。在頭一條綫上，就生出男人。他們爲創造的傑作，地球上一切的東西全是爲他們作的：植物所以養活他，動物所以使人類隳落的靈魂可以有歸處。就是女人，也是男人的一種變性——男人是地球上第一種生物。人爲大世界的小影，就是一個智慧包含在一個靈魂中間；在靈魂的周圍，有一個身體的輪廓，在身體裏面的一切，全是對着一個有定的目的並且按着理性來構造的。頭顱爲理性的住所，是圓的，因爲圓在形式裏面是頂完備的，止有它才配爲完全事物的住所。它放在身體的高處。所以使它指揮一切它肢體。身體有腿，爲的可以走，有膀臂，爲的可以用。胸脯爲慷慨的烈情（passions généreuses）的住所，放在頭顱下面，爲的使這些烈情够得上受理性的命令，但是由頸脖同頭顱隔離開，爲的不至於同理性相混起來。歸結。粗陋的食欲，住在肚子裏面，由橫隔膜同慷慨的烈情分離開。自然界想要[24]使食欲受理性和慷慨烈情的束縛，就在人類肚子裏面，放一個肝臟，它是光滑的和發光的機體，就像一個鏡子可以反射我們思想的影像。肝臟由一種苦質和一種甜質構成：苦的抑制無秩序的傾向，當我們的欲望同理性相合的時候，它就注入些甜質；另外,在有些一定的時候,它有預知的能力。歸結,腸子自行盤繞非常的長,也不是沒有道德上的目的:它可以使食料不至於太快地經過身體;歸結,靈魂不至於對於食料有一種不住的和無節度的欲望,因爲這種欲望,由它自身,可以把對於智慧的愛情和意識的聲音窒塞起來。括總說起,人類身體是一種爲改正和訓練而建築的房子,爲着靈魂在道德上改善,才建築和構造的。

　人類的靈魂,爲世界靈魂的一種播散品,所以也就像世界的靈魂一樣,包含着些不死的質和死的質,或者更洽切一點說,它把這些原質聯合在一起,它就是一個關合,一種比例,意象和物質,按着這種比例,在個體裏面聚合起來。不死的質,就是智慧或理性(to logistikon meros);死的質,就是感受性(to epithumêtikon),因爲它在真質上,係於物體的生命。兩種質的關聯,組成真正的靈魂和他的個別性,就是意志,能力,勇氣(to thumoeides)。智慧靈魂的不死,第一,是由於它的簡單性,一切的分離全是不可能的;第二,由於造物主的慈善;第三,因爲它就是生命的原始,由有過到無,是不可能的。智慧的靈魂的不死,有種種的證明:哲學家深想解脫了身體和身體的拘束,爲的是可以直接同智慧的世界交通;生命常時,到處生出死,死也常時,到處生出一種新生命,追憶(anamnêsis)可以證明靈魂預先的存在,靈魂既是在身體之先就存在,在身體解散以後,它爲什麼不能存在呢? 並且靈魂與意象有關係,因爲靈魂明白智慧的世界,就應該同它是同質的和有關係的,這就是說同它一樣的不死;歸結,它對於身體可以命令,如果像畢達毅拉斯派的幾個學者所說,靈魂不過是身體上技能的合併,這種命令就無法明白:這一切事實全可以證明靈魂的不死。

並且這種不死，是理性的特享權，感覺（epithumêtikon）不能得着不死，就是意志自身，因爲它與機體相關聯，對於不死，也是没有分的[25]。

靈魂的問題因爲和物理的問題相關切，就不能得着一種確定的解決。對於過而不留的事物，没有科學。惟一確定的科學，止有意象的科學：因爲止有它是永久的和必要的。在物理的界域裏面，止能得着略近的意思（probable）：因爲在那裏，没有科學（epistêmê），我們止能得着信仰（pistis）[26]。

三　最高的善

人類就是自然界的目的，意象就是人類的目的。柏拉圖是前後一致的惟心學派，同昂蒂斯特奈斯和斯多噶學派相似，覺得最高的善，並不在快活裏面，我們漸漸地同神差不多的完全相似，才是最高的善。可是神就是善，絕對的正誼，所以除却由於正誼（dikaiosunê），我們就無法同它相似。蘇格拉底柏拉圖（Socrate-Platon）[27]說：想叫惡消滅，是不可能的（因爲善必要地須要有一個反對）；在另外的方面，惡固然不能在天上存在（en theois），但是有死的衆生和我們的地球，無從避免地被它的包圍（tonde ton topon peripolei ex anagkês）。所以我們應該盡力逃出這個惡的家鄉，愈快愈好，並且從地球上面，升到群神的住所（chrê enthende ekeise pheugein hoti tachista）。這種逃遁就是我們盡力同神聖同化，愈完全愈好（phugê deom oiôsis tô theô kata to dunaton）可是在神裏面，簡直没反正誼的影子，神就是正誼的自身：然則除却盡力實行正誼的人，没有另外和它再相似的了[28]。正誼是根本的德性。它是一切特殊的德性的母親。三個靈魂，每一個有一個特殊的德性。對於智慧，它就成了思想的正確(sophia, philosophia)；對於意志，它就成了勇敢(andria)，對於感情，它就成了節欲(sôphrosunê)。明智就是精神的正誼；勇敢就是心的正誼；節欲就是覺官的正誼。虔誠(hosiotês)就是我們與神有關係時所應守底正誼；它同普通的正誼有同樣的意思。

　　人類想要達到正誼，並且因此可以同神相似，就須要教育。孤獨的生活無法達到正誼。正誼爲一切事物最終的目的，除却在集合人(l'homme collectif)或國家(polis)裏面無法實行。柏拉圖理想中的國家，也就像個人一樣，包含着三種原質，或三種不同的階級：第一，哲學家，有立法的和行政的權利，爲國家的精神和首領，爲治人的階級；第二，戰士，爲國家的心，戰鬥的階級；第三，商人，手藝人，種田人，奴隸，爲事人的階級，他們就同在人類下體的感覺靈魂相當。治人的階級需要有明智；戰鬥的階級需要有勇敢；工人，商人，和事人的階級，需要聽上兩級的命令，因爲他們替他們思想和攻戰。想叫集合人或國家，成一個實在的單一，一個大的個人，應該使個人的利益同公衆的利益相混起來，使家庭吸收在國家裏面。個人以後沒有私產。從那個時候，兒童只屬於國家，成了一種大家庭。國家就是兒童的父親；兒童也由國家養育[29]。一直到三歲，教育惟一的目的，爲服事兒童的身體。從三歲到六歲，給他們談些神話，開道德教育的先路。從七歲到十歲，學習體操。從十一歲到十三，練習念書，寫字。從十四到十六，學習詩歌，音樂。從十六到①十八，學習數學。從十八到二十，作軍

────────────

①編者注："到"，原誤作"從"，據前後文改。

事的練習。到二十歲,國家第一次選擇可以從事軍事職業和治人職業的青年。可以從事治人職業的人,從那個時候起,一直到三十歲,對於各種科學作更深的研究。到三十歲,國家作第二次的選擇。不很出色的,進在行政次要的位置;剩下的,還要研精幾年論辯法,由道德學達到最高的研究。他們認識無上的善,可以任國家最高的職務。因爲國家在真質上,是一種教育的組織。要把善和正誼在地球上面實現出來;藝術的自身,除却它能爲教育的一種方法,並且爲善所用以外,國家就不能容忍它[30]。

這種根本的和極端的惟心論的結論,又把我們引到柏拉圖的本體論。我們應該想到,按着柏拉圖的意思,實在並不在我們覺官所接底事物裏面(現像),却是在這些事物所生出底和理性所知覺底(所看出底)意象和模範裏面(心象)。現象除却按着它參與意象模範的程度——因爲它是意象的抄本——不能算實在的。可是,頂主要的意象,在不可見的實在世界裏面,就像太陽在現象的宇宙裏面一樣,這個意象就是善,就是絕對的慈善,爲萬有最初的和最末的原因,歸結,要比有的自身更高,並且更古,有就是意象由於一種自然的放光所產生出來底。

這種本體論,可以叫作善的一元論,它的確是哲學天才所產生底頂高尚的和頂清潔的。以後人家可以把它放過去,却是永遠沒有超過它。就是康德,他說現象世界,不是由它自身就能有,並且把這個世界係屬於感覺和智慧的兩層根源以後,宣言實用的理性是理論的評判,善是真的評判,由深處說,不過是把柏拉圖所說底再說一遍,單把它所帶底有詩味的一部分去掉就是了。近時的科學屬於名目派,但是實在論,在它的眼目中,還含有相對的真

理。科學真正的目的就是普通,普遍,個別事物的模範,定律。比
方說,如果人類學者研究<u>張三</u>和<u>李四</u>,就是因爲要知道人是什麼
樣,如果物理學家對於從樹上落下的蘋果,在空氣中飛舞的雪花,
墮在深澗裏面的雪崩,很有興趣,就是因爲這些個別的事物,可以
作力學上的例子。近代的科學家同<u>柏拉圖</u>一樣,覺得現象經過,
定律却是永存;用這種意義,它就比個別更實在(to ontôs on)。在
<u>柏拉圖</u>的理論裏面,他的錯誤並不在說普遍比個別更重要,却在
他用玄學把普遍給個別分離開,就像把類或模範作成一種超出的
本有(entité);他的錯誤並不在說 nous(精神)比 aisthêsis(感覺)
重要,却是在乎把 noêsis(精神的)和 aisthêsis(感覺的)說成兩種
分離的和不能相容的方法。由它的自身,模範和實現模範的個
體,定律和實用這種定律的現象,不過是同一的實在,從不同的觀
察點去看;觀察和推理,不過是同一方法的兩個階級。純粹用理
性所創造的物理學,解剖學,無法可以明白。普遍止能從個體裏
面提出,因爲它止能在那裏。如果<u>柏拉圖</u>不能避去幻覺,來說分
離的,現實的,超出的<u>意象</u>,他那個時候,哲學術語的不完備,要負
一部分的責任。設想他不用 eidos(外面,表像,形式,模範)却用
nomos 或定律——近時的科學常用那個字,——他想走到分離派
的意思裏面却很艱難。但是在他所用底語言以外,哲學家的<u>柏拉</u>
<u>圖</u>受詩人的柏拉圖的影響,所以想要把意象現實。<u>亞里斯多德</u>因
爲筆墨辯論的關係,和他那些忠實的却不聰明的弟子,把老師的
這種實在論說的太過火;但是這種實在論實在存在[31],並且從這
裏,我們可以看出它的結果。因爲<u>意象</u>由它的自身就是實在的,
它就不須要現實。宇宙的發展就失了理由:這不成一個<u>意象</u>的現

實,却成了一位神的墮落。如果有創造,這就是因爲意象有點像
滿溢了,並且傳播有的種子,這就是説,按着柏拉圖所説底,傳播
精神的有,思想,智慧:因爲從意象發生的有,應該同意象相似,就
像兒子同他母親相似一樣。用有這個字的本有的和絶對的意思,
它和精神的有(思想),從這個視察點看起,是同樣的束西。這種
世界的講明,實在説起,不過是一種圖形,如果世界是一個純粹精
神的社會,慈善的,正義的和完成的寄居,這樣講明或者可以滿
足。但是世界是有和無,精神性和物理性,善和惡的一種混合。
現象的這個第二種基礎的原質,這個無,是從什麽地方來呢? 從
意象來? 這是不可能的。意象止能生長有,智慧,善。然則,這是
一個第二種的原始,和意象有同樣的永久,在世界創造的時候,公
同作業:善的一元論,這樣就成了意象和物質的二元論。意象或
者更可以説智慧——意象的兒子——接觸物質就被污穢,減少和
貧乏了。然則,智慧應該把物質當作它天然的仇敵,當作它那減
少的最初的原因,當作惡的住所和原始;精神的利益是同這種身
體分離,愈快愈好,因爲它是這個可見世界的一種桎梏,這個世界
就是一個牢獄,一個受罪的地方。一種烏托邦的政治,對於一種
抽象的原則把自然界犧性掉。苦行派,僧侶派,對於物質的憤嫉,
我們將來在新柏拉圖學派裏面,神智派裏面以至於在天主教裏
面,全可以找來;就是意象現實的理論在名理上的結果。

　　在亞嘉德謨斯裏面,柏拉圖的繼續人斯坡西普斯(Speusip-
pus,從紀元前三百四十七年到三百三十九年)好像明白有用一種
具體的原理聯絡單一(意象)和多(物質)的必要,這種具體的原
理,可以把彼此全包括起來;因爲他覺得畢達戡拉斯派所説底分

散,發展和級數的意思,有根本的重要;這些將來就成了新柏拉圖派的精神;並且他同柏拉圖相反,説完成並不在最初的和抽象的單一裏面,却是在發展的,相異的和組織的單一裏面[32]。但是他對於柏拉圖名字的崇敬和講師(scholarque)的職務,障礙着他,使他對於老師的思想,不能作一種公平的評判[33]。柯塞耨柯拉德斯(Xenocrates)鮑萊孟(Polemon)柯朗透爾(Crantor),柯拉德斯(Crates)全是那樣;柯拉德斯的繼續人,就是懷疑派的亞爾塞西拉斯(Arcesilaus)[34]。柏拉圖頂有名弟子亞里斯多德成了一個新學派的頭領,他用具體精神論的意思批評亞嘉德謨斯的惟心論並且把他革新。

原 注

[1] 柏拉圖全集近世重要的出版如下:Ed. Bipontine(1781-87);Tauchnitz(Leipz.,1813 ss.);Em. Bekker(Berlin,1816-23);F. Ast(Leipz.,1819-32);G. Stallbaum(Leipz., 1821 ss.);Orelli(Zurich,1839 ss.);*Oeuvres de Platon*,Paris,1873-1877,Firmin-Didot;Ch. Schneider(grec-latin, Paris,1846-56);K. F. Hermann(Leipz.,1851-53).—*Oeuvres de Platon*, trad. en français par V. Cousin, 13 vol., Paris, 1825-40.——對於柏拉圖和他的著作,參考以下各書:Grote, *Platon and the other companions of Socrates*, 3 vol., 1865,和同著作人的希臘史。—C. Schaarschmidt, *Examen de l'authenticité des écrits attribuès á Platon*, Bonn, 1866(all.).—A. Fouillée, *La philosophie de Platon. Exposition, histoire et critique de la théorie des idées*, 2 vol., Paris, 1869; etc.,—Bénard, *Platon, sa philosophie*, 1892.—Ch. Huit, *La Vie et l'Oeuvre de Platon*,1893.—Halévy. *La Théorie platonicienne des sciences*, 1896.—

Siebeck, *Untersuchungen zur Philosophio der Griechen*, 1898.

〔2〕對於柏拉圖問答書著作年月前後的困難問題,參考德文的翻譯人 Schleiermacher 的導言,和 Socher, Ast, K. F. Hermann, Bonitz, Zeller, Susemihl, Suchow, Munck, Ueberweg 的研究。

〔3〕對於柏拉圖學說的發生,要看:Karl Joël, *Zur Erkenntniss der geistigen Entwickelung und der schriftstellerischer Motive Plato's*, Berlin, 1887 (compte rendu de M. Reinach dans la *Revue critique* du 22 août 1887).

〔4〕*Timèe*, 28 C, 29 C-D.

〔5〕對於柏拉圖論辯術和意象論(idéologie),頂重要的是 *Théététe*(p. 151 ss.), *Sophiste*(p. 218 ss.), *Philèbe*(p. 15,54,58 ss.), *Parménide*(p. 130 ss.), et *De Republica*(particulièrement les livres VI et VII).

〔6〕*Phèdre*, 211 ss.

〔7〕*Parménide*, 132. —*Timée*, 48.

〔8〕*Phédon*, 100.

〔9〕意象的實體性在 *Sophiste* 裏面已經可以看出來,並且很有幾次成了反對這部問答書的真確性的一種論據(看 Schaarschmidt, *ouvrage cité*)。

〔10〕*Ménon*, 81.

〔11〕*Phedre*, 247.

〔12〕*Timée*, 28, 34, 41. *passim.*

〔13〕*République*, VI, 508 D.

〔14〕*Ibid.* : Ouk ousias ontos tou agathou all' eti epekeina tês ousias presbeia kai dunamei huperechontos.

〔15〕*République*, IV, 506 ss. : VII, 517: Pantôn hautê(hê tou agathou idea) ; orthôn te kai kalôn ... ousia aidios tês t' agathou phuseôs aitia ... en te horatô phôs ... tekousa, en te noêtô ... alêtheian kai noun paraschomenê.

〔16〕嚴正地説，説它不能來，等等，也是不精確的；應該説：對於意象的知識，總念（logos）不能來，等等；因爲意象對於我們精神内的總念無係屬地存在；它 oude tis logos oude epistêmê（也不是些總念，也不是知識［p. 95］）；它也不來也不去；來到我們精神裏面的，生成的東西，自行構造，自行發展；這只是我們的概念（ennoêmata），它們也同感官所接底東西一樣，不過是永久意象的一種暗淡的抄本（Rép., VII，山洞的譬喻①）。

〔17〕Phedre, 242 ss.

〔18〕Phedre, 388：To men sophon ... emoi ge mega einai dokei theô monô prepein.

〔19〕Voy. dans Hartmann, Philosophie de l'Inconscient（trad. Nolen），le chapitre intitulé：De l'inconscient dans le mysticisme.

〔20〕用實在（réel）這一個字名目派的和通俗的意思。

〔21〕Timée, 29 E.

〔22〕Aristote, Phys., IV, 2：Dio kai Platôn tên hulên kai tên chôran to auto phêsin einai en tô Timiaô... homôs ton topon kai tên chôran to auto apephênato.——對於柏拉圖混同物質和空間的概念問題，要看 H. Siebeck, Recherches sur la philosophie grecque（all.），3ᵉ éd., Fribourg, 1889, et C. Baeumker, Le problème de la matière dans la philosophie grecque（all.），Münster, 1890.

〔23〕Timée, 28 B, 31 C, 34 A, 39 D, 41 A, 92 B.

〔24〕這一切的節目全是從 Timée 借來的。我們把這些重寫出來，並且在爲的，所以和想要旁邊加上注意符號，是想使讀者知道目的因應用

---

①編者注："喻"，原誤作"踰"。

在自然界内的理論在課堂上的小模型:這種理論,雖然説有一種真理的根底,可是有些世紀,因爲是用幻想的玩藝替代事實的觀察,很阻礙物理科學的進步。

〔25〕 *Phédon*, 61–107.

〔26〕 *Timée*, 51–52.

〔27〕 *Théétète*, 176.

〔28〕 *République*, X, 513.

〔29〕 大家不要覺得這種辦法大奇怪,總要記到希臘的國家,還不過是一種市(la cité),並且在共和國裏面所講授底共産論在法律裏面也没有了。

〔30〕 劇園就這樣地在柏拉圖理論的國家裏面除去,因爲它在我們眼前顯出一個世界,在那裏惡無可避免地混在善裏面(*Républ.*, III, 394–402)。

〔31〕 頂要看 *Républ.*, VI, 509.

〔32〕 Aristote. *Mét.*, XII, 7: To kalliston kai to ariston mê en archê einai. (略譯爲:最美和最善不在原始裏面。)比較第六十五節。

〔33〕 Cicéron, *Acad. post.*, I, 9, 34.

〔34〕 參考第二十一節。

譯者注

(一) Codrus 爲雅典最後的王,柏拉圖爲其後裔。柏拉圖父族出於 Codrus,母族出於希臘最著名之立法人梭倫。

(二) 希臘文的 eidos,拉丁文作 idea,歐洲各國皆承用此語源,可譯爲意象,觀念,理想等等。其歧義最多,不亞我國文中之"道""仁"等字。我們把柏拉圖及其他相類學派看它有獨立存在的意思者譯爲意象,其他學派看作我們思想的抽象者譯爲觀念,也間或看上下文的意思譯作理想,意思等等,不過略示區別的意思,其實有時侯也很難分別。請讀者認定原文和字源，就可以觸處貫通了。

第十七節　亞里斯多德(Aristoteles)

亞里斯多德[1]在紀元前三百八十五年，生於離阿斗斯山
(mont Athos)不遠的 Stagira，他的父親叫作 Nicomacus，爲馬基頓
王斐利伯(Philippe)的醫生，他家是父子相傳的醫生[2]。亞里斯
多德的家世，預先使他注重經驗的研究和實在的科學。他於三百
六十七年到雅典求學，起頭爲柏拉圖的弟子，以後成了他很好的
反對派。從三百四十三年到三百四十年，爲斐利伯王子亞里山大
(Alexander)的教師：他們這種關係很有益處，使他得了可寶貴的
叢集，並且使他成了博物學的鼻祖。從三百三十四年起，他在雅
典里塞烏穆夾道(allées du Lyceum)裏面教授，他那學派的名字和
將來他的門人所叫作游行學派(Péripatéticiens ou promeneurs)就是
從這裏出來。亞里山大王死以後，人家說他親近馬斯頓，並且提
倡無神論，他退居於 Eubea 島上的 Chalcis，三百二十二年死於
島上。

亞里斯多德的著作，與古代所知道底科學差不多全有關係。
他把科學分成三種[3]：第一，理論的科學，對象爲眞(數學，物理
學，神學或最高的哲學)；第二，實用的科學，對象爲利益(道德
學，政治學等)；第三，詩歌的科學(sciences poétiques)，對象爲美。
Catégories，*De interpretatione*(peri hermeneias)，兩種的 *Analytiques*
和 *Topiques* 等集起來，叫作 *Organon*(論理學)，這本書使亞里斯多
德成了論理學真正的創立人；並不是因爲他是頭一個人把論理學
一切的原質全找出來：我們已經看見，在愛來阿學派，哲人學派和

蘇格拉底學派的爭論中間，理性對於從前由本能所用底方法，漸漸的明白了；大家就把論理學初等的公理説出來，比方説，矛盾的原則，滿足理性的原則，不容第三者的原則（*principium exclusi tertii*），全有和全無的説法（*dictum de omni et nullo*），無疑義的，還有三段論理法裏面的特別的規律，但是有亞里斯多德的天才，才能把這些材料，整理起來，補足起來，使它他成了成系統的演繹論理學，這就是他最主要的榮譽[4]。物理的和博物的科學，在物理學（*Physique*），天論（*De caelo*），生毀論（*De generatione et corruptione*），氣象學（*Météorologie*），靈魂論（*De anima*），小自然論（*Parva naturalia*），動物史（*Histoire des animaux*），動物部分論（*Des parties des animaux*），動物生殖論（*De la génération des animaux*）等書裏面，講的很好。對於真正的哲學，有些講明最初原因的著作，一個古書整理家（diascévaste）把他們聚成一部十二卷的書，並且把它放在他的物理學著作後面（meta ta phusika），將來的人把思考的哲學，叫作 *métaphysique*（玄學），就是因爲這個。至於亞里斯多德本人，並不曉得這個字。道德學和政治學，是在 *Éthique à Nicomaque*，*Magna moralia*，*Éthique à Eudème*，*Politique* 第八篇書裏面研究。歸結還有修詞學和詩學的研究，書名字就叫作修詞學和詩學。亞里斯多德的著作，括總起來，就是紀元前四世紀人類智識的一種真正學術類典[5]。

　　亞里斯多德給哲學下一個定義，説哲學是研究普遍的科學（hê katholou epistêmê）。一切真正的科學，是一種綜括的觀察，一種普通的理論，或者儘少説，它有成這樣的傾向；然則，特殊的科學，就是部分的哲學（philosophia），就是對於一部或許多部有定的事實所作底總括的理論,這些理論,由普通的哲學總括起來,並且使它們成了系統。反過來說,真正的或最高的哲學(prôtê philosophia),是另外一門科學,同別的科學(次等的哲學)相關照,它有特別的和限定的對象;就是有的自身,絕對,神;但是同時它也是普遍的科學,包含,綜括一切的特別,因爲它的對象"神",包括一切科學的原理,和萬有的最初原因(hê tôn prôtôn archôn kai aitiôn theôrêtikê)[6]。

哲人派學者和懷疑派學者說科學是不可能的,亞里斯多德對於科學却簡直沒有疑惑。在萬有裏面,止有我們人類能參與主動的智慧,這就是說參與神的自身,我們由於神就可以認識絕對,止有人類才禀受一種語言。我們用言語按着我們所明白底理由把事物說明(katêgoroumen);因爲我們有理性,所以事物是什麼樣子,就可以看出什麼樣子;說明事物的普通樣式,或名論說的各部分(語言和文法的範疇)同我們看事物的各種形式相當,這種形式或叫作知能的範疇(實體,數量,性質,關係,地位,時候,情形,存在的樣式,所受底動作)。知能的範疇就可以表示事物本體的樣式(katêgoriai tou ontos):這就是說實體,數量,關係等類,並不止是我們看作那個樣子,却就是事物的實在[7]。

第一　最高的哲學

數理的和物理的科學研究事物的數量,性質和它們的關係;最高哲學的對象,就是一切範疇的主宰,一切範疇,全同它有關係,並且簡直是它的寄生物,這個主宰就是實體(ousia)。最高哲學要問有的自身,除了時候,地位等一切關係(ti to on hê on)是什麼? 絕對和必要的有,事物永遠的真質是什麼? 有的自身與相對

（relatif），可有（contingent），偶遇（accidentel），正相反對[8]。

　　然則，柏拉圖把它當作研究實在的有（to ontôs on）的科學——這種有同好像有的事物相反對，它從深處説，不過是一種過而不留的關係——是很對的。他的錯誤，就是説實在的有在意象裏面，意象却是同使意象現實（ideai chôristai）的個體相分離。在他的著作裏面，我們没有法子找出來同事物相分離的意象的證據。並且我們不曉得這種理論有什麼好處。他並不能把玄學的疑問解決，却使它更加繁複起來，因爲他把實在的世界，用一個同名的並且没有用處的世界加倍起來。實在，分別開的意象，在事物構成的時候，在事實保存的時候，在理解事物的時候（eis gnôsin）全没有用處。我們並不知道在事物和意象的中間，有什麼樣的關係（tropos kath' hon talla ek tôn eidôn estin）。把意象叫作模範，並且使它包括一切事物，是用詩人的比喻，其實什麼全没有説（to de legein paradeigmata einai kai metechein autôn talla keno-legein esti kai metaphoras legein poiêtikas）。並且如果普通的意象是個體的實體，事物的真質，它怎麼樣能同個體分離開存在呢（chôris tên ousian kai hou hê ousia）？普通不能在個體外面和一邊存在（to katholou mê esti ti para ta kath' hekasta）。然則，單看意象自身，把事物全抽出去，如果人用 ousia 這個字，要説由它自身就可以有的事物，意象或種類的模範不是實在的有，不是實體（ousiai）[9]。

　　亞里斯多德並不否定種類在客觀上的有。他同柏拉圖一樣，覺得普通的意象是個體的真質，並且如果 ousia 作真質解，他就可以叫作 ousia。他所反對底，就是同事物（chôris）能絶無係屬的意象。因爲意象是事物的形式,它同事物是附着的,含在事物内面的,並且除了抽象並不能使它同事體分別開。它爲個體的真質,同個體成一個不能分開的總體。應該用 hen kata tôn pollôn(多數内的單一)或 en tois pollois(多數的單一)代 hen para ta polla(多數外的單一)[10]。

另外一方面,惟物的理論,也是一種幻想,實體性也不能在和形式(eidos,morphê,按着亞里斯多德的意思,不但是事物樣式和它的容積,並且是它一切本質的總體)分離的物質中間。没有意象的物質,也就像同個體分離的意象一樣——個體才能使意象現實——全是一種抽象。運動也是一樣,由它的自身,並不能存在,必需要有一種間架才能存在。然則實在存在,實體存在的事物,也不是意象,也不是物質,也不是運動,却是這一切的總體(sunolon),個體(tode ti)。實在是具體的事物(mikton);它有組成它自身的原質,人類的思想可以把它們分別開,但是它們不能分離地存在。在這些原質裏面,頂重要的(kuriôteron)就是意象,形式,同真質或靈魂的意思相同。物質(hulê)不過是個架子,但是必須要的架子。

這些已經説過,實在的有生成的原因是什麼呢? 無論技術的出産品,或自然的出産品,全有一個物質的原因(hulê hupokeimenon),一個形式的原因(to eidos, to ti esti, to ti ên heinai),一件作成的或動作的原因(archê tês geneseôs, archê tês kinêseôs to hothen hê kinêsis, to hothen ê archê tês kinêseês to aition tês metaboles, to kinoun, to kinêtikon),和一個目的的原因(to hou heneka, to telos, tagothon)[11]。比方説,在技術一方面,一件器

具,或一個雕像:第一,總需要一件物質,木頭,大理石或黃銅,它們就是用這種物質作成的:第二,總需要一個意象(計畫或模範),它們就是按着這個意象作成的,雕象的意象在雕刻師的思想裏面,器具的意象:在木匠的思想裏面;第三,膀臂,手和工具,就是動作的力和作成的原因;第四,需要一個目的或動機,它可以使這些氣力動作起來並且使他們從潛能(dunamis)變成現實(energeia)。在自然界裏面,(頂特別的,就是在有機物體裏面),也是一樣。一個生活的機體,比方説,一個人,就是這四種動因的出產品:第一,可以作胞子發展的出發點和間架的物質;第二,意象或種類的模範,胞子就是按着它發展,這就是它所傾向的形式;第三,生殖的事情;第四,這件事情的目的(無意的)就是説生產一個新人。然則,對於一切的事實,以至於對於普遍事實的自身(世界)全有這四種原因:物質,意象,力,和歸結的目的。這四種原始相遇,就互相幫助,產生實在的存在:技術的作品或生活的存在。這些原始并不成實體地存在,它總是含在一個個體裏面;自然界的一切出產品,前面總有與它同類的一個個體,它就從這個個體裏面生出來;同樣地,在個體的一方面,在道德一方面,一切的事實,全須要一個現實的原因:一個人由於另外一個受教育的人才能受教育;動作的原因,總是一個具體的存在;並且爲潛能的存在,除却由於一件現實事物的推動,不能變成現實。

如果哲學的反想把事物生殖的四種原始分辨出來,在這四種裏面,就有三種;意象,動作的力和目的,常常互相混合成了一個原因(erchetai de ta tria eis to hen pollakis)。比方説,在藝術一方面,在雕刻師想像裏面的赫爾默斯的意象使他的神經和筋肉動作,它同時就是雕刻師要用物質所要實現底目的。在自然界裏面,如果要産生一個人,人就是由生殖可以現實的意象,還是人使他現實,他使它現實,就是要達到生人的目的(to men gar ti esti kai to hou heneka hen esti, to d' hothen hê kinêsis tô eidei tauto toutois)[12]。在這兩種情形裏邊,意象同時是形式的原因,動作力和目的。

然則解析到極點,事物的原始,只剩下兩件:意象,或名作成事物的或事物所傾向底形式;物質,或名事物作成的質料,就是意象(eidos)和物質(hulê)。第一種是真質和真正的原因,第二種的重要稍差一點,不過是一種條件(sunaition)。因爲這兩種原始是一切生成必要的前提,它們不能轉過來被生成或被生長:因爲如果這樣,它們在存在以前,就應該存在,這是萬不能的。它們必須在一切生殖以前,因爲除了這兩種原始,無論什麼生殖,全是不可能的[13]。亞里斯多德學説裏面,同在柏拉圖學説裏面一樣,物質同形式全是永存的,但是亞里斯多德的學説,並不因承認物質的永存,就成了一種絕對的二元論。如果物質和意象彼此互相反對,互相矛盾,像柏拉圖所説一樣,它們怎樣又能够聚集呢? 在一切事物生殖的時候,怎麼樣能够相幫助,和共同作業呢? 在兩件互相反對,互相矛盾的事物中間,一切的關係絕不能有(apathê gar ta enantia hup' allêlôn)[14]。

柏拉圖所説底 mê on 就是空虛,絕對的缺乏(sterêsis),和實在的物質,是兩件很不同的東西。物質可以偶然成無(kata sumbebêkos),至於缺乏就是無的自身。物質的觀念,同實體的觀念很鄰近,在有些地方,就是實體自身,至於缺乏簡直不是實體[15]。

　　物質不是無（mê on）虛無，却是還没有（mê pô on），在潛勢狀態的有（dunamei on），就是可能性或能力，生成的根芽和出發點。具體的有，個體，就是這種根芽的發展，這種可能性的現實，成了現實的潛勢。物質爲形式的根芽，在潛勢狀態的形式；另外一方面，組成個體的形式，或者更可以説，形式和物質的合一，就是變成現實的物質[16]。在技術一方面，做桌子的物質，木頭，就是在潛勢狀態的桌子；做成的桌子就是變成現實的木頭。黄銅是潛勢狀態的雕像，雕像是黄銅的現實。在自然界裏面，鳥卵是一個潛勢的鳥，鳥就是鳥卵的現實。在一切事物裏面，物質是個起頭；意象（樣子或形式）就是物質所傾向底目的；物質還是端緒，未完成；形式就是完善，作成（entelecheia）。如果物質同缺乏意思相同，物質不能變成事物，不能同一個形式集合起來，得着一種限定，並且限定實在的有的清楚輪廓：因爲從絶無裏面，什麽全生不出來。它並不拒絶形式，却是傾向着得形式，欲望着（oregetai）[17]得形式，就像牝牡相誘一樣[18]。然則，物質和意象或形式，是些互相關聯的觀念；它們並不互相排斥，却互相吸引，互相補足，至於它們互相混合的中項，就是運動，演變（kinêsis, metabolê），就是從這個到那個裏面的過路和變形。亞里斯多德因此覺得運動的觀念很有重要[19]，他用着這個觀念，把柏拉圖的二元論，避免到一定的限度，也就像柏拉圖自己曾用數目或靈魂（psuchê）躲避二元論一樣。他的學説全體建樹在潛勢，運動，現實的三元上面[20]。雖説物質對於形式，就像潛勢對於現實，根芽對於成就的機體一樣，兩種原始的反對，並非絶對，一切事物同時也就是潛

勢,也就是現實;也就是物質,也就是形式。銅對於粗糙的礦物,
就是形式或現實,對於雕象,就是物質或潛勢。作器具的樹,對於
它所從生底根芽,就是形式,樣子,現實,對於器具就是未成形
的物質。少年對於兒童就是形式(energeia esti),對於成人,就是
形式未完備的物質。

　　一切的有同時就是形式和間架,意象和物質,靈魂和物體。
這個規則,止有一個例外:無上的有是純粹的形式,沒有物質。在
亞里斯多德的思想裏面,物質總是一種發展的出發點,一種進善
的前提;可是無上的有就是絕對的盡善;在它身中,就不能帶着還
有更高形式的物質,或者一句話説完,在它的身中,不能有物質。
雖然説亞里斯多德在這裏,好像同他自己的名目論有矛盾——這
種名目論是他反對柏拉圖所説分離的意象爭論的根基——頂重
要的,就是和他很決絶的斷言"一切全是物質的"(hapanta hulê
esti)[21]有衝突。但是我們如果留神到他給物質這個字特別的意
思,這種困難要消滅到一定的限度。物質在他的學説裏面,並不
單是質料,却是還沒有作成的質料,它是同確定反對的,它是暫
時,未完成,蓄勢,没有發展的根芽。如果物質是這樣,很明白的,
如果我們把構成普遍階級的每一個有,同在它下面的有相比,全
是意象或盡善;如果我們拿它同在它上面的有相比,就是物質和
不完全。至於無上的有——止有它一個——就是純粹的意象,純
粹的形式,純粹的現實。並且亞里斯多德曾説最下的物質(在它
發展的最末級)和形式是同一的事物(hê eschatê hulê kai hê
morphê tauto)[22],我們如果結論,把最上的有叫作最後的物質
(eschatê hulê),叫作普遍演變的最高限度,他或者並没有什麼不

願意，——他雖然否定事物最高的限度還是物質的。他所不能承認底，就是萬有神論的意思：他們説有一個發展的絕對，在形式以前，已經是物質，在現實以前已經是潛勢，這些話亞里斯多德絕不能承認[23]。如果無上的有，起頭在根芽裏面，就像蓄勢一樣的存在；然則，想使這個根芽蕃殖，使神成現實的有，就應該有一位現實的有，在神前面，因爲不但每一個種子全是從一個在它前面的現實的有裏面生出來，並且如果沒有一個現實的有來幫助，無論什麼樣的潛勢，全不能變成現實。最初的原始，比另外一切全老和全高的原始，不是潛勢，却是現實；不是蓄勢的，却是現實的；不是未完善的，却是完善[24]。這是亞里斯多德所最喜歡講底議論。從深處講，還是愛來阿學派所説有無不相生（ *ex nihilo nihil* ）的意思。結局他要對於把混沌當作事物最初形式的議論（如果我們可以把無形式的自身，無論什麼全缺乏的自身，叫作形式），加以反對。因爲一個形式，一種絕對的現實，同物質永久地公同存在，物質，永遠不能無形式，並且永遠沒有混沌[25]。

　　永久現實的有，同時是動作的或生殖的原因，事物的形式和最後的目的：它是最高的動力，它的自身却不動作（ prôton kinoun ou kinoumenon ）。

　　這種最高動力的存在，就是按着因果原則的一種結論。一切的運動，在被運動的東西以外，須要有一種動力，這種動力，轉過來，要從另外一種動力接受，並且按着亞里斯多德的意思，原因的級數並不是無限的，對於一個最初的動力必要地停下。如果一方面承認運動的實在，一方面同萊西普斯，德謨吉來圖和另外哲學家一樣，否定最初的動力，承認有無限的因果，却是沒有最初的原因:那就是違背思想的一個根本定律。並且最初的原因永久地動作,從它出來的運動,也是永久的。宇宙雖然說在空間裏面有界限,在時間裏面,也沒有頭,也沒有結尾。

在這裏,要發生一種困難(aporia):存在和永遠不動的東西怎麼樣能够動作別的呢?動因怎麼樣能够施動,至於它的自身却不運動呢?我們應該承認神就像美麗和可欲(désirable)一樣的動作(比方說,藝術作品或自然界的美麗,可以使我們感動並且吸引我們,至於它的自身,却在頂完全的休息狀態),就像我們所要現實底理想,我們所要達到底目的一樣地使我們運動,它自身却不來參加運動。絕對的有並不須要有一會兒的不安靜,物質由它的自身已經向着永遠意象的方向運動。他希望神,但是神却是這種希望的最初原因[26]。

因爲無上的有是非物質的,對於它,無論印象,無論感覺,無論欲望,無論意志(用希望的意思),無論感情(用烈情的意思),凡屬於物質,屬於被動的,陰類的,能接受形式的原始的一切事物,對於它,全不能成問題。神爲純粹的智慧。人類的知能(nous pathêtikos)從潛勢的狀態起頭,以後經過感覺,知覺,比較,漸漸的發展:神聖的精神由於一種立時的知覺,認識事物可理解的真質。人類推演的思想找尋一件與它自身不同的對象,止能按着階級漸漸的達到,至於絕對的思想,同它的對象是同一的。無論什麼也不能比神再高,神聖思想的對象,就是可能的頂高的對象,所以它的對象,止能是它自身(noêseôs noêsis)。一切的苦痛全沒有,超過一切的不完善,歸結,一切的欲望和一切的悔恨,它全沒有(apathês)。神是非常有幸福的,至於人類的生活帶着些情緒,不過是他一種很微弱的表像。最得天惠的人,在很稀少的,很短的時候,對於可理解的真理所作純潔的瞻仰(theôria),就是神聖生活不能變換的樣式(diagôgê d' estin hoia hê aristê mikron chronon hemin)[27]。

神爲宇宙的目的因和最高的善(to agathon kai to ariston),同時在事物裏面,爲它們内含的真質(taxis),並且在事物外面,超出世界,同世界有分别(kechôrismenon ti kai auto kath' auto),就好像紀律同時在一個軍隊裏面並且在軍隊上面,在將軍的思想裏面一樣,神同時就是法律和立法人,就是事物的秩序和維持秩序人[28]。一切的事物,由於它,並且對着它,整理,排列,叶和起來,並且因爲它就是單一(止有物質的事物才能有多數[29]),所以止能有一個永遠的宇宙。轉過來説,宇宙裏面的同一性,就可以證明神的同一性。

ouk agathon polukoiraniê; eis koiranos estô(政出多門,實爲未善,當爲一君)[30]。

天和自然界就是係於這位原始的原始[31]。

第二　次等哲學或自然界的哲學

按着亞里斯多德的學説,天是個完全的球,地在它的中心,自然界就是在這個球裏面一切的東西,有時候運動,有時候休息,並且用一個頂抽象的意思,它就是運動的自身,因爲運動從最初的動力生出來,並且接續着在次等原因裏面經過。物理學是講運動的學問[32]。它對於不動(神聖),對於不能毁滅的動體(天),對於能毁滅的月光下的自然界加以研究[33]。有多少類的有,就有多少類的運動[34]。重要的就是:第一觸接實體的運動,或名生成和毀壞(genesis kai phthora);第二,觸接性質的運動,或名性質的變化,變性(kinêsis kat alloiôsin, metabolê),第三,觸接數量的運動,加和減(kinêsis kat' auxêsin kai phthisin);第四,在空間裏面運轉的動作(phora, kinêsis kata ton topon)[35]。不錯,第一類(生殖和毀壞)不是真正的運動,至於另外三類,按着一切物理學家的意見(頂有名的就是亞納柯薩毄拉斯),頂重要的,頂普遍的,和最初的運動就是運轉的動作[36]。運動,變化,現實或完成(entéléchie)是在潛勢狀態的有,按着它自己的情狀來現實[37]。但是它並不是一種實體(ousia),不能同它所觸接底事物獨立地存在(para ta pragmata)。

　　空間(chôra, topos)比較的有點像實體的東西。並且它並不是物體的質料,就像柏拉圖在 Timaeus 裏面所講錯底[38];他也不是物體的形式,也不是分離物體的空隙(diastêma),却是包圍和被包圍的物體之間[39],包含和被包含的物體中間的界限。亞里斯多德用這樣奇怪的定義,要避免他所覺得底一種錯誤意見,這種意見説空間是分離物體的空隙(德謨吉來圖所説底 kenon)。他覺得運動並不須要空虛;在不同的物體裏面,總是有地方的變換;一個物體一切的凝聚,總須要周圍它的物體膨脹,並且可以反過來説:無論在物體裏面或外面,永遠沒有空虛[40]。去了運動就看不見空間,不動體(神聖)不在空間裏面。並且因爲空間是包含和被包含的界限,至於宇宙絶不被包含,却包含一切,所以宇宙,全體,並不能限在某一個地方。所以絶對地説,宇宙,事物的總體,並不運動。止有它的各部分才變換地方。因爲它就是全體,它止能在它自己的地方迴轉:天的各部分,果然有運動,它不向上或向下運動，它是成圓周的運動，止有稠密的或輕散的事物才能向上或向下的運動[41]。

時間同空間一樣，也須要有運動，才能存在，它就是運動的量度。它同運動一樣，在潛勢上，是無限的（無論柏拉圖怎麼樣說），至於空間却是有限，這就是它們兩個的分別。一個在現實上無限的空間，簡直不成意思。無限止能潛勢地存在，永遠不能現實，因爲現實就是有一個形式的事物，限定的和有限的事物；潛勢才是没有限制的事物，無限的事物；轉過來説，無限止能在潛勢上存在；在數目裏面，就是無定限增加的可能性：在大小裏面，就是無限的分割性。時間爲運動的量度，歸結，它就是一個數目，數目只有對於計算的人才能存在，結論，時間惟有對於靈魂才能存在，如果没有計算它的靈魂，它就不存在[42]。

我們對於運動，順着它那變化的意思，分別許多的種類；在那裏面，運轉的動作是頂重要的。運轉的動作，轉過來，又分成些不同的種類。最先的和頂完善的，就是圓周的運動，止有它才能無限，簡單和連續。直綫的運動不能連續，所以就没有圓周的運動完善。它不能連續到無限，因爲亞里斯多德所説底宇宙有界限，所以它如果連續，就需要順着它原來的綫轉回來，就要成了一種擺動綫，那樣在運動向反對的方向另起頭的那一點，必要地有一個停止，無論這個停止怎樣的小。

在物理的世界裏面，圓周運動和從上往下的及從下往上的直綫運動，爲運動兩個重要的形式。第一種，因爲它是完善的運動，就是説它是簡單的和連續的運動，是最高的天（prôtos ouranos）自有的運動——這個天是恒星所住底固體球頂[43]；第二種没有第

一種完備,因爲它沒有絕對的連續,就運動宇宙下面的各部分
(就是說中心的各部分)。最高的天周圍着世界的軸永久旋轉,
是最初不動的動因直接所發底事實,它對於另外的各部分,由於
最高的天的居間,間接地運動它們。然則,恒星所着底球體是最
初動作的動因(prôton kinoun kinoumenon),把動作傳達給下面或
行星的球體(deuteros ouranos)。行星的圓球,大約有五十個,也
是固體的,但是透明的,周圍着它們公同的中心運動,公同的中心
就是地球的中心,也就是世界的中心。但是這些球形的運動,却
不是簡單的:它同最上天一樣,從右向左轉,它們又加一種運動,
從左向右轉,這樣的錯綜,我們對於每一個球形,總要承認在最先
動作的動因以外,還有特殊的動力——這種動力有相對的獨
立,——才可以講明它。歸結,中心的球形就是地球和它的居民,
它的海洋和兩層的大氣圈,放在那裏,直接屬於行星,間接受恒星
的影響。它不圍着他自己轉,它有些繁複的運動,根本的形式就
是從上往下的或從下往上的運動。

　　從上往下運動的東西,從宇宙的周圍向宇宙的中心運動的事
物,我們叫它作重;從下往上,從地向天運動的東西,我們叫它作
輕。輕重的相反,從冷熱的相反裏面生出來;經驗告訴我們說,冷
空氣下降,熱空氣上升,原質的相異,就從這兩種反對裏面生出。
本身就重和冷的物質,就是土質或固定質;輕和自然熱的物質,就
是火。水和空氣,就是濕和燥,成了兩種中間的原質,它們的職
務,就是調和兩種極端相反的物質。亞里斯多德雖然承認昂伯斗
克萊斯所說底四種原質,一方面却同額拉吉來圖和德謨吉來圖一
樣,主張各原質的同質性,這些原質是一種物質連續的變形。經

驗使我們看到:固體變成液體,液體變成氣體,氣體變成火質,并且可以反過來説。那樣在他的學説裏面,化學上原質的觀[①]念同物理學上原質的觀念相混起來。

在月球下面的物質,原質不同,在真質上,是從地球本有運動的性質生出來,並不能展延到地球世界以外。在天體的球形裏面,並不存在。天體由純粹的以太作成,這種以太並不像人家不正確的説法,爲第五種的原質(pempton stoicheion, *quinta essentia*),它却是最初的和中性的物質,亞納柯西曼德爾把它叫作apeiron,它是地球上面四種原質的公同質料,最精的原質。在各天裏面,不能有固體,氣體和火質的原質,因爲輕重,寒熱的衝突,在那裏並不存在,並且天體球形,不曉得這樣的衝突;它並没有直綫和上下的運動。

在各天上面榮耀的居民,超過可毁壞的世界的衝突上面,和在圓周上的最初的動因直接交通[44];得到絶無攙雜的幸福和不死。在萬有裏面,他們同最初不動的動因頂相似。他們的運動,絶不是武斷的,由外面看起來,不能武斷是一種不完善,實在它就是神聖的標識。自由的人,當動作的時候,已經比奴隸和動物有規則。因爲他遵守國家的秩序;至於奴隸和動物同公衆的事業没有大關係,總是碰到那裏是那裏[45]。一個有,愈有理性,它所作底事情愈有規則,它作的事愈不武斷。並且這些次等的神,愈不動作,同最上的神愈相鄰近,在無上的神裏面,無論何種的運動或變化,全没有。因爲他們不動,所以他們雖然有無限的數目,却能

<hr>

①編者注:"觀",原誤作"關"。

在一個同一的球裏面存在。行星的品位比恒星低,它們也是不死的,非創造的,有勤動和生命的[46]。它們運動與它們有關係的球,這種運動同最高的天的神聖的和完善的運動相反。行星的動力對於神聖是獨立的,對於普遍的秩序作一種抵抗。這就是惡的起頭。但是這種起頭還很微弱,所以水星、金星、火星、木星、土星、太陽、月亮[47]的生命,與地球上的生命相比較,還算是神聖的,完善的,有幸福的存在。

四種原質的變化,和從它生出來的物體永遠的變形(額拉吉來圖所説底萬象皆過而不留)止限於月明下面,地球上面的球體。這就是生成,生和死的地方,並且因爲 physis(自然界)就是生產,生殖,生成的意思,真正的自然界同天相反對;至於天是超自然的界域,這就是説不變的和永久的界域[48]。在亞里斯多德的學説裏面,地和天,enthade 和 ekei(這下面和那上面),自然界和超自然界的相反,無疑義的,並沒有它在基督教思想裏面所受底意思,但是他的宇宙論,在這種二元論上,借到柏拉圖神秘性的印記,其實柏拉圖的神秘性和他本體論的原理互相衝突。他這種二元論,一方面把地球放在世界的中心,另外一方面,把神送在圓周上面,非常的遠,我們要説明白,基督教會將來承認亞里斯多德的學説,並且把它當作神示的真理,强迫人相信它,就是因爲這種二元論;其實在那個時候,大多數的科學家,已經聚在哥白尼(Copernic)的旗下了。

亞里斯多德雖然在天文裏面,承受他那世紀的成見,在氣象學裏面,並沒有同樣的程度。地球上面的大氣圈,包括兩個地方(topoi),一個同地球和海洋相接,濕而且冷,另外一個是由比空氣更輕更熱的原質作成（額拉吉來圖叫它作 pur），一直延到天頂[49]。上面的大氣圈，爲彗星的和天河的地方。在下面的大氣圈，生出些風，颶風，虹，和他種的氣象。這些同地震和潮汐一樣，是從空氣上層和下層的相互運動生出來。我們可以看見亞里斯多德對於天河（galaxias）有童樣的意思，但是反過來，由於它對於空氣和海水流動的講解，開近代學說先聲。至於它的天才頂發展的地方，就是狹義的博物學。

歸極性（finalité）在有機物的界域裏面最爲顯著。自然在這個界域裏面，比外面更明白地顯示出來，它是一個無限巧妙的美術家，到處選擇頂簡單的和頂好的方法達到目的。它和技術（technê）不同的地方，就是技術家的目的在它自己的思想裏面，爲一種明確的觀念！至於在自然界裏面，目的就好像本能的存在。想叫一個鳥生出來，就好像木匠作一件器具一樣，全有一個現實的目的。目的器具，想成一件實在，須要木匠的手；目的鳥，由他的自身，就可以現實；但是在這兩種情形，歸極性全有一種重要的位置。是否有人主張反對的議論，就說自然界有時候也生產些怪物（monstres）？但是在它生產的時候，也許同技術的生產一樣，有了錯誤。一個文法大家，雖然知道的很明白，却可以作一個文字上的錯誤；就是一個很巧妙的醫生，也可以給一種相反的藥；在自然界作業的時候，也可以同樣地有錯誤；它所生出底怪物，不過是一個目的，沒有達到[50]。自然界要作頂好的，但是不見得永遠做到[51]。它的錯誤並不是主動意象的錯誤，是物質的錯誤[52]。如果有人說在自然界裏面，我們看不見商議動作的動因，就否定自然界的歸極性，那是很荒謬的。技術也並不商議：在很

多的情形，它並不須要反想。技術有一種外面的動因；自然界有
內面的動因。如果造艦的枝術，能在木頭裏面，它就同自然界的
動作一樣了[53]。然則，如果技術照着一個目的動作，自然界也是
一樣[54]。目的就是使它動作的原始的自身[55]，並且也就像原始
一樣，在它所生出底機體以前，預先存在[56]。

　　機體同無機體有分別，就因爲機體從內面一種原始
（psuchê），受着衝動，用些工具（organa），去達它們的目的。植物
界的目的，不在它自身裏面，它的目的，就是養活以植物爲生活的
動物。所以植物的靈魂，止盡他們的同化作用和生殖作用（to
threptikon）。動物的靈魂，比植物的靈魂多一層感覺的能力（to
aisthêtikon），在高等的動物裏面，又加上一種把感覺的印象留着
的能力（mnêmê）。視覺，聽覺，嗅覺，味覺，觸覺聚在一個公同的
覺官（koinê aisthêsis）裏面，作一種綜合，就成了內面意覺頂粗淺
的形式。動物的靈魂可以感受快樂和苦痛，傾向着得痛快的印
象，逃遁相反的印象（to orektikon，主動的能力，意志）。動物的天
然運動（phora, to kinêtikon kata ton topon），就從這裏面出來。人
類的靈魂，對於動物所有生活的特享權，又加上一種認識的能力，
理性（to dianoêtikon）。人類因爲有理性，就成了自然界的名著，
完善的有機體（echei ho anthrôpos tên phusin apotetelesmenên）[57]。
它就是歸極的目的（telos），自然界穿過動物界的階級的構造，去
尋找它。如果它頭一下子不能達到，這就是由於物質的頑抗；但
是自然對於它的職務絕不厭倦，慢慢地就同它所傾向底理想漸
合。就像一個正在發展的美術家，草創一種境界，草創一次，草割
二次三次，草創一百次，才能完全達到目的一樣。

然則,有機界是一種上升的階梯。機體和它們的靈魂,按着動物界發展的歸極意象,人類的模範,穿進并利用無機物質的程度,向前進善起來[58]。對於植物簡陋的靈魂,就有一種高下分明的機體,但是它還没有前後左右的相反;植物的嘴在下面(根),生殖器具在上面(花),但是它也没有背,也没有胸。動物的靈魂就有一個身體,帶着上下左右的兩種反對。歸結,到人類裏面,它的上下同絶對的上下相合。

動物界分兩支:第一種包含有血的動物,就是哺乳類,鳥類,魚類,兩棲類;第二種包括蟲類,甲蟲類,螺類,軟體類[59]。温度同生命是不可分别的;在一個動物裏面,所含温度數量,直接地同它那相對完成有關係。亞里斯多德雖然對於高等的動物,説它們没有天然的生殖(génération spontanée),對於大部分却相信有天然的生殖。近世地質學所看出底地球變形,他並不知道,他好像承認生命的永久性,和種類在生先(a parte ante)及在生後(a parte post)的永久性。

有機物體和它的生命原始(靈魂)的關係,和物質及形式,潛勢及現實,能力(dunamis)及機能(entelecheia)的關係一樣。因爲它們有密切關係,有機物體靠着爲它目的因的靈魂,和它所向底目的(to hou heneka to sôma),才能生存和生活;但是靈魂也是因爲它能使東西活動,它爲一個物體的靈魂,一個機體的現實,一個工具的技能(entechecheia tou sômatos),才能算是一種實在。如果没有物體,靈魂可以在潛勢的狀態存在,但是不能成現實,事實,實在。據亞里斯多德的意思,如果感覺,欲望,願意,没有相當的機體,同不用脚走路和什麽東西都不用就作成一個雕像一樣,全是不可能的(badizein aneu podôn, horan aneu ophthalmôn, an-drias aneu chalkou)[60]。靈魂同物體的關係,就像斧頭同刃的關係一樣;如果斧頭是一個有生的東西,刃的機能,就是它的靈魂;沒有斧頭,絕對不能有刃;沒有物體,就不能有靈魂。

因爲機體和它的靈魂有這樣密切的關係,輪迴就是不可能的,——按着這個學説,任何一個靈魂,可以居住在任何一個物體裏面。因爲靈魂是身體的機能,或者更可以説,機能的總體,力的乘數。然則,靈魂的發現,靈魂的現實(確鑿地説,這就是靈魂自己,因爲它在真質上就是現實),要受它所活動底物體的本質和特別機體的限制。用一個鐵盤,不能生出來笛子的聲音;用一支笛子,也不能生出來鐵盤的聲音。用馬的身體,我們也找不出來一個人的靈魂,並且可以反過來説。

如果身體是潛勢或能力,靈魂是身體的現實或機能,靈魂轉過來又成潛勢,能力,或者更可以説,能力的總體(dunameis):就是説感覺的,知覺的,願意的能力;至於感覺,知覺,志願就是它們的現實,然則靈魂就是一件有機物體的完成和最初的機能,它的表示或結果就是這個物體的第二種機能或現實[61]。

至於人類的靈魂,就它是感覺,想像,記憶,意志一方面看,地面上一切事物所受底命運,它也要受;它是可以毁壞的(phthar-tos)[62]。智慧的自身,有一部分不死的,神聖的原質,另外有一部分也是要死的。死的部分包括我們觀念的全體,它因爲它受物體印象的限制,並且包括着智慧所承受底,所感受底,不創造的,不生長的一切。智慧受動的一方面(nous pathêtikos),同物體一樣,全要受命運的支配,如果沒有物體,它就看不出來。止有主動的智慧(nous poiêtikos)，純粹的理性，能看見普遍和神聖，才有不死的特享權：因為止有它不能用身體的機能來講明，它在真質上，同身體是有分別的（phuchês genos heteron），並且可以分開的（chôriston），至於另外的能力，同物體不能分開（ta loipa moria tês psuchês ouk esti chôrista）[63]。主動的智慧，不是一種能力，却是一種現實的有（ousia energeia ôn）；它並不是自然界的一種出產品，也不像感覺性，想像和記憶，為靈魂發展的一種結果；它並不是一種出產品，一種結果，一種創造品，却是一種絕對的原始（theion），在靈魂和身體以前就存在，並且很機械地（thurathen）同靈魂聚積起來。這種分離開的智慧 chôristos，是絕對非物質的（amigês），無痛苦的（apathês），不能毀壞的，永久的（athanatos kai aidios）；如果被動的和可以毀壞的智慧，離了它，什麼全不能思想（aneu toutou ouden noei）[64]。

亞里斯多德雖然好像說靈魂是不死[65]，如果我們看見，他不但說，主動的智慧，不是有思想的個體，並且說它並不是個體的一部分，它是從我們外面來的（thurathen），同我絕没有機體上的關係，這種靈魂的不死要消失了。在亞里斯多德思想裏面，這種主動的智慧，到底是什麼，却很難說，並且他那些很多的註釋家，大半是照着他們自己的思想來講。他的學說，按着名理，要說這種主動的智慧就是神的自身：因為他的定義各方面全同絕對的 nous 的定義相合[66]。如果亞里斯多德承認有多數相分離的智慧，那就不能不同他那玄學所說"多數的事物就是物質的"[67]的原則自相衝突。他宣言主動的智慧是絕對非物質的（apathês, amigês）。然則它止能單數地存在：它是惟一的，並且同斯多噶派的萬有神論所説底内含的理性，世界的靈魂，或普遍的精神（logos tou pantos）相仿——照着這種學説，靈魂就是暫時得到人格的世界靈魂。<u>亞里斯多德</u>雖説<u>神</u>有超出性，同這種講法，却並不相背謬，因爲他在玄學裏面，同時肯定神聖的有的超出性和它在宇宙裏面的内含性，它就是世界在物理方面和精神方面的秩序；但是同這種講法有不合的地方，就是他很清楚地肯定主動智慧的實體性（houtos ho nous chôristos kai apathês kai amigês tê ousia ôn energeia[68]）。由名理上説，主動的智慧止能是無上的<u>有</u>的自身。如果<u>亞里斯多德</u>有時候把靈魂的一部分，它那不死的一部分，叫作nous aidios，我們要説，在這一點，他的推理有了弱點。但是他説，止有永遠智慧一個是不死的，並且很明顯地否定個體的不死，這是很明白的。對於游行學派的這一部分，一點疑惑全没有。

　　主動的智慧，不很是人類的智慧，<u>亞里斯多德</u>的認識論，同<u>德謨吉來圖</u>的感覺論很相近；按着他的學説，主動智慧的不死，對於我們没有什麽利益，人類的知能，並不是意象的産生者，或父親（poiêtês），不過是接受意象的東西或意象的母親。人類的智慧在自然的狀態是空的，裏面什麽全没有，就像一個光滑的棹子或白紙一樣（hospir en grammateiô hô mêthen huparchei entelecheia gegrammenon）[69]<u>亞里斯多德</u>的感覺論，和<u>來本之</u>（Leibniz）所説底 *excipe intellectum* 並不衝突：他設想，意象在思想裏面，如果不是現實地預先存在，儘少，它在潛勢的狀態（dunamei），換句話説，就是精神裏面，在根源上，如果没有作成的意象，它儘少有作成的能力[70]。有無不能相生是他一個主要理論。他要説初生的精神就像光滑的棹子，我們認識的根源就是經驗；智慧由於感覺，才構成,豐富,現實;他也不公認一種反對哲學的二元論,也不公認一種庸俗的機械論,——對於這個問題,二元論要承認認識原理的一個,排持另外的一個,把思想同自然界隔離起來,使它守一種獨身主義,却託詞説,感覺的接觸是一種惡濁,我們在柏拉圖的學説裏面,可以找着這一種的二元論。至於亞里斯多德,一方面,對於他那神學的二元論,一方面對於他那主動智慧的二元論,加以正當的駁擊。

　　因爲精神在人類的靈魂裏面,人類靈魂就在神和動物的中間。他有感受性,知覺,記憶,同動物一樣:由於理性,他就同神相似。人類由於他這兩種性質的特別,就成了一種道德上的有。那裏没有動物原始的和智慧原始的公同的有,那裏就没有道德的問題,動物不是一種道德上的有,因爲它缺乏智慧;道德在神一方面也不能成爲問題,因爲他是純粹的思想。然則道德是人類本質同別種分別的特性,並且如果一切的有的歸極,全是要滿足地和完全地把它們的本質實現出來,人類生活的歸極,也不在單獨發展獸性的原質,也不在把人類演變成神,因爲這是幻想的,不可能的。人類的歸極,却在把我們兩種真質,完全地,叶和地發展開。人類最高的善,就是樂(eudaimonia),這種樂從智慧和動物原質的平衡裏面生出來。這種平衡就是德性。在主動智慧和被動智慧中間的叶和,就是智慧的德性(aretê dianoêtikê),在理論方面顯出來,就是明智,在實用方面顯出來,就是謹慎和健康的知覺(phronêsis, euboulia),在智慧和意志中間的叶和就是道德上的德性(aretê êthikê),這就是勇敢,節欲,仁惠,名貴,榮譽,温和,誠實,可愛。德性並不同毛病極端反對(柏拉圖的意見);它正

在兩個極端毛病(akra)的中間(to meson)。比方説,勇敢是一種
德性,它就在膽大和怯懦的中間;仁惠同慳吝和浪費,有同樣的
距離[71]。

　　因爲人類在本質上爲政治的動物,個人不能任自己的意思,
就能製造國家和變換國家。實在正相反對,却是國家造成個人。
家庭,産業;奴隸制度有自然基礎。同一的政府形式,並不是對於
一切民族和一切情形全相合,和一件衣服不能同各人全相合一
樣。如果政權在一個賢明的君主手中,一人政治是頂好的形式:
因爲這樣,它就成了宇宙管理的小像;宇宙是由一個至善的君主
用完善的一人政治來治理的;但是當它成了暴政的時候,它在一
切政治裏面,成了頂可惡的。國家的安寧,就在於政權洽好的平
衡,並且在真質上,係屬於中級社會的勢力[72]。

　　亞里斯多德在他的道德學和政治學裏面,和在他的玄學裏面
一樣,他很堅定地反對柏拉圖擬想中的烏托邦。他是實在的,明
白的思想家,我們並且可以説,他是非教會的(laqïue)思想家,他
頂重要的就是留意事實,非常小心,惟恐怕給人類一種理想的,却
是達不到的目的。他的哲學的全體是一種平衡論和綜合論,他對
淺薄的感覺論,和同實在生活相反對的惟心論守着同樣的距離。
他雖然説由於他那爲科學而研究科學的愛情,由於他那天才的巧
妙和豐富,由於他對於量度,比例,意象和實在的叶和的偏好,把
希臘的精神完全表示出來,另外一方面,他的學説也顯出希臘精
神的衰頹;他在人類普通的演變上面,開出一種新時期。因爲他
對於一切試驗有健康的知覺,他是已經解悟的實證論者,他差不
多成了一個塞米特(Sémite)人或羅馬人。他那簡明和健利的文

筆,把阿蒂各文學的美妙全消失了。並且不但在形式一方面,他那哲學的深處也是一種實在論。他那玄學根本的定理使物質成了有限的有的一種必要的原質,他那認識論裏面所説底光滑的棹子,他那比柏拉圖更清楚的更絶對的一神論,他那"正中"(juste-milieu)的道德學,他對於一人政治的傾向;他這一切的理論,全是對於新世界有一種預覺,——新世界就在 Pella,羅馬,亞里山大城,耶路撒冷預備。

在里塞鳥穆學派接續亞里斯多德的講師裏面,有名的就是德歐佛拉斯突斯(Theophrastus),狄塞阿爾舉斯(Dicaearchus)[73],亞里斯斗柯塞努斯(Aristoxènus)[74]。頂重要的,就是郎普薩考穆的斯突拉德(Strato de Lampsacus)[75]。他爲埃及王 Ptolemaeus-Philadelphus 的教師。亞里斯斗柯塞努斯説智慧並不是不死的,斯突拉德否定神的存在;這些或者可以證明老師不過遷就俗見,才説不死和第一動因的問題,或者可以證明他的學説拘束古代的門徒,遠没有拘束中世紀基督教徒的厲害[76]。亞里斯多德將來的門徒同老師很有異同。在亞里斯多德以後,哲學公同的性質,就是科學的研究,漸漸的分析開——在亞里斯多德的學説裏面還帶着最初的統一性。在西昔利島上,在埃及,在地中海的群島上面,大家繼續科學家的亞里斯多德;至於在雅典,就是里塞鳥穆的自身,止繼續一種推理的,論辯的,爭議的哲學,對於世界的物理方面漸漸的不注意,全體精神盡用在靈魂問題上面。

人類的靈魂,阿蒂各哲學所最喜歡研究底問題,它的真質,它的歸極,它的使命到底是什麽呢? 柏拉圖覺得它的真質和歸極在

思想裏面;<u>亞里斯多德</u>的神學,從深處説,不過是把精神説作神
聖,伊壁鳩魯同德謨吉來圖一樣,否定思想的實體性,主張感覺論
的哲學。在這兩極端中間,有<u>斯多噶</u>派的具體精神論。

原　注

〔1〕<u>亞里斯多德</u>的<u>全集</u>在<u>柏林</u>出版,共四大本:頭兩本爲<u>希臘</u>原文(rec.
Em. Bekker);第三本爲<u>拉丁</u>文譯本;第四本爲重要的注釋(coll. Chr.
Aug. Brandis, 1831-36). —Édition Didot, Paris, 1848-57. —Ed. Tauch-
nitz, Leipz., 1831-32, 1843. —La *Métaphysique* a été traduite par Pie-
rron et Zévort, 2 vol., Paris, 1840; la *Politique*, la *Logique*, l'*Éthique*,
la *Poétique*, la *Météorologie*, la *Physique*, la *Métaphysique*, par M.
Barthélemy Saint-Hilaire, Paris, 1837 ss. —參考下列各書: Hermann
Bonitz, *In Aristotelis Metaphysica*, 2 vol., Bonn, 1848-49. —C. L.
Michelet, *Examen critique de l'ouvrage d'Aristote intitulè Métaphysique*,
Paris, 1836. —Vacherot, *Théorie des premiers principes suivant Aristote*,
Paris, 1837. —Félix Ravaisson, *Essai sur la Métaphysique d'Aristote*,
Paris, 1837. —Jacques, *Aristote considèrè comme historien de la philoso-
phie*, Paris, 1837. —Jules Simon, *Études sur la thèodicèe de Platon et
d'Aristote*, Paris, 1840. —H. Bonitz, *Études aristotéliciennes* (all.), Vi-
enne, 1862-66. —Le mème, *Index Aristotelicus*, Berlin, 1871.

〔2〕這一家説他們出於 Esculape 的一個兒子。古代頂有名的醫生 Hippoe-
rate de Cos, 爲<u>蘇格拉底</u>及<u>柏拉圖</u>的同時人,即屬於此 Asclépiades 朝。

〔3〕*Métaphysique* VI, 1, 9.

〔4〕對於<u>亞里斯多德</u>的論學,要看:Trendelenburg, *Elementa logices Aristo-
teleoe*, Berlin, 1836; 4ᵉ édition, 1852.

〔5〕對於他散逸的著作,要看:E. Heitz, *Les ouvrages perdus d'Aristote*, Leip-
zig, 1865. (all.). et *Fragmenta Aristotelis*, collegit Aem. Heitz. Paris,
1869. 頂可惜裏面的一種:雅典憲法論,新近(一千八百九十一年一
月)在 *British Museum* 的 papyrus 裏面又找出來。——所留遺底,很
多不完整,錯誤,並且真確的原文和作僞的注釋互相混雜。有幾種,
比方説:les *Catégories*, le *De interpretatione*, le traité *De Melisso*, *Xe-
nophane et Gorgia*, l'*Éthique à Eudème*, etc.,是可疑的。另外的,像:le
De motu animalium, les *Physiognomiques*, les *Économiques*, la
Rhéthorique à Alexandre, etc.,一定是作僞的。

〔6〕*Métaphysique*, I, 2, l4. Cf. I, 8; I, 10.

〔7〕*Métaph.*, V, 7; VI, 4.

〔8〕*Métaph.*, VI, 1; XI, 4, 7.

〔9〕*Mét.*, I, 9, 15-16; V, 8, 14; XII, 10, 22; XIV, 3, 12, 4, 9.

〔10〕*Mét.*, III, 4, 1. *Analyt. post.*, I, 11.

〔11〕*Mét.*, I, 3. Cf. VII, 7, ss.

〔12〕*Physique*, II, 7.

〔13〕*Physique*, I, 10, 8.

〔14〕*Métaphysique*, XII, 10, 7.

〔15〕*Physique*, X, 10, 4.

〔16〕*Métaphysique*, VIII, 6, 19.

〔17〕這就是來本之所説底盡力(第五十六節),叔本華所説底要有(第六
十四節)。亞里斯多德自己談到自然界,也用 boulesthai(計畫,傾向
等意)一詞(*Polit.*, I, 2, 9, 24)。

〔18〕*Physique*, I, 10, 7.

〔19〕*Physique*, III, 1, ss.

〔20〕*Mét.*, XII, 5, 6: 10, 21. Cf. XII, 2, 10: Tria dê ta aitia kai treis hai archai. k. t. l.（然則有三原因和三原始）。——名詞的不同（sterêsis, hulê, morphê）實在毫無變改，因爲亞里斯多德，一方面要看有（einai）的三種變化，另外一方面，要看存在的東西（hon）的三種基本原始。

〔21〕 *Mét.*, XII, 3, 8.

〔22〕 *Mét.*, VIII, 6, 19. Cf. VII, 10, 27；XII, 3, 8；XII, 10, 8.

〔23〕 *Mét.*, XII, 7, 19-20, Cf. *Phys.*, II, 9, 6.

〔24〕 *Mét.*, XII, 7, 19-20, Cf. *Phys.*, II, 6, 9.

〔25〕 *Mét.*, XII, 6, 15.

〔26〕 *Mét.*, XII, 7, 3.

〔27〕 *Mét.*, XII, 7, 11.

〔28〕 *Mét.*, XII, 10, 1-2.

〔29〕 *Mét.*, VIII, 6, 21.

〔30〕 *Mét.*, XII, 10, 23.（引荷馬的詩句。）

〔31〕 *Mét.*, XII, 7, 11：Ek toiautês ara archês êrtêtai ho ouranos kai hê phusis.（略譯爲：然則天和自然界從這樣的原始生出。）

〔32〕 *Physique*, III, 1, 1.

〔33〕 *Phys.*, II. 7.

〔34〕 *Phys.*, III, 1, 2.

〔35〕 *Phys.*, III, 1, 7.

〔36〕 *Phys.*, VIII, 10.

〔37〕 *Phys.*, III, 1, 7：Hê tou dunamei ontos entelecheia.（完成從潛勢的有生出。）

〔38〕 *Phys.*, IV. 1.

〔39〕 *Phys.*, IV, 6：to peras tou periechontos sômatos.（物體周圍的邊際。）

〔40〕 *Phys.*, IV. 8.

〔41〕 *Phys.*, IV, 7, 5.

〔42〕 *Phys.*, IV, 20, 4.

〔43〕 近世對於天空各星體在空間中運動的觀念，在<u>友尼亞</u>學派和<u>畢達</u><u>彀拉斯</u>中間已經可以找出，對於<u>亞里斯多德</u>好像是完全不相干的。他說到天和天的運動，並不是由於藻飾，要說在天裏面的各星體的運動，却是真要說接觸天自身的運動（他把天看作些向心的球形的一個總體。這些球形同它們所包含底各星是同質構成的）。所以他把各星的運動同坐在車上，隨着車前進，自身却不動的人的移動相比較。

〔44〕 *Physique*, VIII, 14, 24.

〔45〕 *Mèt.*, XII, 10, 4.

〔46〕 *De coelo*, 292.

〔47〕 他把日月兩個全看作行星。

〔48〕 *Mét.*, XI, 6, 12.

〔49〕 *Météorologie*, I, 3.—很多近世的氣象學者也一樣承認有一個低的，或不定的大氣圈，在那裏生出風，雨，暴風雨；一個高的，或有定的大氣圈，流"星"同北極曉光（aurores boréales）全在那裏。

〔50〕 *Phys.*, II, 8, 9.

〔51〕 *Polit.*, I, 2, 14, 19.

〔52〕 *Phys.*, II, 8, 8.

〔53〕 這就是近世玄學所叫作底自然界中內含的目的論（*telèologie imma-nente*）.

〔54〕 *Phys.*, II, 8, 15, 16.

〔55〕 *Phys.*, II, 9, 4.

〔56〕 *Mét.*, IX, 8. *De part. anim.*, II, 1.

〔57〕 *Historia animalium*, I, 3.

〔58〕比較解剖學的最初的觀念。

〔59〕*De partibus animalium*, II, 3.

〔60〕*De generatione animalium*, II, 3. Cf. *Mét.*, VII, 11, 11.

〔61〕*De anima*, II, 1：Ei dê ti koinon epi pasês phuchês dei legein, eiê an entelecheia ê prôtê sômatos phusikou organikou.（譯者按：原引如是，但 phuchês 似爲 psychês 之訛，如果此意不誤，則略譯當爲：然則應該説每一靈魂爲物體的完成和最初的機能。）

〔62〕*De anima*, III, 5：ho de pathêtikos nous phthartos.（但是感受的精神〔或知慧〕是可以毀滅的。）

〔63〕*De anima*, II, 9.

〔64〕*De anima*, III, 5. Cf. *De gener. et corrupt.*, II, 3.

〔65〕*Mét.*, XII, 3, 10.

〔66〕*Ibid.*

〔67〕*Mét.*, XIII, 6, 21.

〔68〕*De anima*, III, 5.

〔69〕*De anima*, III, 4.

〔70〕要看洛克和來本之對於此問題的爭論（第五十六節，第五十七節）。

〔71〕*Éthique à Nicomaque*, II, 5 ss.

〔72〕*Politique*, IV. 9.

〔73〕Cicéron, *Ad Attic.*, II, 16. —*Acad. post.*, I, 9. —*De finibus*, V, 5, 12. —*Tuscul.*, V, 9. —Simplicius, *In Phys.*, f. 225.

〔74〕Cic., *Tuscul.*, I, 10.

〔75〕Cic., *De nat. deor.*, I, 13. *De fin.*, V, 5. —Diog. L., V, 58. —Simplicius, *loc. cit.*

〔76〕對於亞里斯多德學派在中世紀的延長，要看第三十二節，三十七至四十一節和第四十五節。

B　以物質爲神聖，否定思想的實體性

第十八節　　伊壁鳩魯（Epicurus）

伊壁鳩魯[1]，在紀元前三百四十一年生於薩懋斯島（Samos）。他的父親原來是阿蒂各的人。他看見他母親的迷信，並且讀過德謨吉來圖的著作，就蓄了些疑惑。他相信人類幸福頂主要的障礙，就得畏懼神祇和死後的生活；哲學由於觀察和推理，把超自然界的信仰破壞掉，才可以使我們得着幸福。他於三百零六年左右，在雅典建立一個公會，他個人的威權，在那個公會裏邊，好像很大。他的弟子把他的教訓寫出來（kuriai doxai），他死以後（二百零七年）就成了伊壁鳩魯派學説不能變的基礎。另外一方面，他的著作雖然很多，但是無論多神教和基督教，全不願意保存[2]，所以差不多全散失了。這位"蘇格拉底和伏爾德（Voltaire）的合身"，比無論那一派的首領所有底反對人全多，並且是很激烈的。

亞里斯多德要爲科學而研究科學，"雖然有比最高哲學更能獲利益的知識"[3]，他總是把最高哲學當作頂好的和神聖的理論。伊壁鳩魯同他相反，把科學當作人生的奴僕，除却人生的目的，理論就没有一點意思了。他把哲學[4]分作論理學（canonique）物理學和倫理學。他覺得這些科學的目的，就是能給人生安寧及和平（ataraxia），他覺得德謨吉來圖的議論，可以達到這種目的，所以德謨吉來圖的議論就成了他的學説，不同的地方很少。

物質並不是柏拉圖所説底無，却是事物惟一的原始，普遍的間架, 至於靈魂, 精神, 思想, 不過是他的偶合 (sumptômata ê sumbebêkota)。在物質以外, 止有空虛, 有空虛才可以運動。物質是由些無從計數的, 非創造的, 不可以毀壞的原子所組成, 並且帶着一種永久的運動。按着德謨吉來圖的意思, 這些小物體自然地, 必要地從上往下運動。但是他們可以互相聚積, 構成物體, 我們就應該按着伊壁鳩魯的意思, 承認這些小物體在垂直綫上可以拐灣, 這種曲折 (déclinaison) 不過是偶然的一種結果。然則伊壁鳩魯所主張底並不是絕對的限定論 (déterministe)。他承認偶然。這就是說他承認無因有果的可能性, 所以他在道德學裏面, 承認無分別的自由, 這就是說他承認有無果的因[5]。

　　但是他這種前後不一致, 與其說是他推理的結果, 不如說是他幻想的結果。他對於因果的問題, 雖然同德謨吉來圖的意見不合, 他却同他一樣承認宇宙的永久性, ——用絕對的意思。世界的創造和結局, 在無論什麼情形, 無論什麼樣的一種創造, 用字的本義, 全不能成爲問題。如果想明白世界不是神們的製造品, 一方面, 看通常所說造物主的本質, 另外一方面, 看世界和他的不完備, 就可以知道了。你們既說造物主是最完善的和頂有幸福的有, 他們百凡皆足, 什麼全不須要, 又爲什麼要辛辛苦苦來創造一個世界呢? 他們爲什麼自己找一種治理宇宙的重負擔呢? 我們現在不妨設想世界是他們的創造品。如果他們製造世界, 他們或是永久地製造, 或是在一個時候製造; 照着第一種說法, 世界是永久的。

　　照着第二種說法, 我們應該說: 或者創造的勤動, 是神聖極樂的一種條件, 如果那樣, 他們在永久不動作以後, 才起首創造, 這

就是説他們當永久的時候，並不是頂有幸福的；或者不像上邊所
説，那就是他們反對他們自己的真質來動作了。並且他們爲什麽
來創造世界呢？是要爲他們自己創造一種住所麽？但是這句話，
豈不是要説他們在永久的時候，没有住所，或者儘少説，没有他們
可住的住所？是爲人來創造麽？那樣，如果對着這個世界上面所
生底幾個聖賢來創造，那却可以不必；如果他們爲壞人創造世界，
我們豈不是把他們説作很暴虐的有麽？然則，無論怎麽説，想承
認神們創造世界，是不可能的。

　　我們現在從世界的視察點，來研究這個問題，我們怎麽樣能
够承認各種罪惡充滿的世界是神們的製造品呢？不生産的沙漠，
赤禿的山，害人的灘，不能住的冰洋，南方赤熱的地方，荆棘，颶
風，冰雹，暴風雨，猛獸，疾病，夭亡：這一切不是已經可以證明神
聖絶不管理世界麽？機械的原因：空隙，原子，重力，已經可以講
明世界，不須要玄學來替它找目的因的講法了。至於神們的存在
是可能的，並且是一定的：地球上無論何種民族全相信他們的存
在；但是這些頂有幸福的有，超過一切熱情，一切愛寵，一切從人
類弱點出來的東西上面[6]，享一種絶對休息的幸福。他們住在頂
遠的地方，人類的苦痛，全不能感動他們：反過來説，他們對人生，
絶没有一點影響。所以在神們和我們的中間，絶没有交通；魔術，
推測，靈迹全是不可能的。

　　我們更不應當怕 Tartarus[（一）]河的責罰。靈魂是物質的事物，
同物體享同樣的運命。它是無限精細的，無限微渺的物質。在眩
暈，麻木，瘋狂，傷病的時候，靈魂全受物體的影響，就可以證明靈
魂是物質的；還有頂重要的證明，就是靈魂同物體的力平行地發

展和衰弱。智慧的能力,幼年時候很微弱,壯年增大,到老年又按
階級的遞減。靈魂在病痛的時候作很深的反動;没有物體,靈魂
怎麽樣也發現不出來。這還不完。一個要死的人,並不是覺得靈
魂從這一肢裏面,慢慢地退到那一肢裏面,以後帶着完全的力從
機體裏面逃出來。他所覺得底,却是精神能力,按階級地減少。
如果死的時候,靈魂保有完全的意識,並且像有些柏拉圖派學者
所説,死就是靈魂過在一種高等的生命,然則人類對於死,一定不
怕,却要高興了。實在却不是這樣的。並且如果我們怕死,這並
不是我們怕不存在。使我們看見就害怕的,就是我們無意中把虚
無的觀念和生命的觀念混合起來,這就是説我們感覺到這種空
虚;我們擬想死後還能覺得按階級地毀壞,覺得被火燒,或被蟲
齕,靈魂接續着存在和感觸。如果我們能把生命的觀念和同它相
反的觀念分析開,如果我們誠誠實實地把不死的觀念丢開,死就
不能嚇人了。我們可以想着:死並不是一種壞處:他對於死的人
也不算壞,因爲死的人不覺得;他對於活的人,也不算壞,因爲死
對於他並不存在。

　　當我們生存的時候,死對於我們並不存在;當死來到的時候,
我們已經不存在了。然則,在死和我們的中間,無論什麽接觸,全
是不可能的。至於我們覺得觸接着它,冰冷冷地,非常地害怕,實
在這種觸接,永遠没有。

　　我們希望幻妄的恐懼不能阻礙我們達到我們生存的目的,就
是説得着幸福。最高的善就是快樂,並不是一種過而不留的感覺
上的快樂(hêdonê en kinêsei),却是成了永久情形的快樂(hêdonê
katastêmatikê),就是深静的和平,完全的娛樂,他自己知道人世風

波全不能擾亂他。精神的快樂比肉體的快樂好,因爲它可以延長,至於感覺非常容易逃脱,就像得感覺的片時一樣。就全體説,我們應該躲避過度的快樂,恐怕衰耗以後,就生出永久的苦痛。另外一方面,應該把有些困苦的感覺,比方説,對於一種苦痛的療治,當作一種善,因爲它可以使我們得着健康和快樂。德性就是使聖賢得到幸福,躲避苦痛的方法。它並不是最高的善,却是達到最高的善真實的和惟一的方法[7]。

伊壁鳩魯的原理,非常的明白,有反對神秘的趣向,實用着又很容易,所以就成了柏拉圖學派,游行學派,斯多噶學派的勁敵。

意大利頂歡迎這種學説:他在那裏的門人,有詩人盧柯來西烏斯就是 *De rerum natura* 的著作人,還有 T. Cassius,L. Torquatus,T. Pomponius Atticus,該撒(Cesar),Horatius,Plinus le Jeune。當該撒朝的時候,斯多噶是些主張共和的民黨,伊壁鳩魯派把喜歡新秩序的人聚在他的旗下,他們覺得在一個强有力的和建樹和平的威力下面,可以實行他們老師的理想。這個學派被皇帝的保護[8],一隻手毁壞風雨飄搖,却還没有全倒的多神教;另外一隻手攻擊新出的宗教,攻擊基督教所説底超自然界。

原　注

〔1〕　來源:Diog. L., X. —Cic., *De fin.*, I. —Lucrèce, *De rerum natura*. —Sext. Emp., *Adv. math.*, XI. —Gassendi, *De vita*, *moribus et doctrina Epicuri*, 1647, et *Syntagma philosophioe Epic.*, 1655. —Les *Études* sur Épicure et Lucrèce de J. Rondel(Paris, 1679), Batteux(1758), etc. —Ritter et Preller, p. 339 ss. —Guyau, *La Morale d'Épicure et ses rapports avec les doctrines contemporaines*, Paris, 1888.

〔2〕在三百年附近,按着狄由格奈斯·來爾西烏斯所说。除掉這位歷史家所保存底信札等類,我們不過知道點希臘各著作人所引用,盧柯來西烏斯在 De rerum natura 裏面的可寶貴的撮要,和在 Herculanum 所發現底 peri phuseôs 等書的逸文。

〔3〕*Mét.*, I, 2, 19-25.

〔4〕伊壁鳩魯給哲學的定義如:Energeia logois kai dialogismois ton eudaimona bion peripoiousa. (略譯爲:爲得快樂的生活而實現推理和討論。)(Sext. Emp., *Adv. math.*, XI, 169.)

〔5〕Lucrèce, *De rerum natura*, II, 216 ss. —Diog. L., X, 133-134.

〔6〕Diog. L., X, 139: To makarion kai aphtharton···out' orgais oute charisi sunechetai, en asthenei gar pan to toiouton. (略譯爲:有幸福的,不毀滅的……也沒有烈情,也沒有的繼續的愛寵,也沒有一切人所有底弱點。)

〔7〕Diog. L., X, 140: Ouk estin hêdeôs zên aneu tou phronimôs kai kalôs kai dikaiôs. (略譯爲:除却聰明地,誠實地,合於正義地生活,不能有幸福地生活。)

〔8〕一件拉丁希臘文的刻石,很新近由雅典考古學會發掘出來,是Hadrian(117—138)時代的,它由各方面證明皇帝對於伊壁鳩魯學派所給底特別保護,他們靠着這種保護,在紀元後第一世紀所演特別重要的角色,和他們所引起底游行學派和斯多噶學派的嫉妒。另外,大家還可以對於在皇帝時代學派的組織,對於講師任命的方法等種,一切一直到現在不大知道的問題,儘少说,可以得到些間接的材料。

譯者注

(一) 希臘神話中所講地獄裏面的河名。

C　以意志爲神聖

第十九節　斯多噶學派

斯多噶學派的創立人載耨(Zeno)[1](一)是 Citium en Chyprus 的人,他家原來是腓尼基的商人。他的家産有一次沉在海裏面,他才順着他的性情研究學術。他接續着,從西尼克派的柯拉德斯(Crates),默加拉學派的斯蒂爾本,亞嘉德謨斯的柯塞耨柯拉德斯和鮑萊孟受業;他以後在雅典的鮑意記萊市場(stoa poikilê)下面教授哲學。他確信自殺的合法,在二百六十年的附近自盡,留下很高的聲望和很多的弟子。Troas 人柯來昂特斯(Cleanthes)[2]接續他的事業,有一種歌謡叫做柯來昂特斯的歌謡[3],人家説是他著作的。當他自盡以後,有塔爾蘇斯(Tarsus en Cilicie,有人説他是 Soles 的人)的柯黎西普斯(Chrysppus[4],生於紀元前二百八十年,死於二百一十年)接續他的事業。柯黎西普斯對於亞嘉德謨斯學派打了許多筆墨的官司,斯多噶派的學説因此就得了清楚的輪廓[5]。

以上所説一切的著作,現在全散失了,只剩下些斷篇零簡,我們現在需要從再晚數世紀的著作裏面,比方説,從西塞婁(Cicero),塞奈加(Seneca)愛比柯特斗斯(Epictetos)馬爾舉斯,歐萊侣斯(Marcus-Aurelius)或基督教神父的著作,猜想這個學派的輪廓。並且斯多噶派不止是一種關於智識的理論,它頂要緊的是一種道德學,一種宗教,它並且不是一個人的著作,它是從不少的根源,不同的理論所合成底,並且從這世紀到那世紀,有部分的變

化。所以它的傾向，眞質上，全屬於實用一方面。所以它的信條
性質很複雜，並且全屬於折中派。所以我們想成系統地講明他，
有很多的困難。

載穡和斯多噶派學者同伊壁鳩魯一樣，想要科學屬於生活；
眞理的目的，是要得善和利益的（to epitêdeion, to ôphelimon）；研
究有的最初的原因，是要得着人生歸結的目的（to telos）。這個目
的就是明智，就是理論上和實用上的德性。理論上的德性，在於
好好地思想（aretê logikê），和對於事物的本質有正確的觀念
（aretê phusikê）；至於實用的德性，在於好好地生活，並且按着理
性動作。實用的德性是頂重要的，爲理論上德性的目的，至於理
論上的德性，不過是一種方法。不能使我們日進於善，和對於我
們的傾向和事業絕沒有一點影響的事物是無益或有害的。論理
學，玄學，科學，除了因爲它們在實用上有利益，就沒有存在的理
由。它們是倫理學的一種引導，因此在教育上，也有它們的重要。

斯多噶派按着它那意志論和反二元論的傾向，攻擊柏拉圖所
說底分離的意象比亞里斯多德更利害。意象或普遍，沒有客觀上
的實在；它們並不像柏拉圖所說，在事物外面存在，也不像亞里斯
多德所說，在事物裏面存在；它們是思想的抽象（ennoêmata）；在
實在的世界裏面，絕沒有同它相當的事物。並且靈魂裏面沒有從
先天來的總念，靈魂就好像一個光滑的棹子，一切的概念全是從
外面來的（thurathen）。按着柯來昂特斯的意思，覺官上的印象
（tupôsis）就好像在物質上面的一種痕迹，好像在火漆上面打一個
印。柯黎西普斯說覺官上的印象就是靈魂的一種變化
（heteroiôsis），感覺（aisthês）是我們一切觀念（phantasiai）的公

共源泉。觀念或表示實體性(hupokeimena)，或表示一種性質
(poia)，或表示一種存在的形態(pôs echonta)，或表示一種關係
(pros ti pôs echonta)，因此就分成四種範疇。如果一個觀念同它
的對象恰合，它就是真的。一個觀念真確的標準就是他的顯著，
他的可理解性(phantasia katalêptikê)。按着載褥的意思，確定有
四個階級：幻想(phantasia)，相信(sugkatothesis)，知道(katalêpsis)，
明白(epistêmê)。人家説，他要表示認識最高的階級——止有哲
學家才能得到，——他把他的左手引到他關閉的右手上面。斯多
噶派學者也就像亞里斯多德，説文法和修詞學是論理學的一部
分，在這一部，他們成了亞里斯多德有名的繼續人，我們在文法和
造句法上所用的術語，大半是這一派學者所創造底[6]。

　　他們的玄學和他們的認識論相似①，比亞里斯多德的實在論
走的更遠。這是一種絕無限制的具體的精神論。精神和物體是
同一實在的兩方面。在實在的存在裏面，精神是主動的原質，動
作的力(to poioun)；物質是受動的原質(to paschon)。也没有純
粹的精神，也没有無活動的物質。就是神的自身——無論亞里斯
多德怎麽樣想——也有一個身體，他的身體就是世界，他就是世
界的靈魂(psuchê tou kosmou)，成了種子或生成的原始(logos
spermatikos)。斯多噶派的學説雖然説絕對否定分離的意象或形
式，同亞里斯多德，尤其是同柏拉圖有分別，他和伊壁鳩魯的惟物
論的差異，也是很實在的，因爲他屬於惟力論，並且他承認事物的
合理性或歸極性。實在説起，主張機械論者所絕不知道底世界靈

---

①編者注："似"，原誤作"以"，據法文原版改。

魂却是有智慧(nous)，能預見(pronoia)，愛人類(philanthrôpos)，並且想教人類好(kêdemonikos, ôphelimos, eupoiêtikos, anthrôpois)；雖然如此，它却不參與人類的烈情。宇宙對於他是一個活動的和有理性的有，一個偉大的活動體(zôon)，神聖就是它內含的理性和定律(logos tou pantos)。亞里斯多德所説底絕對，同時是超出的和內含的，斯多噶派是純粹內含的學説，它屬於自然論，前後一致的萬有神論或世界神論(cosmothéisme)[7]，同限定論或絕對的預定論(heimarmenê anagkê, prédéterminisme absolu)有同樣的意義，因爲他説神是不變的；他屬於一神論，或者更可以説屬於一元論，因爲全體是一整個，神止有一位(Zeus)。這個學派對於多神教的教義還接續着崇敬，他們在一神的下面，還留着些下級的神，這些神就是世界或宇宙演變的相續階級，但是它們是要死的，止有無上的有才能不死[8]。

　　斯多噶派的物理學與額拉吉來圖的物理學相同，他們承認熱力(pur, pneuma, aithêr)是生活的原始；承認這種動力變成氣體，液體，和固體(hodos katô)的形態；承認這些原質在一個有限定的時候(hodos anô)存在，以後再吸收於天火裏面：承認宇宙的燃燒(ekpurôsis)和世界定期的革新(paliggenesia apokatastasis)。然則，宇宙實在是旋生旋滅的世界所成底一個無定限的環鎖，這些世界全是從同一的內含原因(Cause immanente)裏面生出來，按着同一的原因變化，它們全體照着同樣的模型表現出來，絕對的相似。一切事物，無定限地重複起來，這種必要是無可避免的(fatum stoïcum)。

　　宇宙爲神的身體，所以必要地有一個完善的機體(teleion

sôma），非常美麗，絕無污點。轉過來説，宇宙的完善就可以證明它包涵着一個無限的智慧[9]；無疑義的，它並不像亞里斯多德所講底神，爲一位超出的原始，止能運動最高的天體。它是到處存在的一位有，就像人類的靈魂在身體各部分全體存在一樣（pur technikon, noeron, pneuma puroeides diêkon di holou tou kosmou）。世界裏面所有底惡不能搖動斯多噶派學者對於神的信仰；他們覺得有惡才有善的實現，也就像一個錯調更可以看出全體的叶和；在畫圖上面，有了陰影，更可以顯出彩色的鮮明。正誼，勇敢，温和同反正誼，怯懦，放縱互相奮鬥，才得更現光明，惡不但不能反對斯多噶派的樂觀，並且可以證明它，因爲有它才能得到普遍的叶和。止有細微地方才有不完善；事物總體是非常完善的。

人類對於神或宇宙，就像星火對於火燄，水滴對於大洋一樣。我們的身體爲固體和液體物質的零片；我們的靈魂爲由空氣和火所作成底熱氣（pneuma enthermon）。按着斯多噶派學者的意見，實在性和物體性二字有同樣的意義，所以靈魂也是包含在粗糙物體裏面的一種微渺物體。如果不是這樣，靈魂和真正物體中間相互的動作，就無從明白了。當身體解離的時候，靈魂並不是必要地跟着毀滅；如果一切人類不見得全有死後的生命，儘少説，聖賢的靈魂比通常人的靈魂强固，死後大約還可以生活。但是，就是哲學家的靈魂，在入墓以後，也不是絕對的不死；因爲到世界末日，他同世界上一切的事物一樣，跟着宇宙的燃燒全消滅了。靈魂有終結，但這並不是説他的實質毀滅，他原來從一個無限大洋裏面發出，現在又轉回去，在將來的世界裏面，還要不住地從那裏面飄浮出來[10]。

斯多噶派對於這一類理論的問題,並沒有不變的信條[11];在此派有歷史的一切時候,可以聯絡各會員的特徵,就是在載穧以前蘇格拉底,柏拉圖,昂蒂斯特奈斯所講明底道德惟心論。他們的格言就是爲德性而實行德性。斯多噶派學者覺得最高的善就是因爲德性而實行的德性,盡義務就因爲它是義務。其餘一切,比方說:健康,資産,名譽,快樂,如果除了我們高興,沒有其他的目的,它們就成了無足輕重的事物(adiaphora),並且成了罪孽。止有德性才能使我們有幸福,但是我們一定需要用不求利益的精神來尋求它。它不但需要外面對於善的實行(to kathêkon),並且內面需要有一種"行道而有得於心"的靈魂(hexis katorthôma)。它是整個的:人不能在這一部分有德性,在那一部分却叢過惡。它是一個公同的根源,大家所叫作德性們:明智(phronêsis),勇敢(andria),節欲(sôphrosunê),正誼(dikaiosunê),全從那裏面生出來。在原理上,得着四種主要德性的一種,就要得着全體;如果失了一種,就要一種也没有。人或者對於一切事情全有德性(spou-daios),或者對於一切事物全有罪孽(phaulos)。在德性和過惡中間,絶無中間的餘地(hamartêma)。雖説在實際上好像在善惡中間還有各種的色彩:過渡和調和;在理論上,止有兩種人:善人,惡人。聖賢很有幸福,因爲他穿透自然界的秘密,認識他的自身和別人。他因爲有知識,就不受他人,世紀,社會成見的干涉,以至於不受法律的干涉——因爲這些全是人類任意的表現,並不是理性(orthos logos, koinos logos)的表現。聖賢是真正自由的,這並不是説,他有一種漫無别擇的自由,如果這樣,伊壁鳩魯派所説底偶然,要成了命運的主人;這是要説他對於世界和他自己的烈情全無牽掛。無論外面的事變，無論他内心的狂飈，全不能激動他，或使他顛越失次。無論有什麽樣的經歷，他總是一樣的忍耐；因爲這些就是自然界或使命（Destin）的論旨。這一派的學者，覺得自然界，使命，和理性，神智，向善的意志，有同樣的意義[12]。他們從此，對於一切的事物全守這個最要的規則：*naturam sequi*（跟着自然界走），這就是説跟着自然界對於内心預先定明底定律走，這種定律就是統理世界的定律（akolouthôs tê phusei，kata phusin zên，kata logon zên，logikôs zên）。

　　對於我們剛才所略述底理論，看着斯多噶派道德上的惟心論和誠實屬於實在派的全體論中間，很容易找出來他們的衝突。但是我們已經説過，這些並不是一個人的學説，這是一派人學説的集合；這是當時智識階級的一種宗教。他們的"新信仰"要同古代的信仰調和；這是一種德性的同盟（*ligue de la vertu*），多神教的教會，會裏面包含着頂不同的原質，但是他的會員全帶着同一的精神。巴奈蘇斯（Panétius de Rhodes）[13]爲西塞婁的老師，鮑西都努斯（Posidonius d'Apamée）[14]爲 Pompeius 的老師，他們兩個使羅馬人，知道斯多噶派的理論；因爲它的傾向全屬於實用，和拉丁人的天才很相似，所以不久就得些信徒[15]。這一班的信徒，在共和國衰隳的時期，對於該撒朝的暴政，作一種無益的奮鬥；西塞婁，Cato，Brutus 在那裏面找出來很有力的鼓舞和安慰；西塞婁受斯多噶派的啟發，著作他的 *De finibus bonorum et malorum*；塞奈加[16]受它的啟發，就作他的 *Lettres morales*；愛比柯特斗斯受它的啟發，就作些名貴的教訓——Flavius Arianus 就把這些教訓記在他那本 *Enchiridion* 裏面——馬爾舉斯·歐萊侣斯受它的啟發，著

作十二篇的 *Ad se ipsum*——這是古代道德學裏面一部頂可佩服的著作。雖然如此,這一派的影響不能同基督教的影響相比[17],因爲它限於智識階級,不很能穿進在群衆裏面。斯多噶派止有它那實在論的玄學最著名;他受科學和沈思的薰陶,也躲避"庸俗的群衆",在實用上,同伊壁鳩魯派相混。

原　注

[1] Diog. L., VII.

[2] Diog. L., VII.

[3] *Hymne à Jupiter*(Stobée, *Ecl.*,I, p. 30).

[4] Diog L., XII, 179 ss. —Cicéron, *De fin.*, IV, 19, 56 et *passim*.

[5] Ogereau,*Essai sur le système philosophique des stoïciens*,Paris,1885. —Schmekel, *Le stoïcisme moyen*, Berlin, 1892(all.).

[6] 對於斯多噶派的論理學:Diog. L., VII, 41 ss. —Ciceron, *Acad. pr.*, II, 47 et *post.*, I, 11. —Sextus Empiricus, *Adv. math.*, VIII. —Stobée. *Ecl.*,I. —Simplicius, *In categ.*, f. 16 b.

[7] Saphôs dê ton holon kosmon legousin einai theon. (Origene, *Contra Celsum*, V, 7. —略譯爲:然則很明白地全世界爲神。)

[8] 古代斯多噶派的保守論以至於用宗教的名義反對太陽中心論。

[9] 這就是物理神學的(physico-théologique)論據。

[10] 對於斯多噶派的玄學和物理學:Diog. L., VII. —Stobée, *Ecl.*, I. —Cic., *De nat. deor.*; *De Fato.* —Sénèque, *Epitre* 65, etc. —Plutarque, *De stoic. rep.*, 41 ss.

[11] 雅典學派的支派, Rhodes 學派,因此就抛棄了宇宙最終燃燒的學説和連續世界相同的學説。

〔12〕 對於<u>斯多噶派</u>的倫理學: Diog. L., VII. —Stobée, *Eclog. ethic.*, II. — Cic., *De fin.*, *Tuscul.*, etc. —後期<u>斯多噶派</u>的著作(Sénèque, Épictète, Arrien, Marc-Aurèle, etc.)。

〔13〕 死於紀元前一百一十二年。參考 Suidas 的著作。—Cic., *De finibus* ; *De officiis* ; *De divinatione* ; *De legibus*. —Sénèque, *Ep.* 116. —Diog. L., VII.

〔14〕 Suidas et Diogène Laerce.

〔15〕 在<u>奧古斯特</u>(Auguste)的時候,由 Quintus Sextius 所成立底別派,人數頗多,好像是斯多噶派的延長,附加上一種<u>亞里山大城</u>派的神秘論。

〔16〕 有很長的時候,大家已經拋棄了<u>塞奈加</u>同<u>聖保羅</u>(saint Paul)有友誼的假説。頂多説,主張斯多噶派和保羅派有關係的人有權利引用這件事實:<u>斯多噶派</u>主要的建立人,<u>柯黎西普斯</u>,和聖徒<u>保羅</u>(他却是在<u>耶路撒冷</u>長大)生在同省,也或者是同城。

〔17〕 我們在其他著作中指明<u>斯多噶派</u>和<u>基督</u>教有分別的性質:(*De l'économie du salut. Étude sur les rapports du dogme et de la morale*, Strasb., 1863)。 Voy. aussi Dourif, *Du stoïcisme et du christianisme considérés dans leurs rapports, leurs différences et l'influence respective qu'ils ont exercée sur les moeurs*, Paris, 1863. —Bonhöffer, *Epiktet und das Neue Testament*, 1911.

譯者注

(一) <u>希臘</u>哲學界中有三位<u>載楸</u>:第一就是<u>愛來阿</u>派的學者,大約生於紀元前四百九十年左右。第二就是這位<u>斯多噶派</u>的"先師",他到紀元前二百六十九年還在着,歲數已經很大,然則他當生於第四世紀中葉。第三還有一位<u>伊壁鳩魯派</u>學者,與<u>西塞婁</u>(死於紀元前四十三年)同時,另外 Diogenes Laertins 還説到一位<u>伊壁鳩魯派</u>的<u>載楸</u>,大約仍是這 位。

第二十節　懷疑派的反動,披婁
學派(Le Pyrrhonisme)[1]

亞里斯多德同時是一個熱烈的理論家和確信的定斷派(dog-matisme)。載耨和伊壁鳩魯雖然看抽象的科學無足輕重,由生活的視察點看起,倒承認它的重要;斯多噶學派在這一點同西尼克派有分別,他們覺得科學可以使我們在自然界和歷史裏面,認明神智(Providence),使我們服從神的威權,跟隨神的意趣;伊壁鳩魯學派覺得科學可以解除迷信和精神論的成見,——這些成見可以毒害我們的生存;按着這兩派的意思,真理總有一個標準。由德謨吉來圖和普婁塔轂拉斯所開創底懷疑論在 Elis 的披婁(Pyr-rhon d' Elis)[2] 的學說裏面重現出來,反對游行學派的定斷論。披婁和亞里斯多德同時,同亞里山大王很有交情。他同蘇格拉底一樣,同比較年少的同時人載耨和伊壁鳩魯也一樣,想得着内心無擾的境界(ataraxie);但是他疑惑玄學不能使我們得着這些。實在,不能有兩派的哲學對於主要的問題意見相同。思考不能使我們得着安寧,得着真正幸福,却使我們中心擾亂,意見不定,迷惑到無從辨別的地位。玄學無益,因爲它生出無窮的争論;玄學不可能,因爲一切事物,我們對於贊成或反對的兩方面全能證明(antilogia, antihesis tôn logón)。事物的真質是無法理解的(akatalêptos)。披婁覺得聖賢不作定斷的説明,或者這樣説,或者那樣説,對於判斷儘量地保留(epechein, epochê),小心防着由争論而生出的烈情。他也不肯作絶對的否定,也不肯作堅决的肯定。定斷派説認識是可能的,哲人派要證明認識的不可能,至於披婁同他這兩派全不相同。

　　醫生蒂孟(Timon)^[3]爲披婁的友人,並且很佩服他,有不少關係於懷疑論的著作,並有一篇諷刺的詩(silloi),在那裏面,他把玄學自從達來斯一直到亞嘉德謨斯派的亞爾塞西拉斯(Arcesilas)學説的互相矛盾,顯示出來,Eusebius 在他那本福音的預備(*Praeparatio evangelica*)裏面,把他這首詩保存一部分。他的學説撮要説起,有三個要點:第一,定斷派的哲學家没有把他們的出發點證明,歸結,它一定止能算些假説;第二,想對於事物有一種客觀的認識是不可能的:事物對於我們好像什麼樣子,我們可以知道,至於它們,脱離了我們的感覺和智慧的關係,到底是什麼樣子,我們却永遠不能知道;第三,如果想得到幸福,我們應該把無益的思考拋棄掉,並且跟隨自然界的定律走,絶無例外。

　　披婁學派用一種容易刺戟的形式使哲學家想到確定(certitude)是一個根本的問題,並且因爲在亞嘉德謨斯派和斯多噶派中間有衝突,這種懷疑的學説,不久就上了柏拉圖的講座。批評問題第一次發現,開闢希臘研究理性的時期;亞里斯多德死後不久又發現,希臘哲學衰竭的時代也就開始了。

原　注

〔1〕 Diog, L., X, IX. —Sext. Emp., *Hypot. Pyrrh.*, I. —R. et P., p. 333 ss. —Victor Brochard, *Les sceptiques grecs*, Paris, 1887. —L. Haas, *De philosophorum graecorum successionibus*, Würzbourg, 1875. —Ch. Waddington, *Pyrrhon*, Paris, 1877.

〔2〕 生於紀元前三百七十年左右。

〔3〕 Mullach, *Timonis Phliasii fragmenta*, p. 83 ss. —Wachsmuth, *De Timone Phliasio coeterisque sillográphis graecis*, Leipz., 1859.

第二十一節　亞嘉德謨斯派的懷疑論

亞嘉德謨斯派變成懷疑派，不過把他的原理說的過甚一點，並且有點像轉到他的搖床裏面去了。我們總還記得，懷疑論就是蘇格拉底和柏拉圖的出發點。中亞嘉德謨斯派和新亞嘉德謨斯派的首領的 Pitane 的亞爾塞西拉斯[1]和嘉爾奈阿德斯（Carnéades）對於這種演變，很有關係。亞爾塞西拉斯接續柯拉德斯的講座，又用蘇格拉底的方法，不肯講一定的學說，止盡力發展他那些聽眾的智慧，叫他們自己去思想，推究，分別真僞，他止講出一句定論：除了檢察一遍，無論什麼全不承認；他起首是批評派的哲學家，以後因爲反對定斷派的載耨就走到極端的懷疑論。載耨說明白的觀念（phantasiai kataléptikê）爲真理的標準，亞爾塞西拉斯反對他說，感官能使我們得到很多的幻覺。蘇格拉底曾說過：“我止知道一件事情，就是我無論什麼全不知道。”亞爾塞西拉斯對於他這種懷疑論更進一步說，“就是他這句話，我也不是的確地知道”。雖然如此，他並沒有走到按着他的原理能走到的最後的結果。他雖然說玄學裏面沒有確定，在道德一方面，他却同斯多噶派相合，承認有確定。但是他的繼續人按着名理，一定要把這種懷疑論推展到道德學裏面。

在他們裏面，頂前後一致的，就是嘉爾奈阿德斯[2]，他同第五世紀的哲人學派一點全沒有分別，他在道德和宗教的方面攻擊斯多噶派和在本體論及批評方面一樣。他辯論的天才很高，他能把斯多噶派的神學和普通的有神論裏面所含底矛盾全找出來。斯多噶派所說底神是世界的靈魂：他同靈魂一樣有感覺。感覺是一種變化（heteroiôsis）。然則斯多噶派所說底神，是可以變化的，但是能變化的東西，可以變壞，衰耗，並且死去。然則，斯多噶派所說底神不是永久的，他們所說有感覺的神却簡直不是神。並且他同具覺官的有一樣，是有身體的，這樣他已經不成一位不變的有。嘉爾奈阿德斯又說：如果神存在，他或是一位有限的有，或是一位無限的有。如果他有限，他就是事物總體的一部分，他是全體的一部分，並不是完備的和完善的有。如果他無限，他就是不變的，不動的，也沒有變態，也沒有感覺，這就是說：他並不是一位活動的和實在的有。然則，無論把神當作有限的有，或無限的有，全不能明白。如果他存在，他或是有身體或是無身體的：如果他無身體，他就是覺不到的東西；如果他有身體，他就不是永久的。神有德性或無德性：但是除了說他承認善是比他意志更高的一種定律，不能說他有德性，如果這樣，他就不是無上的有。如果說神無德性，他豈不是比人更壞的一種有麽？然則，神的觀念，無論從什麼觀察點看起，全是自相矛盾的。

　　嘉爾奈阿德斯對於權利，義務，責任等觀念，用同一的方法去攻擊它們。他有一次受外交上的使命，到羅馬去，他作了兩個講演：第一天的講演，頌揚正義，第二天就來反對正義。玄學固然無絕對的確定，道德也不能有確定。因爲沒有顯著的標準，我們在理論上和實行上得了接近（to pithanon，probabilité），就可以滿意了。

　　在新亞嘉德謨斯派裏面，嘉爾奈阿德斯以後的講師[3]，把懷疑論變成一種批評的折衷論，也還很有獨見的地方。以後，又變成一種盡信論（syncrétisme），他們把柏拉圖，亞里斯多德，載楙，亞爾塞西拉斯的學説混在一氣，并且也鬧不很清楚，西塞婁^{〔4〕}在古代的末期，在羅馬人裏面，就是這一派的主要代表。

原　注

〔1〕Pitane 地屬於 Eolie，他生於紀元前三百一十八年，死於紀元前二百四十四年。—來源：Diog. L., IV. —Sextus Emp., *Hyp. Pyrrh.*, I. —*Adv. math.*, VII. —R. et P., 404 ss.

〔2〕生於紀元前二百一十五年，死於紀元①之前一百三十年. —來源：Diog. L., IV. —Sextus Emp., *Adv. math.*, VII. —R. et P., 408 ss. —Victor Brochard, ouvrage cité. —Constant Martha, *Le philosophe Carnéade* (*Revue des Deux-Mondes*, t. XXIX).

〔3〕Philon de Larisse et Antiochus d'Ascalon.

〔4〕生於紀元前一百零六年，死於紀元前四十三年。他爲 Antiochus 的學生。屬於新亞嘉德謨斯派的觀察點的著作，重要的就是 les *Académiques*, le *De natura deorum*, le *De divinatione*, le *De Fato*, 至於道德學的著作 (*Tusculanes*, *De finibus bonorum et malorum*, *De Officiis*) 則屬於斯多噶派的惟心論，反對亞里斯多德和伊壁鳩魯的快樂論。

第二十二節　感覺派的懷疑論

惟心派的懷疑論，往上可以溯到愛來阿學派，至於普婁塔穀拉斯，亞里斯蒂普斯和蒂孟的感覺派的懷疑論，有一組的科學家接續下去；他們大半是些醫生，他們的研究同樣地得到這樣的結

①編者注："元"，原脱，據文意補。

論:絕沒有真理的標準,絕沒有事物自體的認識。亞爾塞西拉斯和嘉爾奈阿德斯從辯論法和它所不能免的衝突裏面找出來證據;至於經驗派的懷疑論,爲近世實證論的模範,在生理和經驗方面的事實上面建樹他們的學説。在這些懷疑的人裏面有一位愛奈西德穆斯(Énésidème de Cnosse)[1] 在他那研究披婁派的八篇書裏面,推明披婁懷疑的理由,這些理由使他自己疑惑到一種確定科學是否可能,塞柯斯徒斯(Sextus,)還把這本書給我們保存着很可寶貴的一部分[2]。這些疑惑的原因(tropoi ê topoi epochês),就如下面所説:

第一　具覺官的有,他們機體的組織,互相差異,歸結由同一的對象,可以生出來差異的或相反的印象。也就像有黃疸的人,無論看什麼全是黃的一樣。同一的對象,由各種動物看起,很可以看出不同的顏色和比例出來。

第二　人類的機體也有差異。如果我們對於一切的東西有同樣的知覺,我們大家要有同樣的印象,同一的觀念,同一的感情和趣向,但實在却不是這樣。

第三　在一個人的各覺官中間也有不相合的時候。一個對象可以對於兩個覺官生出來相反對的印象。一幅圖畫能使眼睛得一種痛快的印象,用手觸接,却很粗糙,一隻鳥非常美觀,却可以使聽覺不痛快。並且每一個可感覺的對象全由於很不同的原質所組成:比方説,一個蘋果就是由於光滑,香氣,甜味,黃或紅色所組成。然則可以有兩種的假定:所説底果品很可以是一種簡單的東西,它的本質也不是光滑的,也不是甜的,也不是有顏色的,它却對於每一個覺官,生出一種 sui generis(特別一類)的印象,這種印象屬於覺官特殊的本質。但是我們所論底蘋果也許不是簡單的東西，實在比我們所覺得底更繁複的多；它很可以包含着無限別種的原質，非常真實，但是我們對於它們一點也不能認識，因爲我們大約沒有與它們相當的覺官。

第四　因爲感覺主體所處底環境和情形不同，他的印象也就分出無限的差異，我們當醒覺或睡眠的時候，老年或少年，健時或病時，在大腦清醒或酣醉的狀態，觀物全不相同。

第五　因爲對象的遠近不同，地位差異，認識也就不能確定。一個正走的船，從遠處看，好像靜止一般：白晝燃燒的光無法看見；一個象從近處看狠大，從遠處看却小：鴿子頸脖的顏色順着觀察人視察點的不同，就變了顏色。然則現象總受位置和遠近（與對象相關的）的限制，並且我們觀察的對象，一定要在某一位置和某一距離。我們很可以説，它們在某種地位和在某種距離，是什麼樣子；但是萬不能説，它們離開這些關係，自身的確是什麼樣子。所以經驗永遠是相對的。

第六　絕没有一種純粹的感覺：對於每種感覺總有些另外的原質攙雜進去，這些原質或是從外界進去，或是從我們自身裏面發出來。聲音在濃厚的空氣裏面和在稀薄的空氣裏面發音不同。香料在一間屋子裏面和在熱的地方，比在大氣裏面或冷的地方發的氣味更覺强烈。物體在水裏面，比在空氣裏面更輕，所以在感覺裏面，我們應該留神我們自己所加進去底東西，——或從身體方面，或從智慧方面。我們應該留神到眼睛，眼睛的纖維，眼睛的液體對於視覺所生底影響：我覺得某物件是藍的，我的鄰居却看見它是綠的；歸結，應該注意我們智慧的影響，智慧把我們覺官所得聚成觀念或總念的時候,或者要使它們受一種變化。

第七　性質隨着數量變化。一整個羊角是黑的,我把它削下來看,却成了淡白色。酒喝一點,可以令人强壯;喝的多,就可以令人衰弱。某種毒藥,當它没有攪和的時候,可以殺人;當我們加進去别的物質時候,就可以治病。

第八　我們止看見些現象和關係,我們永遠不能看見事物的自身。我們知道它們同别的事物和同我們相對是什麼樣子;我們絕對不知道對於他們自身却是什麼樣子。

第九　懷疑還有一件最後的原因,並且是最有力的。就是因爲我們要受習慣,教育,社會環境,宗教環境的影響。我們終天看見太陽,一點不奇怪,偶而看見彗星就非常地驚訝,雖然説,普通的事物或者要比稀奇的事物實在的價值要高的多,我們總是看起稀奇的事物,蔑視普通的事物。猶太人生長在耶和華的教義裏面,覺得 Jupiter 不過是一個偶像;希臘人生長在 Zeus 的教義裏面,覺得耶和華是一個假神。設想猶太人生在希臘,希臘人生在猶太,他們的思想又要顛倒過來。猶太人不食動物的血,因爲宗教禁止他們;希臘人隨便拿它作食品,因爲①他們的教士没有覺得這件事情不方便。有一個地方,就有一種特别的風俗。説神的自身,離開人類觀念的時候是什麼樣子,把我們的概念全提出來以後,認識善惡的自身,是什麼樣子,好像永久是不可能的事情。

這位哲學家對於因果的觀念也加了一種批評[3],近世的休謨又要把他主要的思想再講出來。愛奈西德穆斯覺得因果的關係,

---

①編者注:"爲",原誤作"我",據文意改。

無論在物體中間,無論在精神中間,無論在物體和精神中間全不
能明白。一個物體的作成因,不能是一個物體:實在我們不能明
白單一怎麼樣能生出二,二怎麼樣能生出三,以下類推。由於同
一的理由,這也不能是一件非物質的有。一件非物質的有,也不
能觸接到物質,也不能受物質的觸接;也不能對它動作,也不能受
它的動作。物質的東西不能產生非物質的東西,並且可以反過來
説。因爲,結果必要地與原因的本質相同:馬永遠產生不出來一
個人,並且可以轉過來説。我們所叫作原因的物件,止能有物體
或非物質的有。然則用原因這個字的本義來講,就沒有原因。

如果我們從運動和休息的觀察點來看,也要得着同樣的結
果。實在,休息產生運動,或運動產生休息,是不可能的。休息產
生休息,運動產生運動,也是不可能的。

原因或是與他的結果同時的,或是在結果的前面的,或是在
後面的。照着第一説,結果也可以是原因,原因也可以是結果;照
着第二説,當原因動作的時候,并沒有結果,當結果產生的時候,
已經沒有主動的原因了。第三説的迷謬不必再論。

我們所叫作底原因,或者由於它自身動作,或者由於一個居
間者。按着第一説,原因應該常常並且在無論什麼情形全動作,
經驗已經證明不是這樣的:按着第二説,居間者同自稱原因的事
物,一樣可以叫作原因。

所可説作原因的事物,或是有惟一的並且同一的本質,或是
有許多的本質。照着頭一説,所稱底原因應該常常地動作,在各
種環境裏面,總是同樣的動作,實在却不是這樣。比方説,太陽有
時候熱,有時候却不熱,有時候單發光,也不暖,也不熱;它照着粘

土就使它堅固；照着皮膚使它變成褐色，照着果皮使它變紅；然則太陽要有各種的本質。但是另外一方面，我們不能明白它怎麼樣能有，因爲它如果有，它要一下子把一切全燒焦，全融化，全變堅固。

如果要分開说，它所生底結果係於在它光綫下面所陳列底物件的原質，這就是说懷疑論有了理由；這就是承認它所凝結底粘土，它所融化底黃蠟同太陽一樣是原因；結果，真正的原因就是太陽光綫和物件的接觸。但是正是這種接觸無法可以明白；它或者是間接的，或者是直接的。如果是間接的，這就是说没有實在的接觸，照着第二種说，這兩個物件融成一片，也没有接觸。

結果的動作，接受的動作或被動，也是無法明白的。接受就是说它的有減少到一定的限度。儘我受動的時候，我簡直不存在。然則，受動就是同時存在和不存在：這是自相矛盾的说法。並且生成的觀念，包含着很顯著的矛盾，黏土變成硬的，黃蠟變成軟的，這種说法是荒謬的，因爲如果這樣说，那就是要说黏土同時是硬的和軟的，黃蠟同時是軟的和硬的；那就是说不存在的東西存在，存在的東西不存在。然則絶没生成。歸結就無所謂因果。因果關係的不可能，就因爲生成的不可能。

後於愛奈西德穆斯約一世紀，又有一位懷疑派學者阿柯黎巴（Agrippa），有同樣的主張。他的理由就是说：我們的觀念有相對的和主觀的性質；哲學家互相争論，他們對於假说，有點偏愛；他們的論證法，是自相循環的（sur leurs cercles vicieux）[4]，歸結三段論理法不能給我們確定的結果，因爲一切的大前提全是另外一個三段論理的結論，依此推下，以至無窮（regressus in infinitum）。

　　希臘最後和最勇敢的懷疑派學者，要數塞柯斯徒斯・昂披里庫斯（Sextus Empiricus）。他是一個醫生，邃於考古，於紀元後三百年左右居住亞里山大城。他給我們留下些寶貴的著作：披婁學說的活現（les *Hypotyposes pyrrhoniennes*）和反對數學家論。他覺得科學因爲原理的顯著，成了定斷派和玄學最後的遁逃藪，所以竭力排擊。他不但宣言文法，修詞學，音樂，天文及哲學自身的知識不確定，並且攻擊數理和幾何學。他覺得幾何學有根本的矛盾，因爲綫同時是有廣延的，却由於無廣延的點所組成。然則無論在那一種科學裏面全不能有確定的特享權。數學也就像物理學，論理學也就像倫理學，在理論裏面和在方法裏面一樣，一切全是含混的，可疑的，自相矛盾的。就是這個結論：一切的科學全是不確定的，披婁真正的懷疑論，也不能無保留地説出。堅定地説游行學派所説底玄學（這就是説對於事物自身的知識）不可能，那却又成了定斷論和玄學。披婁派覺得這就是新亞嘉德謨斯派懷疑論的錯誤，因爲它不過是一種消極的定斷論。真正的懷疑論，對於無論什麼樣的絕對判斷，全不肯説。它守一種完全的中立（epochê），即使説不能達到絕對的無情，儘少要達到道德上的平衡（metropatheia），這就是真正的幸福。懷疑派的學者和斯多噶派及伊壁鳩魯派的學者一樣，頂重要就是尋找一種實用的目的，但是它達到這種目的的路却是躲避一切的本體論。如果它忽然高興，把它當作定説，並且疑惑它自身，實在，它的學説就是不要有學説。

　　但是在事實上，極端的懷疑論因爲它疑惑它的自身。對於亞嘉德謨斯派的接近論却讓步了。

原　注

〔1〕 <u>愛奈西德穆斯</u>(Ainêsidêmos)生於 Cnosse en Crète,大約在西曆紀元
　　 之初,生活於<u>亞里山大城</u>。

〔2〕 Sext. Emp., *Hypotyp. Pyrrhon*, I. —Diog. L., IX. —R. et P., p. 453 ss. —
　　 Victor Brochard, ouvrage cité.

〔3〕 Sextus Empiricus, *Adv. math.*, IX, 220 ss.

〔4〕 比方説,<u>斯多噶</u>派用世界的完善證明<u>神</u>的存在,又用<u>神</u>的存在證明
　　 世界的完善。

第二十三節　科學的運動^{〔1〕}

　　當哲學這樣進到一種無可生發的懷疑論,停住不動的時候,
科學反倒同原始的哲理分離開,在<u>地中海</u>的<u>希臘</u>殖民地的島嶼和
<u>埃及</u>,有一種可驚的進步,——在那些地方,當<u>希臘</u>版圖還未進化
的時候,數學已經很進步了。不錯,經驗的科學當時進步的很慢。
它同哲學一樣的麻木,因爲它相信覺官是欺騙的,理性也没有方
法來改正它。並且無論在什麼地方,<u>希臘</u>人的天才絶無忍耐,高
興向着推理和由先思考去走,不很喜歡作觀察和經驗時候的瑣碎
的辛苦。但是推理有重要位置的科學,比方説,數學和數學在物
理學裏面的應用,一句話説完,精密的科學,進步的很快。止有它
們逃掉普遍懷疑論的束縛。無論經驗論怎麼樣來攻擊,大家總不
能合理地來疑惑這一類的真理,比方説,二二如四,一個三角形的
三角之和等於二直角。

　　<u>畢達戲拉斯</u>的歷史,在<u>西昔利島</u>中接聯下去,希開塔斯
(Hiketas)和<u>亞奇默德</u>(Archimedès de Syracuse)在那裏,於紀元前

三世紀發明一種天文學説，同將來哥白尼（Copernic）的學説很有點相似。這第二位大科學家在物理學裏面，發明比重的方法，發熱的鏡子，螺旋機；在純粹機械學裏面，建立槓杆的理論。有一個畢達戮拉斯的同鄉，阿黎斯塔爾舉斯（Aristarque de Samos）同時用月的半面測量地球和太陽的距離，並且頂重要的——因爲上面所説底方法早已證明不能實用，——就是他想用地球繞日的假説來替代亞里斯多德地球中心的學説。這種理論爲塞萊舉斯（Seleucus，巴庇倫的 Seleucie 人）所采用，兼説明，但斯多噶派學者攻擊他污慢神祇，並爲亞里山大城頂有名的天文學者——雖然不是頂超出的——溥多萊默烏斯（Ptolemaeus）所排斥，止有在近時，賴哥白尼，愷布爾（Kepler），加黎萊歐（Galileo）的力量，才勝過反對的議論。

　　在地中海南岸，亞里山大王於紀元前四世紀所建樹底亞里山大城，在溥多萊默烏斯（Ptolemaeus）王朝，同時成了科學的和商業的中心。柏拉圖和亞里斯多德的合法承繼人，不能在雅典，卻須要到亞里山大城出找。雅典因爲不承認科學的重要，地位就永遠被奪。亞里斯多德的精神過在他的學生身上，並且從亞里山大王過到埃及的溥多萊默烏斯王和他的承繼人。他們在埃及新都所建立底博物院是一種可驚異的制度，一種增進學術機關的試辦，無論在古代或近代，沒有比得上它的建設。各國的科學家，在那裏，全受國家的供養；一切附近地方，成千成萬的學生，全到那裏去。博物學家在那裏得着一個植物園，一個富庶的動物陳列所，一個解剖學的大講堂；天文學者有一個觀象臺；文學家，文法學家，哲學家有極富的圖書館，在紀元後頭幾世紀，所藏底圖書達到七十萬本。歐几里德（Euclides）於紀元前二百九十年附近，就在那裏著作他的幾何原本，叶和，視學，反射學論；Eratosthenes 於 Ptolemaeus-Philadelphus 王朝爲王家的守藏史，就在那裏，盡力於天文，地理，歷史上有名的著述；Apollonius de Perge 就在那裏著作他的圓錐術；Aristyllus 和 Timochares，就在那裏作些觀察，可以爲天文家 Hipparcus 發現春秋分點退却運動的根基；溥多萊默烏斯就在那裏著他的天文觀測——這本書一直到哥白尼的時候，成了天文學裏面無人抗議的法典，——和他的地理學——這本書在歐洲學校裏面，用了十四世紀。從這個時候起，地體的圓，地的極點，軸綫，赤道，南冰圈和北冰圈，二分點，二至，地面上氣候的不等，在科學家成了一種常識。月體面上的構造完全明白，雖説恒星中間距離的計算，還没有完全成功，却是不住地有人尋求。

另外一方面，文學，美術受宮庭的保護，得到很精細的研究。文學，文學歷史，文字學，批評，全成了科學。屬於本國名著的抄寫，外域名著的翻譯，日日加增，在這裏面就有希伯來的聖書翻成希臘人的土語。以後由於佛教徒，猶太人，希臘人，埃及人的接觸，極不同的宗教彼此互相認識，一方面產生一種比較的神學，另外一方面，各種信仰作了一種溶化，成了一種宗教折衷論，要給天主教的統一事業預備道路。

原　注

〔1〕Montucla, *Histoire des sciences mathématiques*, Paris, 1758. 頂重要的，就是頭兩本。—Delambre, *Histoire de l'astronomie*, 7 vol., Paris, 1817–23. —Draper, *Histoire du développement intellectuel de l'Europe*, trad.

Aubert, t. I, Paris, 1868. —Chasles, *Aperçu historique sur l'origine et le développement des méthodes en géométrie*, 2ᵉ éd., 1875.

第二十四節　折衷論(Éclectisme)[1]

亞里山大城科學的運動於紀元後第二世紀,由於羅馬的集中,忽然停止。希臘的天才,從這個時候起,現出來衰頹的徵候,絕無含混。文學,美術凋謝的很快。哲學中了懷疑的病,成了不治之症,並且去了乳養它的本國,無從發育。從加連(Galien)醫生和天文家溥多萊默烏斯以後,物理的科學停下,不再進步。在一方面,他們先人的宗教成了一種討嫌的和可羞的東西;另外一方面,替代宗教的道德在伊壁鳩魯派的庸俗和斯多噶派的烏託邦中間,震搖不定;道德所傾向底理想:人生的安寧,大家愈想接近它,它愈逃得遠。希臘的思想到這個時候,筋力衰耗,回想到它有創造能力的日子,有無限的感慨:它對於歷史,古物,——一個字包完,它對於過去很有興趣。它對於懷疑論的自身一樣懷疑,不能再找出自出機軸的學說,止好折衷別說,作回憶的生活。過去各學派各有各的原理,各有各的印記,各有各的個性,亞嘉德謨斯派,里塞烏穆派,斯多噶派,經過三世紀的爭議,漸漸聯合起來,化成一種無色彩的全信派(syncrétisme)[2]。

並且,能力消耗,還不是各派溶化的惟一原因。止要猶太教保存着它那民族的和極端的性質,沒有大可怕的地方。但是,當 Aristobulus[3] 和 Philon d'Alexandrie[4] 盡力聯合摩西教和柏拉圖學說的時候,當耶穌和他的弟子保羅把它去掉猶太民族形貌的時候,就沒有什麼東西來反對它在希臘、羅馬地方的進行。公衆的意見從很長的時候，已經歸向一神論。游行學派和斯多噶學派彰明地講一神論。但是止爲念過書的人說法。基督教才真是一種宗教。它頂重要是通俗的，偏喜歡對不識字的人，貧人，細人，一切希望有較好世界（basileia tou theou）的人說法。然則它成了一種勁敵，對於它，應當整齊步伐。並且把古代哲學散漫的社員團集起來。

他們用畢達殼拉斯和柏拉圖反對聖書所談底神示；用柯塞耨法奈斯，蘇格拉底，亞里斯多德所講底神反對猶太人和基督教的神。他們仿照斯多噶派和不少的柏拉圖派學者，用一種萬有神論的意思，把沿襲的多神教和一神教聯合起來，他們說有一位無上的和沒有人格的原始，在一群次等神祇裏面，漸漸取得人格；這是一種演變論，到了一神教的軍中，譯成能知派（gnostique）的 *éons*[5] 和加巴爾教（kabbaliste）的 *sephiroth*[6]。他們順着希臘人的天才，反對基督教的傾向，接續着說美和善是相同的，醜和惡，玄學上的惡和道德上的惡也是相同的。他們說善是從精神，形式的或意象的原始生出，惡是從同意象爭鬥的物質裏面生出。有些人覺得神是一位中性的原始，超出智慧和物質的上面。智慧，物質全是他産生的；有些人覺得神同精神或意象的原始是相同的；他並不是兩個相反對原始的統一，却同物質相反對，物質在這個時候並不是他所産生，他的女兒，却是與他有同樣永久的敵人，同他的能力是相等的：這一種或多或少的絕對二元論，轉過來，使它的敵人受它的影響，在能知派的異端裏面反射出來。他們想着：如有止有神一位沒有罪孽，就是因爲止有他沒有物質，因爲物質是惡的源泉，一切具物體的人全是罪人，就因爲他們具有身體。他們有些人從此結論到罪孽的必要性，有些人結論到聖賢應該苦業

修行,錘治身體。他們用柏拉圖靈魂與物體分離得以不死的學說
反對基督教徒對於肉體復生的信仰;用靈魂預先存在和物質永久
的學說反對從無(*ex nihilo*)的創造。

　　他們並且對於敵人作很多的讓步。止要敵人肯把歐爾凡烏
斯,畢達戮拉斯,柏拉圖,同摩西,愛塞(Essaie),保羅放在一道綫
上面,承認希臘古代的思想家爲永久 logos(道,天理等意)的機
關,他們就願意同他接洽。他們宣言一切的宗教全是姊妹,爲從
一種太初的神示所生出來底幾個女兒,民族的差異使他們向各種
不同的方向變化。頂自由的文人 Moderatus[7],Nicomacus[8],Nu-
menius[8] 很高興把摩西叫作猶太的柏拉圖,把柏拉圖叫作阿蒂各
的摩西,但是,差不多没什麽例外,新宗教的教徒拒絕折衷派的調
和。他們雖然樂意對於散布於柏拉圖著作裏面的真理前面低首,
却不承認柏拉圖自己發明,說他是在聖書裏面找出來的。

　　對着基督教的論據,希臘的哲學不得不變換前幾世紀爭論的
習慣。在希臘的教會裏面,有幾個神父,性情忍耐並且考古頗勤;
除了他們以外,通常的基督教徒仿效猶太教徒,除了聖書的解釋,
就不承認有別種哲學;除了與經典裏面的神示相合,就不承認有
其他真理的標準。然則,對於基督教義,應該在古書裏面找出原
文,如果不然,就要下旗停戰;從純粹理性抽出的論據,不根於證
據的爭論,從此不能再用。所以這個時候的哲學家,對於他們的
先哲,頂著名的,就是柏拉圖和亞里斯多德,研究的非常地熱烈,
他們這種熱烈變成一種真正崇拜文字偶像的宗教,同他們敵人崇
拜文字的偶像一樣極端[9]。阿蒂各大哲學家的著作成了他們的
聖經,無論它們的内容和形式,全成一種超自然界的神示。他們

宣言這些著作，是無從比擬的，並且覺得每字每句，全有神的翼助，文字學者，文法學者，批評家，聯合起來，對於原文加以解析，刷洗，定明，解釋。這些喜歡形式的希臘人，不但高興效法他們思想的樣式，並且覺得柏拉圖的文筆同著作內容差不多有同樣的價值。Alcinoüs[10]，Atticus[11] 解釋柏拉圖的著作；Alexandre d'Aphrodisie[12]——我們止提一位頂有名的注疏家——用他的考古智識和銳利的眼光，説明亞里斯多德的著作。

在不少的注疏家裏面，順文解釋的法子，産生出來頂奇怪的迷信。Philostratus[13] 在他所著底 Apollonius de Tyane 的傳記裏面，對①於這位畢達毅拉斯派學者，由他的弟子 Damis 所談底的靈迹，好像絶無疑惑地，就承認下去[14]。Plutarque de Chéronée[15] 和 Apuleius[16] 確定地把形式當作內容，譬喻當作真確的思想，把柏拉圖當作頂粗淺的超自然教的聖徒。但是另外一方面，Ammonius Saccas[17]——這是亞里山大城新柏拉圖學派不著名的創立人——和他的群弟子：Longin[18]，歐黎格奈斯（Origenes）[19]，Herennius，普婁蒂努斯對於這位大惟心派學者的思想穿進的很深。在新柏拉圖派裏面，尤其在普婁蒂努斯的著作裏面，希臘的精神。好像又凝集一次；他把十世紀中對於神，世界，人類運命各問題思想的成績確定地，莊嚴地明示出來。

原　注

〔1〕來源：Suidas. —Les *Traités* de Philon le Juif, de Plutarque et d'Apu-

_____

①編者注："對"，原誤作"封"。

lée.—Eusèbe，*Praep. evangelica*，XI，XV；etc.

〔2〕我們已經指明在<u>亞嘉德謨斯</u>裏面(第二十一節)，這樣溶化由 Philon de Larisse 和 Antiochus d'Ascalon(紀元前第二世紀)作出。<u>斯多噶派</u>從最初的時候就有折衷派的傾向，很早就向那方面走(Boëthus de Sidon，Panétius，Posidonius)。止有<u>伊壁鳩魯派</u>忠實守着先師純粹的學説最久(Sénèque，*Ep.* 33)。

〔3〕住在<u>亞里山大城</u>的<u>猶太</u>人的神學家，爲 Ptolémée Philométor 的同時人。在 Clément d'Alexandrie et Eusèbe 的書裏面，還保存些他的逸文。

〔4〕<u>猶太</u>人的神學家，與耶穌同時。他還留下不少的著作，大部分爲<u>舊約</u>的注解。想要調和<u>聖書</u>本文和他那世紀的哲學，他就同 Aristobulus 一樣，用象徵(*allégorie*)的講法。他對於 logos 的理論(<u>神</u>的顯示的語言[verbe révélateur]，神的兒子，第二<u>神</u>)，將來過到<u>基督教</u>裏面(*Evangile selon saint Jean*，I)。—*Philonis Judaei opera omnia*，éd. Richter(4 vol. Leipzig，1828-29)。

〔5〕參考第二十七節。

〔6〕參考第四十四節。

〔7〕紀元後第一世紀。

〔8〕紀元後第二世紀。

〔9〕古代哲學家的真正著作還不够，又造出些 les *Orphiques*，les *Livres d'Hermès*，les *Oracles Chaldéens*，etc. 這是造假古董的黄金時代。

〔10〕紀元後第一世紀。

〔11〕紀元後第二世紀。

〔12〕在二百年左右。除了使他得了最重要的解釋家的名號的<u>注釋</u>以外，我們還有他兩本自出機軸的著作:peri psuchês 和 peri heimarmenês k. t. 1.(Venise，1554. Trad. par Nourrissier，1870)，在那裏面，他表示出

來反對斯多噶派的限定論。

〔13〕 在二百年左右。

〔14〕 紀元前第一世紀。

〔15〕 在一百年左右。

〔16〕 第二世紀。

〔17〕 二百年左右。要看：Jules Simon, *Histoire de l'école d'Alexandrie*, 2 vol. in-8, 1844-45. —Vacherot, *Histoire critique de l'école d'Alexandrie*, 3 vol. in-8. —C. H. Kirchner, *La philosophie de Plotin*, Halle, 1854(en allemand).

〔18〕 擬想爲 Peri hupsous 的著作人。

〔19〕 不要同基督教的 Origenes 鬧混，他叫作 *Adamantinus*，也是 Ammonius 的弟子（第二十七節）。—Harnack, *Dogmengeschichte*, 4ᵉ éd., I Supplément. —Richter, *Neuplatonische Studien*, 1 - 5, 1864 - 67. —J. Réville, *La religion à Rome sous les Sévéres*, 1886.

第二十五節　普婁蒂努斯（Plotinus），新柏拉圖學派（Néoplatonisme）

普婁蒂努斯爲埃及 Lycopolis 人，受學於 Ammonius Saccas，於紀元後二百四十四年附近，到羅馬去，在那裏教授哲學二十五年。他在那裏建立的學派得到各地方，各種職業的弟子；醫生，修詞學者，詩人，元老，並有一位皇帝和一位皇后，Gallienus 和 Salonina，成了羅馬地方所有底哲學，科學，文學家的匯集所。他們在那裏解釋阿蒂各的哲學家，並且對於他們作出一種教儀，和基督教徒對於耶穌，聖徒，殉教者的教儀相仿，——這個時候基督教徒很多，並且有勢力。普婁蒂努斯到五十歲才開首著作，到死的時候

（二百七十年）留下五十四篇講哲學的著作，他的弟子<u>鮑爾斐盧斯</u>（Porphyrus）把它集成六個 *Ennéades*，九篇一集，共爲六集，傳布出來[1]。

九篇集（*Ennéades*）裏面主要的意思，就是一種分播派的萬有神論，把世界當作神聖生活的一種宣露，一種按階級的散布，歸原於神就是生存最後的目的。宣露的次序，就是：先有精神性（spiritualité），漸次有活動性（animalitê），物體性（corporéité）；歸原的程叙就是：感覺，推理，神秘的直覺。我們現在跟着著作人來看有的階級，第一按着它的原理，第二按着它的三級。

一　神　一切的有全是由於一個物質和一個形式所組成：神（<u>一</u>，<u>形式</u>）和物質（hulê）爲基礎的原始，就仿佛是世界的兩極。神爲産生一切的潛勢（dunamis），主動的能力；物質爲接收一切，生成一切的潛勢，變化無窮，同絶對的現實（energeia）相反對。但是它雖然接收形式，對於形式，却不是絶對的反對者，解析到底，止有一位無上的原始：形式，單一，神。

神聖的單一絶不是數量的；數目的單一必須另外有二，三等數目，至於神聖的單一等於無限，包括一切。它是不可分的，並不像數量的單一，可以由於它的部分，推至於無限；它超出我們的概念，爲靈迹中的靈迹。它産生一切，並且無論什麼全不能産生它：它是一切美麗的源泉，至於它的自身却並不是美麗；一切形式的源泉，它的自身却是什麼形式全没有；一切思想，一切智慧的源泉，它的自身，却不是一位思想的和智慧的有：它是一切事物的原始，衡量，目的（pantôn metron kai peras），他的自身，真正説起，却不是一件事物。它是純粹的思想，一切具體思想的母親，使我們看見一切事物的純粹光明，歸結，使我們看見平常所不能分辨底物件的自身；它是慈善的原始，最高的善，却不像具慈善的衆生所能作出底善。它沒有善，也沒有美，也沒有智慧，它就是善，就是美，就是思想的自身，說神有內意覺（l'aperception interne），成一位有個體的有，那却把他縮小了。我們對於我們自己所有底意識，對我們算是一種好處，對於神却不算。黑暗的東西，用視官尋找光明；光明的自身是否還需要看見呢？並不是說無上的有同木石一樣的無意識和盲目，他超過無意識和意識的上面；這種意識與無意識的衝突對於他並不存在。神也沒有意志，——用這個字人類的意思；他什麼目的全沒有；他止要並且欲望他的自身；因爲在他的外面，絕沒有可欲望的東西；他就是和平，休息，無上的滿足；他也不像靈魂一樣的自由，也不像物體的奴隸；自由的意志（libre arbitre）在兩種相反對的限定中間浮游，至於物體，受一種外界勢力的衝動，神却超出這兩種的上面。我們無論給他一種什麼樣的性質，全可以限制他，所以我們不應該給他一種屬性；他同時就是全體，並且我們所能幻想底，他全沒有；無論給他什麼樣的性質，全是節裁他。

所以普婁蒂努斯在上面所給他底名字（一，善，純粹的思想，純粹的現實），他不得不自己宣布它們的不完備（inadéquate）；我們對於神所能說底，止有他超出一切所能想出底和能說底上面。確切地說，我們簡直無法說他存在，因爲他超出有的上面，他是無上的抽象，我們除却用絕對的，極端的抽象，不能達到他的地位。我們想明白意象，已經需要對於感覺所獲得底，加以抽象；神在一切意象的上面和意象在感官所接事物的上面一樣；然則想達到神的地位,應該對於一切意象加以抽象,思想應該達到事物極巔以後,把攀援他的梯子拋開,把自身拋開,成了瞻仰,頂禮。或想用思想,或想用語言來確定神,全要把他喪失。

柏拉圖所說底神比有高,却不比意象高[2];他就是一切意象的王后和意象的自身,爲理性所能企及;新柏拉圖派所說底神,因爲比意象自身還要高[3],所以逃到思想以外(epekeina noêseôs)。這就是兩學派的差異,很應留意。但是不要走的太遠,想拿惟理派的柏拉圖反對神秘派的普婁蒂努斯。普婁蒂努斯覺得人類必須勵志精神生活,預先經過在俗見(doxa)和哲理(gnôsis)中間一切階級,才能同絕對聯合。思想雖然不能進到神龕裏面,我們想得引導,走到廟門前面,却是非它不可;並且如果走到目的點以後,謝去引導的居間人,這並不是說居間人没有用處。我們曾經看到,亞里山大城的神秘論的一切的原素,已經全包涵在柏拉圖的學説裏面:這就是説,對於哲理的愛情,聖賢對意象世界的熱感和沈迷(l'enthousiasme, le ravissement)[4]。

宇宙從絕對裏面出來,就像光綫從太陽分播出來,熱從火分播出來,結論從公理分播出來一樣。神就是慈善,就是希望一切事物存在的父親[5]。但是在從他身中分播出來的事物,有一種暗昧的或明白的欲望,想轉回到他那裏去(epistrophê)。大家全是周圍着他攀援,想着來接近他。個體並不是確定的存在;它是從神(事物的原始)到神(它們在意象上的目的)的過渡;從無限潛勢(dunamis)的神到絕對現實(energeia)的神的過渡。如果世界成一種叶和的系統,就是因爲一切事物全向着同一的絕對走。眾有向着神聖本源這樣的回轉,止有思想,瞻仰,直覺(theôria),才可以使靈魂得到它所需要底無上的滿意。注意到，看見，瞻仰，是一切動作，一切傾向，一切運動的目的。每個有按着它自己的樣子尋找絕對。有些人篤好深思，有些人篤好實行；普婁蒂努斯覺得這第一種人比第二種人高尚。這兩種人想向同一的目的；但是這第一種由頂直接的路往那裏走，就是說用思想往那裏走；至於第二種人順着無限轉灣的路往那裏走：因爲動作是思想的一種錯軌，表明他的知能比較地没有能力（astheneia theôrias）。看見不止是生命最後目的，實在就是生命的自身（ek theôrias kai theôria esti）。動物，植物，一切的有，全禀受有意覺。解析到極點，一切的生命全成思想；因爲神是一切事物的創造者，我們可以同亞里斯多德一樣，並且除了上面所説底保留，可以説神是純粹的思想，除却他的自身，没有其它的對象，他是在原始上的智慧，直覺的能力；這種直覺，雖不看他自己，却使我們看出一切的事物。

二　有的三階級。　I智慧爲神最初的分播物，在世界裏面最爲偉大；此後的分播物就越來越不完善；創造爲神聖的一種墮落，一種漸次降級。在智慧裏面，神聖絕對的統一性，自倍起來，成了狹義的智慧（nous）和可理解的世界（noêtos kosmos），分出主體和對象（用近世的意義）。雖然如此，智慧同物體相比較，差不多還算一種絕對單一：儘少説，可理解的世界和瞻仰它的理性，在時間和空間上，還没有分離開；智慧和可理解的世界這個還在那個裏面。意象就包涵在明白的智慧裏面；智慧同意象是不可分的。

神聖的單一，怎麽樣分播成這最先的二元，這同神的自身有同樣的神秘。大家所能給它合理的解説，全不能使我們滿足。人家說,如果雙元從一元裏面發出來,這就是因爲雙元的種子已經包含在一元裏面。但是如果這樣,一元已經是雙元——並不是絕對意思的一元了。其他的人,說<u>一</u>同<u>全體</u>一樣。但是如果<u>神</u>不過爲萬有的總數,他不過是表明加法結果的一個字,不成一切事物所從出,實在無上的原始了。雖然說因爲<u>神</u>爲萬有的真質,所以我們可以把它叫作<u>全體</u>(pan),但是如果在時間上,他不比<u>全體</u>古,在名分上,他要比<u>全體</u>高(pro pantôn)。有人想講明分播,把它叫作最初單一的一種分解;但是神聖的單一絕非數量的,爲不可分剖的。有人把它比作發光體的散光(perilampsis),比作太陽的散光,比作永久洋溢的杯子,因爲它的包涵無限,不能包容。這些比喻,無論怎麼樣的美,全是從物質世界借來的,不能講明非物質的世界。然則分播實在是一種靈迹(thauma),同<u>神</u>的自身一樣。

<u>意象</u>[6]有兩種:一方面就是類(genê)或萬有的普通形式,就是說:有(on),同(tautotês),異(heterotês),休息(stasis),運動(kinêsis);其他一方面就是個體在種類上的模型(eidê)[7]。我們可以把一切的類,看作惟一的有的變態,把一切種類模型,看作聚成一個獨一的有:普遍的<u>模型</u>或宇宙的<u>意象</u>(kosmos noêtos)。在可見的世界裏面,一切的有,在可理解的世界裏面,全有它相當的<u>意象</u>,最高的模範。不但有人的<u>意象</u>,並且有蘇格拉底的<u>意象</u>,柏拉圖的<u>意象</u>等等,這就是說意象同個體一樣多。我們每一個人使一個分明的<u>意象</u>現實。然則<u>意象</u>並不是爲個體(過而不留的)總數的種類,卻是從永久方面看的個體。<u>意象</u>的數目,雖然同個體一樣多,它卻不因此就是無限的。我們的幻想,可以無限,個體的

數目,在它們自身並不是無限的:如果不然,宇宙就不是一個完善的有(在希臘人的意思,完善就是完成[zôon panteles]):個體的模型:意象,也是這樣,在神的女兒(智慧)中間,有限定的和不變的數目。

II 靈魂　智慧同它所從出的絕對一樣,也是能創造的,但是它的創造力量小些。從他分播出來的事物,就是靈魂(psuchê)[8],同智慧相彷,却較低。果然,理性從他自身裏面可以得着意象,意象就是它内含的本質,它的實體:靈魂就需要尋找意象。由反想(dianoia)升到意象,並且由這種用力所得到底並不是意象的自身,却是它們的多少還算完備的表像,簡單的總念(logoi)。它並不像智慧,爲立時的和完全的直覺,它不過是推尋的思想,解析。

它附屬於智慧,就傾向着智慧,也就像理性傾向神一樣。它的職任,就是變成智慧由先的狀態,就是說變成有智力的(noera)。也就像止有一個絕對,一個理性,一個可理解的世界一樣,在一切個體靈魂的深處,止有一個靈魂,由無限變化的形式,發現出來,這就是世界的靈魂(psuchê tou kosmou)。靈魂同一方面瞻望絕對,一方面產生靈魂的智慧相似,它也有兩種的勤動:一種是静思的,向内心(for intérieur)去的,在内心可以找出意象和絕對,另外一種,是向外的,創造的。至於它的發散物比它更不完善,這就是物體[9]。

III 物體　無論一切事物的根源,有什麽樣的距離(神爲單一,物體却是最著的繁複),物體還帶着點神聖的標識。智慧有它的意象,靈魂有它的知覺,物體有它的形式。物體由於形式,還

與上級的有有關係;形式對於物體,就像特殊意象對於靈魂,普遍
對於智慧一樣:爲絕對的一種反射,神的一種痕迹。物體的形式
表示它們所有實在的部分,物質表現它們欠缺實在的部分。它們
的形式就是它們的有;它們的物質就是它們的無。物體的本質
(phusis)在有無中間浮游,不很明了;它是永久的生成,在它裏面
有永遠的變化。

　　物質的本身在物體的外邊,它是黑暗的和無底的深淵(apei-
ron),意象的世界就在這深淵上面放光明。物質並不是物體,一
切物體全是由一部分物質和一部分形式所組成;物質的自身也没
有形式,也没有廣狹,也没有顔色。物體一切的性質,一切實在的
確定,一切的力,從形式,絕對出來的一切生命,它全没有:除却缺
乏(sterêsis),不聯絡,散漫,没有其他的屬性,形式對於它絕對地
不存在,這就是説,它是醜陋的自身;它是善的否定,這就是説,它
是惡的自身[10]。由九篇集的著作人和普通希臘人的視察點看
起,一,形式,智慧,美麗,善,是同意的字;多,物質,非形式,醜惡,
也是同意的字。

　　他並不是把物質和惡當作不存在。否定物質和惡的存在,就
好像説貧,因爲它不富,就什麽全不是這樣,結果慈惠就成了無
用。物質很是一種實在;它不但影響到物體界,並且影響到靈魂,
精神或智慧。我們已經看見物體,雖然説不明白,由於它所帶底
形式,還與精神相似;我們現在要轉過來説:精神,無論它怎麽樣
在物體本質的上面,却不是絕對的非物質的。物質就在它裏面,
雖然説比在自然界裏面有另外的形態;它在精神裏面,就成物質
的概念(hulê noêtê),這就是説可以理解的,並非屬於物體的。但

是還有另外的理由。它在精神裏面,不但是爲精神對它思想;它並且同他的每個思想相混起來,同精神一切的動作,聯屬起來,無從分離,如果没有物質,精神豈不要同絶對没有分别了麽? 果然;止有神是絶對的單一;精神不能同它有同樣的單一;在精神裏面,它的單一,已經變成彼此互有分辨的衆多的意象,雖然説這些是由於惟一的和同一的智慧直覺去看出的。如果説意象在智慧裏面,並無物體上的分别是真的,它的衆多性確也是很確實的。可是衆多的原始正是物質。由於這種名義,物質就在智慧的根基上,並且在它的那面(au delà),至於智慧,如果没有物質,要進到神絶對的單一裹邊了。物質超過智慧就好像一種不能穿進的神秘,以至於群神的理性,也無奈它何。所以這位哲學家不把它放在"類"裏面,却放在意象的那面,放在理性所達不到底超理解的境域裏面——雖然説我們在它物(altérité)和運動的概念裏面,可以找出來物質的總念。明白物質就像看見黑暗,就是説什麽也没看見[11]。

　　物質是不是第二個絶對呢? 有人覺得普婁蒂努斯爲確定的二元論者,他的倫理學更犯二元論的嫌疑。雖然如此,這位玄學家並不承認有兩個絶對,他記到亞里斯多德的話,説最初的物質和最初的形式是同一的[12],他轉過來覺得超理解的物質,或者可以説,物體最初的原因與神是同一的。物質——柏拉圖喜歡把它叫作無限——物質解析到極點,並不是别的事物,不過是神的無限的潛力,無窮的産生,源源不竭的創造能力。最高的現實,也就是最高的潛勢,怎麽樣能够這樣呢? 這個問題與上面所已經發過底問題:從神聖的統一性裏面,怎麽樣能分播出來衆多呢? 怎麽

樣能解明分播,創造呢? 與這些問題全一樣,這就是説它引我們
到神秘裏面去。

三　道德學　靈魂據智慧和物體中間的地位,同這兩種全有
關係,把宇宙撮要顯示出來。宇宙間一切勢力全聚集在那裏。智
慧範圍受名理必要性的統治,物體世界受物理必然性的統治,至
於靈魂是自由意志的界域。它放在物體和智慧兩種誘惑的中間,
可以轉過來向着理性,作純粹智慧的生活,但是它也可以轉過去
向着物質,墮落和降生(s'incarner)在地上的一個機體中間[13]。
從此靈魂就分成三級:第一,爲理性,爲神而生活的靈魂,神聖的
靈魂;第二,在精神和物體,天和地中間浮游不定的靈魂,靈魂有
點善或有點惡的鬼神(démons);第三,在物質裏面生活,住在可
毀滅的物體上面的靈魂。天上的靈魂,就像靈魂自體一樣,非常
的有幸福。它們的景福(félicité)就在他們的無感(apathie),就在
它對於神聖理性的服從,對於絕對的瞻仰。它們的身體全體光
明,絕不屬於物質,用這個辭地上的意思[14]。它們永久的完善,
常住不變,也没有記憶,也没有先知,也没有希望,也没有懊悔;因
爲只有情形可以變善或變惡的有,才有回憶和希望。它們並且不
像人類的靈魂,有對於它們自身的意識,它們專誠瞻仰意象和絕
對,絕無他慮;它們無上的景福就在這種忘己和專志於神聖事物
裏面。

人類的靈魂並不常關閉在具重濁物質的物體裏面;它們起首
爲天上的靈魂,對於神有知覺,對於自己無知覺;但是它們把它們
的生命同神聖的生命分離開,變成爲己的個人,帶着粗糙的物體,
這種物體使它們彼此互相隔離。墮落,具人格,穿上卑下的物體,

是一件同一的事情;現時生命所要受底苦痛就是正當的責罰:可以說是自由的事情,因爲除了我們自己以外絶没有其他的勢力來勉强我們:也可以説是必要的事情,因爲我們受自己本質的限定。每人全是他自己運命的主人,轉過來説,他全是照着他自己的性質來作。無疑義的,我們止選擇我們所能選擇底運命,但是如果我們止選這一個,那就是因爲我們不願意選擇別的[15]。

　　並且——在這地方,新柏拉圖派與近世的悲觀派不同——降生(incarnation)不過是一種相對的不幸,並且可以成爲一種好處,止要靈魂降到物質裏面,除了轉換它,没有其它的目的,並且盡它所能爲趕快地轉向天上去。靈魂很可以利用同物體接觸的機會,因爲,這樣它不但可以認識罪惡,並且可以展布它潛藏的氣力,作出如果不是這樣就不能成就的事業。它雖然同物體密切的聯合,同它總有分別。證據,就在物體反抗我們對於意象世界的趣向,並不能幫助它,就在哲學家高興死去[16]。人類的靈魂也就像腰膂受風雨剥蝕,尖峰却仍刺天的歐林普斯山;它並不同物體相混,用它自己頂好的一部分,用智慧逃去物體的束縛。

　　普婁蒂努斯的道德學同時從柏拉圖的學説和斯多噶的學説發出。人生的目的就是洗刷靈魂,使它與神的同化漸漸的完全。到神那裏,有三條路[17]:音樂(美術),愛情,哲學:三條路,或者更可以説爲一條路上三個階級。美術家由意象在感覺上的發現尋找意象,有愛情的人往更高的地方找,往人類靈魂裏面找:歸結,哲學家在靈魂純潔絶無擾雜的地方找,在可理解的世界和在神裏面找。嘗到深思和瞻仰美味的人不顧美術和愛情:也就像賞玩王宮的旅行家,當他看見元首之後,立時就忘了宮殿的美富。技術裏面的美麗，以至於生活的美麗，不過是絕對美麗的一種枯淡的反射。他蔑視身體和身體的娛樂，把他一切的思想聚到永久存在的事物上面。哲學家的欣愉有不能名言的妙處。這是一種沈幻（ravissement），不惟使他忘記地上的生活，並且忘了他自己的個體，止剩下對於絕對純潔的直覺；這是人類靈魂和神智的一種真正的統一（henôsis），一種冥合（une extase），靈魂移居於他故鄉的天國^[18]。當他在身體裏面生活的時候，止能在很短的時間享到見神的幸福——普婁蒂帑斯曾這樣的入幻四次——但是在這一生雖屬例外，在將來的生命裏面，要成一種通常的情形。不錯，死不能使我們直接過到盡善的境域。在我們現在所處底世界，由哲學洗治的靈魂，在入墳墓以後，接續着自加滌濯，一直到把他那地面囚拘最後的痕迹（個體的自身）全剝滅去，才能止息^[19]。

原　注

〔1〕 Édition complète des *Ennéades*, Oxford, 1835, 3 vol. in-4, par Creutzer, avec la traduction de Marsile Ficin. —M. Bouillet 把它譯成法文，共三本，Paris, 1856–1867.

〔2〕 *Républ.*, VI, 509.

〔3〕 應該加一句話說，普婁蒂努斯同他近世的門人西林一樣，不是常常前後一致的。他有時候把神看作超出一切衝突上面的單一，歸結要超出精神和物質衝突上面；有時候當作與物體反對的精神。頂重要的，就是第二種觀察點占有他的道德學，自然的結果就是要走到苦行論和尋找涅槃。

〔4〕 *Ennéades*, I, 8, 2; III, 9, 3; V, 3-5.

〔5〕 *Timée*, 29 E.

〔6〕 *Ennéades*, VI. 1–3.

〔7〕 *Ibid.*, VI, 2, 8.

〔8〕 *Ennéades*, IV.

〔9〕 *Ennéades*, III.

〔10〕 *Ennéades*, II.

〔11〕 柏拉圖派主張非物質的物質,想要明白此種怪論,總不要忘記柏拉圖所説的物質並不是唯物派所説的物質:物體或盈滿,却是抽象的廣延或空間,混雜(la diffusion)的玄學上的原始,超出的絕對神秘的原因,它同一或形式相合,組成覺官所知覺底對象。

〔12〕 *Mètaphysique*, VIII, 6, 19.

〔13〕 *Ennéades*, II, 3, 9; III, 5, 6; IV, 3, 8.

〔14〕 同聖保羅的 *Première aux Corinthiens*, XV, 40 相比較。

〔15〕 這些學説,色彩有點近於基督教中新柏拉圖派的和 Zohar 的(參考第二十七節和四十四節)。

〔16〕 同聖保羅的 *Ép. aux Philippiens*, I, 23 相比較。

〔17〕 *Ennéades*, I, 3.

〔18〕 *Ennéades*, V, 5, 10. —*Ibld.*, IV, 3, 32.

〔19〕 普婁蒂努斯頂熱心的聽講人 Amélius 或 Amérius 的很多的著作和注釋可惜散失了。

第二十六節　新柏拉圖學派最後的多神論者,鮑爾斐盧斯(Porphyrus),穰布黎庫斯(Jamblicus),普婁柯盧斯(Proclus)

1. 在羅馬的新柏拉圖學派裏面,柏婁蒂努斯有一個朋友 Malchus 或名鮑爾斐盧斯[1],接續他的事業。他原來爲斐尼基人,九篇集由他整理後，才傳布出來。他主張亞嘉德謨斯與里塞烏穆兩派的相同，比他老師主張的更甚。雖然説他的思想比他老師低的多，他主要的學説全從師説得來，但是他對於此後各世紀哲學的進行，很有影響，因爲在亞里斯多德範疇論的導言（ *Introduction aux Catégories d' Aristote* ）[2] 裏面對於"普遍"發很明白的問題。類係對於看到它們的思想，是否一種獨立的實在的問題，在中世紀的哲學裏面，占最重要的位置。

新柏拉圖派從第四世紀起，學説的根基雖没有變換，却變換了性質。普婁蒂努斯和鮑爾斐盧斯兩個，在君士坦丁帝把基督教建爲國教以前，還是張明旗鼓反對迷信的人，同柯塞耨法奈斯以後的各大思想家全一樣；在他們的繼續人裏面，研求真理漸漸附屬於宗教和爲宗教辯護的問題，哲學同沿襲的信條奮鬥了十世紀以後，看到它自己破壞的事業很驚慌，它確信它堅定底反對，止能使一種宗教得利益，這種宗教與希臘的天才不合，同希臘盛時的文化相反，它那在官的代表，比希臘，羅馬僧官的不容異教，更要利害過千萬倍。

普通信仰的大敵，現在反悔了，又信教了，他們轉過來，爲被虐待的神祇作辯護人，現在成了群神的奴僕（ *ancilla Panthei* ），等着將來作教會的奴僕（ *ancilla Ecclesiae* ）。他們所要作底絶無希望的事業，就是把多神教再建立起來，無論出什麼代價，總要把它重建立起來。自此以後，他們覺得村野教（paganisme）中一切的事物，全是好的；頂奇怪的迷信，招鬼（les évocations du spiritisme），請神（la théurgie），魔術（la magie），巫蠱（les pratiques de la sorcellerie），他們不但容恕它們，忍受它們，並且勸告人家作，他們自己也非常熱心地去作。希臘人的精神確實地又漸漸轉回兒童的狀態。

雖然如此,在這種半死不活的狀態,總還有幾個清楚的時候,將死的多神教的辯護人漸漸地稀少,在這些人裏面,我們遇見兩個人,他們雖然同村野教的信仰結合,帶着僧正(hiérophante)的官職,卻是很有名譽地結束古代哲學的歷史。沙爾西斯(Chalcis en Caelésyrie)的穰布黎庫斯(死於三百三十年左右)爲西黎亞(Syria)的新柏拉圖派頂有名的健將;——人家把這一派叫作西黎亞的新柏拉圖派,所以使他們這種極端神秘派同希臘趣味還很深的普婁蒂努斯哲學有分别——普婁柯盧斯(生於四百一十二年[3],死於四百八十五年)在雅典普盧塔爾舉斯第二(Plutarque II)所建樹底學校裏面[4],教授哲學,他的觀察點在羅馬學派和穰布黎庫斯的中間,他對於穰布黎庫斯非常地景仰。

2. 穰布黎庫斯[5]受一切非基督教文學的啟發——這種文學使他得些思考——從畢達殼拉斯,從柏拉圖,從東方和埃及神學上的流傳,頂著明的,就是從它那三三神聖(Son triple ternaire sacré)的意見[6]得了啟發;他盡力爲村野教群神建樹哲學上的根基;他那數學的天才,他那很發達的想像力同他這種盡力很有關係。群神在不可名言的單一中間,依着三數發生,對於元子的元子(Monade des monades)就像三層的光環。他反對基督教的即神即人(Dieu-homme),抬高普婁蒂努斯神學上精神論的價值,宣言絕對是不能傳達的(amethektos)。無上的神不但對於一切的智慧全隱伏,並且一切任何的關係全沒有。然則實在的有不能參與絕對的單一,止能參與次等的單一們(henades),這些單一,還是超出的(huperousiai),但是數目眾多,從單一裏面分播出來。這些生出來的神分三階級:智慧的神(noeroi),超出世界的神(huper-kosmioi),含在世界裏面的神(enkosmioi)。這些神(柏拉圖所講底意象,畢達戈拉斯所講底數目,亞里斯多德所講底實體的形式)同我們才有關係,它們就是我們的神智(notre Providence)。絕對對於事物的管理没有一點關係。

3. 普婁柯盧斯[7]是同時從穰布黎庫斯和普婁蒂努斯來的,他帶着穰布黎庫斯那樣教主的態度;他那成系統的和學校派的傾向同普婁蒂努斯相合。他用穰布黎庫斯的三三神聖説爲他學説的根據;説從絕對和不可傳達的(amethektos)單一裏面,在第一道綫上生出有(on),這就是説無限(apeiron),目的或形式(peras)和它們的單一性,有限(mikton, peperasmenon);在第二道綫上,生出生命(zôê),這就是説潛能(dunamis),存在(huparxis)和它們的統一性,可理解的生命(zôê noêtê);在第三條綫上生出智慧(nous),這就是説静的思想(menein)、動的思想或知覺(proienai),和他們的統一性,反省的思想(epistrophê)。這三個三體的每一位[8],使初學哲學的人(mustikôs)得到原初的和超出理解的原因的一面:第一,就是它那不可名言的單一;第二就是它那無盡藏的富庶(huperochê);第三就是它那無限的進善。絕對當大發展時候就是這樣。至於絕對的自身,因爲比有高,並且比思想高,就像原理比它的結論高,原因比它的結果高一樣,所以它永久是不能認識的。它的真質爲超自然的,止有用超自然的法子,才可以達到它,止有神功(théurgie)[9]才可以使初學得到。科學同可理解的範圍接界,想達到超理解的範圍,須要宗教的實在。

新柏拉圖派最後的話,古代思想的"遺囑",去掉它那原文上帶陳腐教學匠的風味以後,就是這樣。從本體論觀察點看,同最初的柏拉圖學派相比,新柏拉圖派向一元論的方向進步,如果它止把意象附屬於一個在有和思想上面的高級原始。但是它要反對基督教,可是基督教中心的理論,"降生",儘少須要神聖有可傳達的性質,它因此就把無上原始的超出性説的太過火,其實這一點正是柏拉圖學派的短處。在深處講,它算投降了,因爲神聖的超出性是新宗教最根本的教義。由道德和宗教看起,它能比柏拉圖低多少!普婁柯盧斯覺得宗教的實在就在於魔術(magie)的實用,至於柏拉圖覺得在於正誼的實行。在這兩種觀察點中間,一方面是成熟,明了,强固的時期,一方面是衰老和迷信;他們的距離該有多遠!

在五百二十九年,普婁柯盧斯當日設教的學校[10],新柏拉圖派多神論學者最後的藏匿所爲 Justinianus 帝所封閉,當時衆人對於古代的殘留物,漠不關心,這種禁令,公衆幾乎不大知道。從兩世紀以來,基督教在羅馬帝國很有進步;具體的和顫巍巍的宗教問題,由蠻人侵入所生出底切身問題,超過安静的,平和的觀察(theôria)前面。

原 注

〔1〕 三百零一年死於羅馬。

〔2〕 Porphyrii *de quinque vocibus s. in Categorias Aristotelis introductio* (eisagôgê), Paris, 1543. 拉丁文的譯本:Venise, 1546, 1566. 鮑爾斐盧斯還有他的:une *Vie de Pythagore*, une *Vie de Plotin*, une *Épitre à Auèbon*(fragments réunis par Gale), etc. 他很多的著作,或者是頂重

要的已經散失了。來源:Suidas. —Eunape, *Vitae sophist.* —Augustin, *De civ. Dei*, X. —Le *De mysteriis Aegyptiorum*,這本書説是穰布黎庫斯的。—N. Bouillet, *Porphyre, son rôle dans l'école néoplatonicienne*,etc., Paris, 1864. —Adrien Naville, *Julien l'Apostat et la philosophie du polythéisme*, Paris et Neuchâtel, 1877. —參考第二十四節注 17 內所舉底 M. Jules Simon et de M. Vacherot 的著作。

〔3〕按着 M. Freudenthal(*Rheinisches Museum*, XLIII, p. 486 ss.)的意見,他生於四百一十年。

〔4〕不要把這位雅典的 Plutarque 和 Plutarque de Chéronée(第二十四節)鬧混。

〔5〕*De Vita Pythagorae.* —*Protrepticae orationes ad philosophiam.* —*De mysteriis Aegyptiorum*, gr. et lat.,éd. Thom. Gale,Oxford,1678. —另外的來源:Proclus, *In Timaeum* et Suidas. —Hebenstreit, *De Jamblichi philosophi syri doctrina*, Leipzig., 1704.

〔6〕參考第四十四節關於 Zohar 三三神聖的意見。

〔7〕普婁柯盧斯的著作: *In theologiam Platonis* libri VI. —*Institutio theologica.* —*In Platonis Timaeum*,etc. —*Procli opera omnia*,éd. V. Cousin, Paris, 1819–1827 et 1864. —對於他,要看下列各書:Marinus, *Vita Procli.* —Suidas. —Berger, *Proclus, Exposition de sa doctrine*, Paris, 1840. —J. Simon, *Du Commentaire de Proclus sur le Timée de Platon*, Paris,1839. —C. H. Kirchner,*De Procli neoplatonici metaphysica*, Berlin, 1846. —對於穰布黎庫斯和普婁柯盧斯,還要看第二十四節注 17 內所舉亞里山大城學派的歷史。(譯者按:此與原注 2 最末一條, 原印刷均有誤,按意改正如上。)

〔8〕比較 Zohar 的三三神聖説和黑智爾的學説系統。

〔9〕Theourgia,ergon tou theou,神力的表示。

〔10〕最後的講師是<u>普婁柯盧斯</u>的接續人：Marinus, de Flalvia Néapolis en Palestine, Isidore d'Alexandrie, Zénodote et Damascius de Damas(*Quaestiones de primis principiis*, éd. Kopp. Francf., 1826. —*Damascii successoris dubitationes et solutiones de Primis principiis in Platonis Parmenidem*, *partim secundis curis recensuit*, *partim nunc primum edidit*, Car. Aem. Ruelle, Paris, 1889). 就是在這最末一位的時候，學校被封。與這個<u>雅典學校</u>有關的，還有 Cilicien Simplicius 的名子，他是<u>愛比柯特斗斯</u>和<u>亞里斯多德</u>(*Catégories*, *De anima*, *De caelo et Physique*) 很好的注釋。他是 Damascius 的同學，以後成他的學生和他放流時候的同伴。

第二卷　中世紀哲學

第一期　柏拉圖派的和基督教的神學時期

第二十七節　基督教和哲學——基督教徒的柏拉圖派，歐黎格奈斯（Origenes.）[1]

基督教，從進門的地方起，已經同希臘哲學（pseudônumos gnôsis）[2] 相抵觸。它也不承認它的學説，也不承認它有存在的權利。它那神學上的前提，和希臘哲學的前提，簡直不同。不錯，希臘人的思想，在蘇格拉底和亞里斯多德以前，已經有了惟一的和絕對的神的觀念，流俗信仰的神，對於這位大神，止能算作些偶遇的和有限的有，但是這一位從思考所找出來底無上的神，他並不是在世界外面，另外有一個人格（Une personne），却就是從實體統一和永久方面去看的世界；他並不是一位有，却就是有的自身（to on），個別的有，由空間的觀察點看起，就是他的各部分；由時間的觀察點看起，就是他的形態或時候①；他並不是世界的自由創造者（ktistês），却是世界的内含的原因；世界由於自然的和像運命的發展（phusis, *natura*），從他裏面分播出來。一句話説完，從多神教生出來的玄學，實在並不是一神論，却是萬有神論。

　　希臘哲學家説神就是自然界，基督教反過來説神有一個人格（le Dieu-personne），他有意地創造世界；至於世界的質料，他並不是從他自身和他自己的實體裏面找出來，却是從虛無（du néant）裏面找出來。希臘哲學家的全體認定 *ex nihilo nihil*（由無生無；意譯：有無不能相生），他們却説創造是 *ex nihilo*（由無來）的：因爲一個世界，如果是從神分播出來的，它轉過來，也就要算作神了。止有"聖子"（Fils）和"聖神"（Saint-Esprit）是從神分播出來的，歸結，止有他們，才算真正的神。無異議地，神的人格這樣就變成了三個，並且我們從基督教的三位一體説裏面，可以看出塞米特族（sémitique）的一神教，對於亞里安族喜歡一元的本能，作了一種讓步。但是他們竭力主張：人格的性質，不止是從 logo（理）説，並且是從 pneuma（氣質，形質等意）説。這種主張證明神有人格的原則，在基督教徒裏面，勝過另外一切的意見，就是聖經中頂明白的原文，對於這個原則，也得讓步。他們就不得不從神聖的有裏面，把他那可以使人想到哲學家所説底無人格的絶對的那一部分，完全删掉。他們説神的人格有三個，止可以説他們盡力來給神的人格性添增勢力。我們在降生（l'*Incarnation*）説裏面，可以看見——並且不是没有理由——這是猶太教徒從亞里安

---

①編者注："候"，原誤作"侯"。

族的一元論所借來底觀念。但是基督教會雖然竭力主張基督人
質的實在性，却很不樂意把神和人混成實在的和實體上的一個；
我們可以看見，他們很小心地分辨“在基督教裏面的兩種原質”，
宣言混合兩種原質的學説爲異端。

　　造物主和衆生有絶對的分別，就是基督教玄學的基礎；他們
根本反對希臘衰頽時期的哲學，也就是因此——其實這些學説已
經帶很深的宗教性，並且特別注意於神學問題。還要有要緊的一
層，就是：具人格的神自己表明他是神的兒子，他就是真理和生
命。基督教徒就這樣的知道他們自己已經得着真理，並且是絶對
的真理。探討真理，——希臘人所説底哲學——在他們的眼睛裏
面，失了意義[3]。如果他們有了真理，爲什麽還去尋找真理呢？
如果去尋找真理，這就是説他還没有真理，就是説他並不是一個
基督教徒。然則，研究哲學，就是否認基督。所以大多數的拉丁
神父，比方説，特爾突黎亞努斯（Tertulianus），ㄚ儿ㄋㄛㄅㄧㄨㄙ
（Arnobius），拉柯當西烏斯（Lactantius）[4]，説哲學就像一個信村
野教（le paganisme）的女人，總不應該接觸着它。

　　但是希臘哲學將死的熱氣，過到用希臘文的基督教義裏面。
它或是在神知派（gnostique）的教義裏面[5]，或是在不很重要的異
端裏面，留些痕迹，——基督教會需要輪流着推倒這些異端，才能
確定地組成天主教的統一。原籍希臘，埃及和西黎亞（Syria）的
神父，比他們拉丁的同教人的知識高，並且直接可以受哲學和哲
學上流傳的影響，不住的研究它。他們因爲要抵禦哲學的攻擊和
駁斥異端，就不得不争辯和研究哲學。基督教的信仰受這種很有
生發的壓迫，組成教義（dogma），尋得它的定則（se formuler）和系

統。想作這種確定工作的人，無論他們想怎麼樣，總得講哲學，並
且要對於他們那防守的人講。有些人至於在村野教的聖賢的教
訓裏面找出一種與福音上相同的神示。頂重要的就是柏拉圖和
他那新派門人，很受人敬重。亞里山大城的學派同其他的學派相
反——其他大半屬於懷疑派，——講一種真質上屬宗教的哲學。
他們不能不承認在柏拉圖的學説和基督教的教義有些關係，以至
於有些時候，簡直是相同的，然則怎麼樣來解釋這些呢？有些
人——其實是大多數——覺得柏拉圖是在舊約裏面找出來的。
少數的明白人結論説：名稱其實的哲學家受神聖理性（logos）的
啟發，這種理性由耶穌（Jésus de Nazareth）表現出來。另外還有
些人同時用以上兩種的假説。基督教一種辨明書（apologie）的著
作人，殉教的茹斯丹（Justin Martyr）承認 logos 是普遍的動作，宣
布蘇格拉底，額拉吉來圖和一切不認識耶穌却按着理性生活的外
教徒，全可以得到永久的福佑（la félicité éternelle）[6]。死者的復活
（De la résurrection des morts）的著作人，亞得納彀爾（Athénagore），
辯明家達底嚴（Tatien l'apologète），亞里山大城的聖柯來芒（saint
Clément d'Alexandrie）[7] 和他的弟子歐黎格奈斯[8]（基督教教義
的創立人），在他們的著作裏面，輪流着反射出來柏拉圖、亞里斯
多德和斯多噶派的學説；全中世紀教會裏面的學説，不過是他們
學説一種延長的反響。

　　歐黎格奈斯説[9]：諸聖徒用賢愚皆知的講法，講明基督教根
本的意思，至於他們的論斷，應該怎麼樣講，都有待於後來有天才
的繼續人。他因此就從表示基督教的信仰裏面，分辨出來一種通
俗的樣子，一種科學的樣子，和分辨聖徒著作裏面所帶底形式和

基督教中哲學家思想裏面所應該用底形式，——這種分辨，已經包含學校派惟理論的根芽。至於他在他那本原理（*Principes*）裏面所用底形式，除了一點色彩上的微異，就是純粹柏拉圖的學說，加些斯多噶派的意思，内面含有對於耶穌基督，由天降生的語言（*Verbe*），所具底一種熱烈的信仰。並且這種語言附屬於永久的聖父，它就是聖父的機體——用絕對的意思，止有它才算最初的原因。神是萬有的自由創造者；但是他是不變的，並且他就是精神：用這兩種名義，他就永久地創造，並且止創造精神，這就是說照着他自己的形象，創造有智慧的意志。這些精神的數目有限（因爲無限就在神自身，也是不可理解的，無限並非現實的有）；它們周圍着至高的神，就像是一種光焰，反射出來他的榮耀。它們同造物主一樣，根源上就是慈善的，完善的，但是它們不全同他一樣，它們並不是慈善的自身，真質的慈善：它們不過參與慈善（*per accidens*）；它們相對的自由對於善和惡，神和虛無，有自由的選擇，與至善無惡的神聖的自由不同[10]。實在由惡的自身看，他什麼全不是，他不過把善否定，就是說把神否定！精神用它們的自由，永久地在神裏面，並且瞻仰聚集在他的"語言"裏面永久的意象，如果性情驕傲，自命神聖，就要同他離開。它們在人格上雖然有分別，在原理上，却像惟一的和同一的精神，因爲它們是惟一的和同一的向神走的意志[11]。止有等它們在道德上同神分離以後，才成了實在相別的個體，在物體上彼此互相分離。物體也是被創造的，但是它們由於一種次等的創造，嚴格地說，並不算創造，因爲它們並不像精神一樣，成實體地存在[12]。在事實上，止有精神，並且止能有精神。物質並不是一種與神同永久的實在；

歸結說,它並不像柏拉圖所說,爲惡的原因,實在它就是惡的結
果,必有的附屬,可見的和可觸接的記號。也就像惡一樣絕無實
體,不過爲善的一種虧缺,同偶遇的薄蝕一樣,物體也不過是減缺
的,墮落的,比較虛無的精神。雖然如此,神是永存的,薄蝕却是
過而不留的。所以在感官的(背叛精神的墮落)範圍裏面,除却
精神以外,全是過而不留的,可毁滅的;死就是這個世界的定律。
但是物質性爲罪孽的責罰,也是一種糾正的器具,神智就要用它
來把作孽的人重引回來[13]。地上的生活爲一種懺悔,同時又爲
一種的誘導;至於人類演變,就是墮落的有所受底一種進步教育。
墮落的有,由它自己的盡力,不能轉回神傍,因爲它的理性因墮落
而晦暗,他的自由因墮落而麻痺。所以必要地有一種神示來照引
它的智慧,有一種贖罪(une rédemption)使它的意志可以逃出罪
惡的統治。"語言"和聖神(Paraclet)爲神的這樣事業頂重要的
機關,但是不止有這些:一切的精神全參與這個事業,慈善的精神
來增進這種事業,其他的精神,——它們的首領就是薩丹(Sa-
tan),在一切裏面墮落到最低的地方——牽制這種事業。實在,
在道德上的墮落,有各種的階級。雖然如此,無論在邪惡頂深的
地方,精神總還是精神,這就是說它到一定的限度,還是合理的和
自由的,歸結它還可以改悔。道德性質是不能喪失的[14]。並且,
儘着惡仍繼續的時候,宇宙全體,以至於天上的鬼神全參與它,不
用說,它們不是主動的作惡;但是它們對於惡人的不幸,起憐憫的
情感。精神的世界——照着歐里格奈斯和柏拉圖的意見止有它
存在——是一個有機物,它一切的分子彼此互有聯帶關係;受神
惠的人,必須出救贖全世界(apokatastasis tôn pánton)的人的代價

才可以享他們的景福(la félicité)[15]。

　　他們把道德的意志尊爲神聖,或如我們對於柏拉圖所説,爲善的一元論,在理論和實用上的非物質論,根本却爲一種藏在神秘定則下面的無知論(agnosticisme);他們的思想還有一種獨立,當需要的時候,並不怕人家説他們是異端[16]:這就是茹斯丹,聖柯來芒,歐黎格奈斯的哲學,可以説是受基督化的柏拉圖學派。在第四世紀,阿達那斯(Athanase),大巴西爾(Basile le Grand),尼斯的格來古阿爾(Grégoire de Nysse),那將茲的格來古阿爾(Grégoire de Nazianze),全屬於這一派。他們熱烈的信仰雖然幾乎走到發狂的地步,他們的思想却還算比較地無偏私:這種無偏私的精神,在從尼塞宗教評議會(concile de Nicée,在三百二十五年)和君士坦丁堡宗教評議會(三百八十一年)以後,在教會裏面漸漸地減少。我們曾經説過,在用拉丁文的神父裏面,除了歐古斯蒂努斯以外,這種精神,可以説簡直没有,或者幾乎没有;至於歐古斯蒂努斯的學説,全受柏拉圖派的浸陶,在希臘人的思想和學校派的思考中間成了一種聯合綫。

原　注

〔1〕對於諸神父的思想,在普通的哲學史和教會史以外,要看:E. de Pressensé,*Histoire des trois premiers siècles de l'Église chrétienne*,5 t.,Paris,1861-70;Harnack,*Dogmengeschichte*,4e édit., 3 vol., 1907-10;Loofs,*Leitfaden zum Studium der Dogmengeschichte*,1re édit., 1896;R. Seeberg, *Lehrbuch der Dogmengeschichte*, 2e édit., 1910; Bardenhewer, *Patrologie*,1894;Duchesne,*Histoire ancienne de l'Église*,3e édit., 1902;

de Faye, *Clément d'Alexandrie*, 1898; Bigg, *The Christian Platonist of A-lexandria*, 1886; W. Capitaine, *De Origenis ethica*, 1898.

〔2〕 1re *Épitre à Timothée*, Ⅵ, 20.

〔3〕 *Nobis curiositate opus non est post Christum Jesum, nec inquisitione post evangelium*(我們在<u>耶穌基督</u>以後無尋求,在<u>福音</u>以後無探討)(Tertullien, *De praescriptionibus haereticorum*, Ⅷ). 一神學家所説底 *Credibile quia ineptum est*(迷謬的也是可信的)(*De carne Christi* Ⅴ),是要緊按着字面講;因爲如果理性由於墮落成了騙人的,那很顯著的,一個同它有矛盾的學説(一個迷謬的學説)比一個同它相合的學説更容易是真的。有名的<u>基督</u>教徒對於理性的這樣挑戰,再没有什麽比它更合於論理了。

〔4〕 Lactance, *Div. institut.*, Ⅲ, 1. 一Tertullien, *Adv. Marcion*, Ⅴ, 19. Cf. *De anima*, Ⅱ.

〔5〕 這些系統,同<u>加巴爾</u>的(kabbalistique)思考(第四十四節)很鄰近,由哲學的觀察點看起,頂重要的就是第二世紀<u>亞里山大城</u>神知派的代表 Basilide 的和 Valentin 的系統。他們説這是比庸俗的 pistis(信仰)高的一種知識(gnôsis),它建樹在<u>無上的神</u>一種最初的神示上面,這種神示一代一代地在些神秘的秘密裏面傳下來。他們公同的深處是一種屬於演變派的萬有神論,爲<u>鄒婁阿斯突拉</u>的(zoroastrien)二元論的近支;雖然説<u>基督</u>教的原素在那裏面不過是次要的,他們却説它是真正的<u>福音</u>,這種福音由於<u>耶穌</u>弟子的不聰明和惡意才失了原意了。一參考: J. Matter, *Histoire critique du gnosticisme*, 3 vol., Paris. 1828; 1843; Ferd. Chr. Baur, *La Gnose chrétienne*(all.), Tubingue, 1835; et les *Histoire de l'Église*, de Néander, Edm. de pressensé, etc. ; Hilgenfeld, *Ketzergeschichte des Urchristentums* 1884; de Faye, *Introduction à l'étude du Gnosticisme*, Paris, 1903; 對於與神知派運動有關係的第三世

紀摩尼教(manichéisme)或基督教的 mazdéisme, 參考：Beausobre, *His-toire du Manichéisme*, et Baur, *Le système religieux manichéen*(all.)；Kessler, *Mâni*, 1889；Cumont, *Recherches sur le manichéisme*, 1908–12.

〔6〕 *Apologie*, II, p. 83：Ton Christon prôtotokon tou theou einai edidachthêmen, kai proemênusamen logon onta ou pan genos authrôpôn metesche. kai hoi meta logou biôsantes christianoi eisi, kan atheoi enomisthêsan, oiou en hellêsi men Sôkratês kai Hêrakleitos kai alloi polloi.

〔7〕 死於二百二十年左右。他爲亞里山大城基督教學派重要的建立人。Logos protreptikos pros Hellênas；Faidagôgos；Strômateis 等書的著作人。

〔8〕 一百八十五年生於亞里山大城，爲 Ammonius Saccas 的弟子；二百五十四年死於 Tyr；爲 Peri Archôn；kata Kelsou (contra Celsum) etc., etc. 的著作人；第一部我們止保存着 Rufin 的選擇的譯本(*De principiis*). —Denis, *De la philosophie d'Origène*, Paris, 1884.

〔9〕 *De principiis*, Préface.

〔10〕 *De principiis*, I, 2, ss.

〔11〕 *De principiis*, II, 1, 4.

〔12〕 *Ibid.*, III, 5, 4.

〔13〕 *Ibid.*, II, 1, 2.

〔14〕 *Ibid.*, I, 6, 3.

〔15〕 *Contra Celsum*, VIII, 72.

〔16〕 所以歐黎格奈斯不止要使聖父附屬於聖子，把聖神説成語言(Verbe)的創造品(這在第四世紀全體宗教評議會[conciles oecuméniques]以前是允許的)，他並且承認永久底創造，靈魂的預先存在，和斯多噶派所主張底連續的世界，並且抛棄了"肉體"的復生和永久責罰的教義。

第二十八節　歐古斯蒂努斯（Augustinus）

修詞家歐古斯蒂努斯爲非洲之達加司太（Thagaste）人，生於三百五十四年，死於四百三十年。他幼年的生活很有風波，以後信仰了他母親的宗教，聖盎巴斯（saint Ambroise）給他行洗禮，他就成了基督教徒，並爲義榜（Hippone）的主教。他很喜歡哲學，更喜歡柏拉圖的哲學，雖然説他晚年漸漸地向着他的宗教作一種絶對的服從。並且對於基督教的服務，從來没有一個人比他更有名譽；他的著作——頂重要的就是懺悔録和帝鄉[1]——使拉丁教會的教義，它的道德學，它全體的文學得一種不可磨滅的痕迹。

他的意思也同柏拉圖一樣，覺得知識是一種頂清潔的，頂安寧的，頂高尚的生命，止有思想家才可以認識他[2]。理性可以認識神，因爲神把理性給我門，使我們認識一切的事物，歸結就認識神[3]。講哲學就是不需要肉眼的幫助，直接看見真理。理性就是靈魂的眼睛。我們所傾向底最高真理，就是明智（la sagesse）。可是明智是否神以外的事物？得了明智就是得了神。然則真正的哲學和真正的宗教是相同的[4]：它們彼此相混起來，向着永久的地方走。理性就是神的長子，並且可以説，就是神的自身，神怎麽樣會蔑視他呢！他給我們理性，就是要使我們比别種的有更完善。大家常用信仰來反對理性，其實止有稟受理性的有才可以得着信仰。

在年歲上，信仰比智慧早：想要明自一件事物，必需要預先承認它——*credo ut intelligam*（我相信，爲的要使我明白）；但是信仰雖爲得知識的一種條件，却是一種暫時的情形，爲在知識下面的一階級,它歸結要同知識溶化起來。

歐古斯蒂努斯的神正誼論(théodicée),在真質上與柏拉圖的學說相同,有些地方與亞里山大城學派頂膽大的學說相仿。神就是有,在他上面,在他外面,和沒有他,什麼全沒有了;他就是有,一切實在有的事物全在他下面,在他裏面並且由他,才可以有;他就是一切事物的始,中,終[5]。慈善,正誼,明智,並不是同神偶合的事物,它們就是神的實體。他在玄學上所有底屬性就是如此。全能,全在,永久,不是神聖簡單的附屬品,却就是他的真質。神在真質上到處存在,却並不因此就算作一切的事物;全體就在他裏面,他並不因此就算全體。他慈善,他却沒有性質;他廣大,他却是沒有數量;他是智慧的創造者,他却在智慧的上面;他到處存在,他却沒有與一個地方有關係;他存在,却是到處全沒有他;他永久地生活,他却是絕不在時間裏面;他爲一切變化的原始,他自身却是不變的。用理性思考神的問題,必要地要達到一組自相矛盾的議論(antinomie),理性雖然可以看出他所沒有底,却是對於他的本質一點實在的事物,也看不出來;理性雖然可以見到他——用理性能達到他的意思——但是理性對於他的完善不能圓滿地明白。頂要緊的問題,就是要小心分別神和世界。歐古斯蒂努斯以上所說,同萬有神論很相近,現在他要主張由虛無創造的學說來避免萬有神論[6]。如果宇宙是從神裏面分播出來的,它就是神的真質,它同神就要成一個了;然則它並不是分播出來的,它是由於神聖自由地創造。神並不像斯多噶派所說爲世界的靈魂,世界也不是神的身體。神在世界中間的內含性,同神聖的尊嚴相衝突[7]。

　　有些人把三位一體的學説，説的過甚一點，成了三位神的意思，又成了多神論。這是另外的一種危險。三體雖然説有分別，却止組成惟一的和同一的神，也就像理性，意志，感情止組成惟一的和同一的人一樣[8]。歐古斯蒂努斯對於亞吕斯（Arius）派的批評，思想很深邃。他駁亞吕斯派説，當你們説聖子受聖父的命令創造世界的時候，你們要説什麽？豈不是要説聖父並没有創造世界，不過高興命令一個創世主（un démiurge）創造世界麽？聖子不是神的語言（la parole）是什麽？命令不是説話是什麽？然則神由聖子命令聖子創造世界，豈不是很奇怪和荒謬的結綸！亞吕斯派的錯誤，就在於它要想像（figurer）三位一體。對於這件事情，他們幻想有兩位有，這個坐在那個旁邊，每一位有特殊的地位，一個發號令，一個聽號令，亞吕斯派應該明白神從虚無裏面提出世界的命令，並不是别的事物，其實就是創造語言的自身。神是精神；非物質的事物，不應該去想像它，也不能够想像它[9]。

　　因爲神由於自由的動作，創造世界，就應該承認世界有一個時候，開始存在；因爲，像歐黎格奈斯和新柏拉圖派所承認底永久創造，同分播的意思相同。哲學家要説，如果承認神在一定的時候創造世界，就要承認他在永久的時候，並没有動作；但是他們是錯誤的，他們的錯處，就在於把創造前面的永久看作無限長的綿延（durée）。時間就是綿延。可是在創造以外，也没有空間，也没有時間，歸結也不能有綿延[10]。時間，綿延，是運動的量度：凡没有運動的地方就没有綿延。因爲在永久和在神裏面，没有運動，所以在他裏面，也没有綿延。柏拉圖講的很好，時間止同運動的事物一同開始，這就是説和有限的事物一同開始。然則説基督教的神在無限長的時間以後才創造事物,創造以前,他的精神困乏,絕對地不動作,這些話是不確切的。歐古斯蒂努斯並且承認,如果沒有宇宙,很難看出神來。在這一點和在另外許多的點相同,在哲學家和基督徒中間,有一種衝突。因爲在他的信仰和他的思想中間,有不住的衝突;所以前後不一致和矛盾的地方,到處發現。比方説,神由於自由意志的動作創造世界,另外一方面,創造並不是由於一種任意,却是由於永久的和不變的命令[11]。但是無論神的不變意志,强迫他在一個已知的時候創造世界,或是强迫他永久地創造,在這兩種情形,總是有絕對的限定。歐古斯蒂努斯很曉得這種困難,歸結,無制限地宣布神的自由就是事物的原始和無上的規則。因爲神的意志是最後的原始,在他的外面,什麽全没有,所以問他的創造的目的因,是無益的和荒謬的問題[12]。神使在他外面的有存在,就是因爲他願意那樣。人類的理性没有權利走到那外面去。過細説,它可以問的,就是神爲什麽創造這樣互相差異的和這樣不相等的事物。歐古斯蒂努斯和柏拉圖一樣地答道,部分上的差異,就是全體統一的條件。

　　思想,意識,記憶,就可以證明靈魂的存在。你疑惑你自己的存在! 但是,疑惑不就是思想麽? 並且思想不就是存在麽[13]? 想講靈魂是什麽,是一件比較困難的問題。有些人説,它是一種火,或是一種淡薄的空氣,或説它是第五種的原質,它的本質可以思想,明白,記憶;有些人説,它同大腦或血是相同的,至於思想是物體構造的一種結果。但是這不過是些假説,很簡單的事情就可以證明它的不確:就是因爲我們不覺得這些實質組成我們的靈魂。如果我們是火或是空氣或是另外各種的原質,我們可以由於一種直接的意覺知道它，這種意覺同我們對於我們自己的意識是不能分離的。靈魂是一種實體，同已認識的各種物質全有分別，並且同普通的物質全有分別，因爲它包含點，綫，長，寬，及其他的各種觀念，這些觀念實在是非物體的事物[14]。

這些説過，我們怎麽樣講明靈魂的根源呢？有些思想家説它從神裏面分播出來。就在基督教徒裏面，也有人這樣思想。這却使靈魂太有榮譽了。它是神的一種創造品，開始存在，就像另外各種的創造品一樣[15]。雖然如此，有些人在原理上，承認靈魂是一種創造品，但是他們對於創造的形態，意見又不相同。有些人説：神直接地止創造亞當的靈魂，至於別人的靈魂，全是 per tradu-cem（由於傳播）的産生。這種理論（却是同歐古斯蒂努斯對於亞當把他罪孽傳給他的後人的議論很相合）是屬於惟物論的，因爲他把靈魂看作可以傳達的，劃分的，分開的事物。有些人承認被創造的靈魂，在没有身體以前，就預先存在，墮落以後才進在身體裏面，囚拘起來，爲的是贖回過去生命的罪孽。這就是柏拉圖的議論。因爲我們對於任何一種預先的存在，一點記憶全没有，也可以證明這種議論的不確。因爲發很好的問題，可以使不識字的人，説出數學上很高的真理，柏拉圖就結論説，這些人在他們的現在生命以前，就預先存在，我們的問題在他們的思想裏面引起的觀念，不過是些追憶。但是這些觀念，由於蘇格拉底的方法，在一切的有普通意識的精神裏面可以生出來的這件事實，就可以證明柏拉圖假説的不確。如果觀念是些追憶，應該承認在現在存在前面的一切的人，全是幾何學家和數學家，我們現在看見人類止有很少像樣的數學家，就可以知道這種歸納，不很像理。如果數學上的真理，止可以從很少數的精神裏面找出，<u>柏拉圖</u>對於預先存在的論證，或者能更有力量一點。歸結，按着第三種的看法，靈魂跟着身體的創造，漸漸地被創造起來。這種理論雖然不大能幫助原始罪孽（péché originel）的教義，它對於精神論的原理，却是頂適合的。

靈魂的不死，是它那有理性的本質的結果。靈魂由於理性，直接地同永久的真理相交通，以至於可以說靈魂和真理，構成惟一的和同一的實體。死對於靈魂，就是使它猛然和真理相分離；但是這樣猛烈的分裂，那一位有限的有能有這樣的能力？這就是<u>神</u>，就是真理的自身；但是爲他什麼又這樣作？思想，沈思，對於神聖事物的瞻仰，不是同感官的生命没有聯屬麼？不是同物體和物質没有聯屬麼？然則如果身體變成塵土，同它没有聯屬的事物，爲什麼要同它一塊毁滅呢[16]？

<u>歐古斯蒂努斯</u>抛棄觀念的預先存在，他也把觀念出於先天的理論去掉，或者更可以說，把這種理論變化一番。他同<u>柏拉圖</u>一樣，承認<u>神</u>在構造人類靈魂的時候，把永久的觀念（理性和意志的原理及定則），種在靈魂裏面；他用這樣的意思，也講先天的觀念。

他所不承認底，就是說這些觀念是追憶，並且有點像現在生命爲從前存在的遺留；他否定這種議論，就是因爲他覺得這樣就把我們被創造的性質去掉，使我們變成神聖。如果他攻擊預先存在的學說，好像它可以說成一種没有開始存在的意思，他漸漸地對於觀念出於先天的議論有了疑惑，因爲如果這樣，我們就可以結論說，觀念原初就在人類靈魂裏面存在，它並不是由後地被一

位靈魂以外的有種進去的。歐古斯蒂努斯恒定要作的事就是竭力把神放大，把人減小，說人是一種極端受動的有，他自己什麼全沒有，一切全是神的，按着聖徒的這句話：如果你沒有接收；你還有什麼？如果你接收了，爲什麼你對他自誇呢[17]？人由他的自身，就是無能，貧乏，虛無。他所有底一切全由神得來。

　　承受，接收，看見：人類靈魂的全體止會這樣。它從感官接收感官所能及底認識；至於道德和宗教的總念，它還是從精神的機體接收。外面世界的總念，他從地上面的光綫得着，這種光綫由物體的形態包圍着它，至於天上事物的認識，它從天上的光綫得着，這種光綫，用精神的形態周圍着他。雖然如此，這種内面的光明，其實就是神的自身，並不在我們外面，如其不然，神就要成了一位有廣延和物質的存在了；他在我們身中，却不是我們自己。我們這種光綫裏面，並且由於這種光綫，注意到事物的永久形式，或者就象柏拉圖所起底名字，意象，爲過而不流的實在所有底不變的真質。神自己就是一切事物的形式，這就是說他是它們生長，發展，存在上永久的定律。他是意象中的意象，歸結爲最高的實在，因爲實在並不在可見的事物中間，却在不可見的事物中間；它並不在物質裏面，却在意象裏面[18]。

　　歐古斯蒂努斯的惟心論從柏拉圖的學説生出，開麻爾布朗時所説底在神中的視覺和西林所説底精神上的直覺的先聲，這種議論同他普通的哲學相似，要受神學的影響——他後半生爲神學的健將。這種内心的光明，思想家在那裏看出神和永久的模範，以後他漸漸確信人類墮落和根本腐敗，這種光明也跟着漸漸地晦暗了。理性在墮落以前，爲神的機體，可以絶無錯誤地表示天上的事物,他因爲造罪孽,就沈暗下去;内心的光明就變成黑暗了。如果它還完全,神就可以降生在耶穌基督身上,對於人類,表現出來。理性很够把已經迷路的人類引回來。但是語言被作成肉體,内心的光明已經晦暗,光明的父親就把理性現在不能給我們的事物,告訴我們的感官,使它們轉交過來。哲學家的惟心論在神學家的筆頭底下,就這樣地變成感覺論。

　　歐古斯蒂努斯對於道德的觀念,也受同樣的變化。當他受柏拉圖啟發的時候,他對於道德的觀念,比神父的觀念的普通水平綫高得多。拉柯當西烏斯在他反對哲學所講底道德的爭論裏面,成了真正的伊壁鳩魯派學者,他説:*Non est,ut aiunt,propter seipsam virtus expetenda,sed propter vitam beatam,quae virtutem necessario sequitur*,(就像人家所説,德性由他的自身,並無可希望,不過因爲生活的快樂,才必要地應該跟着德性走)[19];特爾突黎亞努斯曾寫過這幾句話:*Bonum atque optimum est quod Deus praecepit. Audaciam existimo de bono divini praecepti disputare. Neque enim quia bonum est,idcirco auscultare debemus,sed quia Deus praecepit*(神所命底就是善和至善。我相信爭論神命令善不善的人膽子太大。可是我們應該這樣地聽命,並不因爲它是善,不過因爲它是神的命令)[20]。歐古斯蒂努斯對於拉柯當西烏斯就説:自由活動最高的目的,最高的善,並不是景福,却是德性。他用道德的惟心論反對快樂論。他對於特爾突黎亞努斯的非限定論,駁辯説,道德的定律無論對於誰全没有係屬,它自己就是絕對[21]。善,美,真,並不是由神聖意志所組成:却是絕對的善,絕對的美,絕對的真組成神的意志。是不是因爲神爲最高的立法者,道德上的定律才是善? 不是。因爲道德的定律是善，所以我們把公布它的神當作最高的立法者。一件事情，並不是因爲神禁止它就算惡，實在因爲它是惡，神才禁止它。聖耶婁謀(saint Jérôme)和聖克黎叟斯斗穆(saint Chrysostome)對於寬慰人時候所説底謊話很寬恕，以至於承認它。歐古斯蒂努斯答道：謊話乃可以允許！罪孽乃可以允許[22]！

　　人類自由的問題和神能先知的問題的關係，惡的根源的問題，有不可解決的困難，歐古斯蒂努斯對於這些沒有幻覺。如果神預先知道我們的動作，我們的動作，並不是偶合，却是必要的。從這個時候起，怎麼樣講明自由意志(libre arbitre)，責任，罪孽各問題呢？如果神是一切事情的源泉，我們怎麼樣能不承認惡也是從他意志裏面出來的呢？就是説惡是善的消乏，不存在，這樣的過錯，豈不是神意志的結果，他豈不是不願意引導靈魂向善麼！

　　哲學上的理由使歐古斯蒂努斯主張限定論(déterminisme)，另外却又有宗教上的原因[23]。他覺得他有罪孽，由他自己的力量，無法得着幸福。人在自然狀態爲惡的奴隸，止有神的恩惠，才可以使他得着自由。可是神的恩惠，絕不受人的形響，止屬於神的自由。神救人，就是因爲他要救，可是他並不把一切的人全救出來。他在他們裏面選擇一部分可以得到幸福的人。他這樣的選擇是一件永久的事情，還在人類創造以前，這就是説，在人類裏面，有些人預定着要得幸福，有些人預先定下不能得幸福。歐古斯蒂努斯盡力躲着，不肯説人類有預先的定罪，但是按着名理，他的前提萬不能躲過這種結論。

　　無論他的理論，怎麼樣比他的敵人伯拉熱(Pélage)高，我們很可以看到，他一次進到神學上定命論(fatalisme)的路上，他的

思想不知不覺地落在拉柯當西烏斯,特爾突黎亞努斯所講底道德
學的同一水平綫上面。玄學家思考所達到底限定論,是一種絕對
的學説,把人和神全包括在它的輪廓裏面;至於他那宗教意識所
要求底限定論,止與人有關係,對於神,却主張一種頂完全的非限
定論。思想家覺得絕對的善組成神的意志;他一時又成主張預定
的健將,就覺得善善,惡惡,是由於神的高興。柏拉圖派所講的神
由於本質上的必要性,從耶穌基督在世界上表現出來;按着他爲
基督教護法的議論,降生不過是神所用以達到目的千萬方法中的
一個方法。當他作哲學家的時候,對於古代所説底德性很佩服;
他當了神學家,覺得這些德性不過是些僑裝的過失,*splendida vi-*
tia(漂亮的過失)[24]。

在盛時將終和中世紀將開始的時候,在智慧上和道德上有一
種危機,歐古斯蒂努斯就是表現這種危機最好的人格,絶没有人
能比過他。

原 注

〔1〕另外的著作如下:*De libero arbitrio*;*De vera religione*;*De Trinitate*;*De
immortalitate animae*;*De praedestinatione et gratia*;*Retractationes*,
etc. —*Oeuvres* de saint Augustin, Paris, 1835, ss. —Ferraz,*La psycholo-
gie de saint Augustin*,Paris,1863.

〔2〕*De libero arbitrio*,I,7.

〔3〕*Ibid*., II,3,6. —Kahl,*Die Lehre vom Primat des Willens bei Augustinus*,
Duns Scotus, *Descartes*, 1835. —Scipio, *Des Aurolius Augustinus Meta-
physik im Rahmen seiner Lehre vom Uebel*, 1886. —Reuter,*Augustinische
Studien*, 1887. —Nourrisson, *La philosophie de saint Angustin*, 2 vol.,

Paris, 1866, 2e éd.

〔4〕 *De vera religione*, 5.

〔5〕 *Soliloq.*, I, 3-4.

〔6〕 *De lib. arbitr.*, I, 2.

〔7〕 *De civ. Dei*, IV, 12.

〔8〕 *De Trinitate*, IX, 3; X, 11.

〔9〕 *Contra serm. arian.*

〔10〕 *Confess.*, XI, 10 ss. —*De civ. Dei*, XI, 4-6.

〔11〕 *De civ. Dei*, XII. 17.

〔12〕 *Quaest. div.*, *quaest.* 28. 一萬有神派的斯賓挪沙, 無神派的叔本華 (*Welt als Wille*, II, *Epiphilosophie*), 實證派的 Claude Bernard (cité par la *Revue chrétienne*, mars 1869, p. 138) 有同樣的意見。

〔13〕 這就是特嘉爾的 *Cogito ergo sum*.

〔14〕 *De quantitate animae*, 13.

〔15〕 *Épitre*, 157.

〔16〕 *De immortalitate animae*, I, 4, 6.

〔17〕 Saint Paul, 1, *Corinthiens*, IV, 7.

〔18〕 *De civ. Dei*, XIII, 24. —*De lib. arbitr.*, II, 3, 6. —*De immort. anim.*, 6.

〔19〕 *Inst. div.*, III, 12.

〔20〕 *De poenitentia*, IV.

〔21〕 *De lib. arbitr.*, I, 3.

〔22〕 *Contra mendacium*, c. 15.

〔23〕 *De civ. Dei*, XX. —*De gratia Dei et lib. arbitr.*, 6. —*De praedestinatione sanctorum*, 18. —*De praed. et gratia*, 2.

〔24〕 *De civ. Dei*, XIX, 25.

第二十九節　羅馬文化的衰頹，──野蠻，新哲學最先的朕兆

　　當歐古斯蒂努斯死的時候，西羅馬帝國也就要滅亡了。北方的民族從各處侵入它的境界。高盧，西班牙，非洲已經入了他們手中，意大利受他們的迫脅。希臘，羅馬的文化要同它們的國家，一樣零落下去。在社會的一切組織裏面，止有教會幸而綿延下去，沒有受一種深的變化。它一方面，對於有少壯信仰的北方人和對於由懷疑而頑鈍的希臘拉丁人，把一個較好世界的門開給他們；但是它對於不配的人要把門關起來，至於這種鎖鑰的權它却是從神得來：他這樣的得到一種萬能的方法來統治羅馬人和野蠻人。另外一方面，教會在代表要被將來擴張或變化的古代觀念以外，又代表一種新的和可以生發的原理；說一切的民族和個人，在神前面，全是平等的；人類有單一性和聯帶負責性；一句話說完，就是它得了人道的觀念。所以當大變經過的時候，教會還能站得住，並且接續帝國的事業。它同時承受希臘，羅馬的文化和得神佑（salut）的方法，它從此以後，同時把地上的教育和達天國的需要分給野蠻民族。它要成了新民族的導師，新拉丁的和日爾曼的文明，就是在它的懷裏和受它的保護，顯出它們生命最早的記號。

　　雖然如此，古代文化的衰亡和新世界的孕育綿延好幾世紀。希臘，羅馬文學的歷史在意大利和東羅馬帝國，有些地方接續下去。當多神論最後的思想家盡他們那絕無能力的氣力，想給古代宗救鍍金的時候，有一個基督教徒用雅典裁判官德尼斯（Denys l'Aréopagite）[1]的假名字，超過希臘神父怯懦的思考，把新柏拉圖

派的學説加一番基督化,在基督教的思想裏面播散些種子,將來要在懺悔師麻克昔謀(Maxime le confesseur)[2],愛黎格納(Scotus Erigena),玉歌(Hugues),里沙爾(Richard de Saint Victor),愛加爾(Eckart),伯穆(Boehme),布盧耨的思想裏面發展起來。加柏拉(Marcianus Capella)在四百五十年左右,想作一種學術的類典[3]。非婁邦(Jean Philopon)[4]與新柏拉圖派學者三布里叙斯(Simplicius)同時,他同時注釋亞里斯多德的著作和爲基督教辯護。差不多同時的羅馬人鮑愛斯(Boëce)[5]把柏拉圖和亞里斯多德的著作翻成拉丁文,並著作他的 De consolatione philosophiae (哲學的安慰)。在這部書裏面,有愛比柯德斗斯(Epictetos)和馬爾舉斯‧歐來侶斯(Marcus Aurelius)的口氣;加秀斗爾(Cassiodore)[6]也是意大利人,死於五百七十五年,著作他的 De artibus ac disciplinis liberalium litterarum。他這部書同加柏拉的學術類典,鮑愛斯對於亞里斯多德的注釋,鮑爾斐盧斯的 Isagoge 成了中世紀教育的基礎[7]。我們還可以説到伊西斗爾(Isidore de Séville)和他所著二十篇的字源學;達麻的聖若望(saint Jean de Damas),他同時是有名的神學家和考古學家;君士坦丁堡的大教師佛叙斯(Photius)著作 Bibliotheca 或名 Myriobiblion,爲一種哲學書的選本。

我們可以看見文學漸漸地逃在教會裏面。尤其是在西方,智慧的生活全聚在那裏面。但是這個時候的僧侶,大半全是從野蠻人裏選出,文化在他們裏面,不過剛能像一種不全滅的燈草。無知識是普通的。教會接續着用拉丁語言,這種文字在文化盛時和將來新世紀中間,爲惟一的和微細的聯絡。在一切野蠻的舉動中間,世俗的僧侶(le clergé)信一種粗野的實在論,對於精神事物,絕對地不關心,這個時候,只有修道院(les couvents)成了思想和研究的隱匿所。在修道院生活以外,精神全馳於外面的事物,止有他們還有功夫來修練他們自己和開發他們真正的寶藏。等着將來,才有自出機軸的著作,至於這個時候的修道人,止盡力於抄寫,我們由於他們的熱誠,才能得到古代大多數的名著。

　　但是他們還作些別的事情:他們立些學校,教育青年(scholae, scholastici, doctrina scholastica)。修道院的學校同教會的學校相競爭。大布來顛島有模範的修道院。我們可以看見從那裏出來些有學問的人,比方説,柏德(Bède le vénérable)[8]亞爾狷(Alcuin)[9],亞爾狷是約開(York)學校的學生,以後成了沙爾大帝(Charlemagne)的顧問和朋友,對於宮中學院,大多數的屬於僧正和修道院的學校的建立,很有功績;歸結,並且頂要緊的,就是愛黎格那,他爲中世紀基督教徒的第一個最深的哲學家。

　　愛黎格納,歐加謀和兩位培庚的祖國,説它是近世哲學的友尼阿,並不是沒有理由。

原　注

〔1〕Dionysii Aeropagitae *Opera*, gr. et lat., Paris, 1615, 1644 (2 vol. in-fol.).——Engelhardt, *De origine scriptorum Areopagiticorum*, Erlangen, 1823.

〔2〕生於五百八十年,死於六百二十二年。*Opera*, ed. Combefisius, 2 vol. Paris, 1675.

〔3〕*Satyricon*, éd. Kopp, Francf., 1836.

〔4〕他對於 les *Analytiques*, la *Physique*, la *Psychologie* 等書的注解,於十六

世紀曾經印成多少次。

〔5〕他是一個政治家,五百二十五年當 Théodoric 王時被殺。*Opera*,
Bâle,1546. 1570, in-fol. —Gervaise, *Histoire de Boëce, sénateur romain*,
Paris,1715.

〔6〕*Opera omnia*, Rouen, 1669; Venise, 1726. —Sainte Marthe, *Vie de Cas-
siodore*, Paris, 1695.

〔7〕這種教育包括七種自由技術(arts libéraux):文法,修詞學,論辯法三
種組成 *trivium*,其他四種:音樂,算術,幾何,天文組成 *quadrivium*,這
就是説這是三條和四條引人到頂重要的科學:神學的路。

〔8〕生於六百七十三年,死於七百三十五年。—*Opera*, Bâle, 1563; Co-
logne, 1612.

〔9〕生於七百二十六年,死於八百零四年。—*Opera*, Ratisb., 1773, 2 vol.
in-fol.

第三十節　學校學派(La Scolastique)[1]

教會承受羅馬帝國全體的遺產,爲中世紀最大的勢力。在它
以外,絕沒有神佑;在它以外:也絕沒有知識。它用定則宣示出來
的教義,就是真理。然則並不需要尋找真理。特爾突黎亞努斯曾
經説過[2],尋找真理的問題對於基督教徒並不存在。由中世紀的
觀察點看起,研究哲學就是講明教義,就是發展它的歸結,就是證
明它是真理。然則哲學同實在的神學相混起來,除它以外,就成
了異端。基督教當思想受教會的規律所束縛,就好像束在峻岸中
間的一條大河,河床愈窄,河流愈深。基督教徒的思想,出不了束
縛他們的教義,就深求它,掏掘它,到很長的時候,以至於歸結把
它搖動起來。

基督學校的哲學,學校派的哲學,就是這樣地漸漸迸發和組織起來。愛黎格納爲它的建樹人;昂塞爾穆,亞柏拉,多馬斯,董斯毅特爲這一派最有名的代表。學校派哲學爲近世科學胞胎的狀態[3];這就是歐洲各國的哲學,用神學的形式,在教會的母親腹中發展。並不像神父的思考,爲古代哲學的產兒,——羅馬衰亡把它們隔開。它生於日爾曼和新拉丁有氣力的地方上面,它就屬於另外的種族,屬於一種新的文明[4]。現在它的祖國,是法國,英國,西班牙,德國,一句話説完,就是歐洲的西方。它有少壯的時期,成熟的時期和衰老的時期。它起初由於歐古斯蒂努斯的著作,受柏拉圖的影響,從第十三世紀起,漸漸地承受亞里斯多德的威權。因此學校派的歷史就分成兩個大時期:柏拉圖的時期和游行學派的時期。這後一時期又分爲兩個小時期:第一期用實在論意思,講明亞里斯多德的著作,第二期用名目論的意思講明他。從第十四世紀起,學校派的哲學由於實在派和名目派的爭論,已形枯竭;在第十五世紀的中期,由於文藝復興時代所開闢底非教會派和自由派的反動,就倒下去。儘少説,從這個時候起,不能在智慧界裏面成一種大勢力,自身同財產全逃遁在教會的肘腋下面,一直到現在,它還是它們通用的哲學[5]。

它主要的思想,基礎的理論,是什麼呢? 黑智爾(有人把他叫作"最末的學校學派者")在他所著底哲學史上面,雖然"一步超七里地"[6]跳過去中世紀,他説明中世紀的性質比無論誰都清楚:"哲學和宗教有同樣的容積,同樣的目的,同樣的興趣,……哲學講明宗教,就是講明了它自己;講明自己,就講明了宗教[7]。"實在這就是在學校派一切學説基礎上面的原則。這個時

代的特徵，就是把從前和以後總在戰争狀態的兩件事物：神學和
哲學，信仰和理性，"神惠"（grâce）和"自然"，聯合起來。拉丁的
神父同建樹近世哲學的自由思想家全覺得這兩方面有衝突。神
父選擇"神惠"的一方面；哲學家選擇"自然"的方面；學校派的學
者——儘少説第一期的學者——他們確信神示的教義和自然的
理性不能互相矛盾。但是在很多的點，外面不相合，他們就是要
駁擊這種假外像，證明教義的真實，表明基督教是一種合理的宗
教。黑智爾的一個有名的繼續人説[8]；使理性承受教義，就是學
校派的日程。教義不是肯定神人（le Dieu-homme）麽？學校派哲
學就發這樣的問題：爲什麽有一位神人呢？想解決這個問題，神
學就同哲學聯絡，信仰就同知識聯絡。這種聯絡就構成學校派的
真質。它真是哲學和信仰中間的一種互讓，等到一方面名目派的
博士，另外一方面人道派學者承認這兩部分有分離必要的時候，
學校派也就衰萎了。

原 注

〔1〕 Rousselot, *Études sur la philosophie du moyen âge*, 3 vol., in-8, Paris, 1841. —Hauréau, *Histoire de la philosophie scolastique*, 2 vol., Paris, 1850; 1872, ss. —Cousin, *Fragments philosophiques. Philosophie scolastique.* —Ritter, *Philosophie du moyen âge.* —K. Fischer, *Histoire de la philosophie moderne*, *Introduction.* —Picavet, *Esguisses d'une histoire générale et comparée de la philosophie médiévale.* —Picavet, *L'Histoire des rapports de la théologie et de la philosophie. Bibl. de l'École des Hautes Etudes*, *Sciences religieuses*, t. II, 1896. —De Wulf, *Les philosophes du moyen âge. Textes et études*, 1902.

〔2〕第二十七節注 3(譯者按:原印有誤,現在改正如此)。

〔3〕Hegel, *Histoire de la philosophie*, t. III, p. 118.

〔4〕Hegel, *Histoire de la philosophie*, t. III, p. 139.

〔5〕它以後在文藝復興時代頂有名的代表就是耶穌會的 François Suarès de Grenade(1548-1617)。他屬於亞奎撰的多馬斯派,著有 *Disputationes métaphysicae*(Paris, 1619)等書。

〔6〕Hegel, *Histoire de la philosophie*, t. III, p. 99.

〔7〕*Philosophie de la religion*, t. I, p. 21.

〔8〕K. Fischer, ouvrage cité, t. I, 2e éd., p. 67.

第三十一節　斯骹突斯‧愛黎格納(Joannes Scotus Erigena)

學校派的頂早的大學者,愛黎格納生於愛爾蘭,他父母是蘇格蘭的人。他於第九世紀的中期,由法國禿沙爾王(Charles le Chauve) 的延請管理宮内的學院。他曾因骹特沙爾克(Gottschalk) 的異端。著有 De divina praedestinatione(論神的預先限定) ,並將雅典裁判官德尼斯的著作,譯成拉丁文。但是他疏忽沒有了教皇的認可,减少了教會對於他的同情。雖然如此,他却没有缺少元首的保護。他生卒的年月不很確定。

愛黎格那的精神很廣大,比他同世紀的人高的多,很可以使人想起來歐黎格奈斯。他同歐黎格奈斯有同樣的運命,失了教會的歡心,所以没有升到聖(saint) 的階級。他的知識比加婁蘭(Carolingien)朝知識的水平綫高的多。在拉丁文以外,他學過希臘文,或者學過亞拉伯文。對於希臘神父和新柏拉圖派的認識,他又加上一種很强的思考能力,一種膽大的判斷,好像火山的高峰,猛然一下,浮出廣莫的大平原上面。並且他在他主要的著作 De divisione naturae(論自然界的區分)[1]裏面所有底理論,並不新鮮:它同假名德尼斯和他的弟子麻克昔謀一樣,全是用基督教的形式把亞里山大城學派的分播論再講出來。

愛黎格納覺得哲學和宗教有同一的對象[2]。哲學是關於信仰的知識,關於教義的智慧。思考和宗教有同一的神聖內容,止有形式不同,因爲宗教要聽命,崇拜,至於哲學,對於宗教所止要崇拜底對象,却用自己的理性,加以研究,辯論和深造;這個對象,就是神,或名非被創造却能創造的自然界(la Nature incréée et créatrice)。

按着他頂普通的用法,自然界這個字包含存在的全體:非被創造的和被創造的。用這樣的意思,自然界包括四類的存在:第一,非被創造却創造他物的事物;第二,被創造也能創造的事物;第三,被創造却絕不能創造的事物;第四,非被創造也絕不創造的事物。存在除了這四種形態就是不可能的。

雖然如此,對於存在這樣的分法,還可以變簡單。實在,第一類和第四類相混,兩句全包含非被創造的事物,歸結彼此全是關係於惟一的存在,絕對的說,就是關係於神。第一類就神爲創造的原始,事物起首和根源看的神;第四類也包含着神,因爲他就是歸結,消費者,加冕,在他外面,什麼全沒有了。如果我們比較第二類和第三類,我們可以看出這兩類也要混成一類,包括一切被創造的事物,就是從同神有分別的一方面說的宇宙。被創造的事物,轉過來,又可以產生(第二類),這就是在各個體裏面現實的模範意象[3]。被創造並且絕不產生的事物,就是個體;因爲有產生的能力的，並不是個體，却是模範或種類。然則我們原先所分底四類，現在止剩了兩類：神和宇宙。

但是這兩種範疇或兩種存在的狀態，轉過來又變成同一的[4]。實在，宇宙就在神裏面，神就在宇宙裏面，爲宇宙的真質，靈魂，生命。在世界裏面的一切：活動力（force vive），光綫，智慧，就是含在宇宙中間的神；至於宇宙，由於它參與神的有，才可以存在。神就是全體看的有，沒有分開，也沒有畫分的有，沒有界限，也沒有衡量的有；世界是畫分的，分開的，有限的有。神是不被解說的有，世界是被解說的，表示的，顯出的有（theophaneia）。神和宇宙是惟一的和同一的無限的有，帶着兩種不同的形態或有的樣式：或者更可以說：止有世界爲存在的一種樣式，有的一種變態和一種限制，至於神爲沒有存在樣式，也絕沒有任何限定的有[5]。

愛黎格納説：theos（神）這個字或是出於 theôrô, *video*（見），或者出於 theô, *curro*（跑）[6]，這個字按着第一個字源表示一種視覺（vision）或絕對的智慧，按着第二種的字源，表示永久的運動。但是這兩種全是借用的意思。因爲神的存在，在他以外，什麼全沒有，也不能在他旁邊，也不能在他裏面，這樣，嚴正的説起，我們不能説神看見或明白無論什麼事物；至於神聖的運動，絕不像衆生所有底移轉的運動，他是從神生出，在神裏面，並且向着神運動；這就是説他同絕對的休息有同樣的意思。神因爲超出一切的差異，一切的衝突上面，無論那一個能引起反對觀念的術語，全不能指明他。我們叫他作善，但是錯了，因爲善惡的差異，在他裏面並不存在（huperagathos, *plus quam bonus est*）[7]。我們叫他作神，但是我們剛才看見它的意思並不適當。我們叫他作真理，但是真理同錯誤相反對,這種衝突對於無限的有,並不存在。我們叫他作永久,生命,光明;但是永久和時間,生命和死,光明和黑暗的差異,在神裏面,絕不存在;一切可以叫出的字,全不正確。以至於有這個字,也不正確:因爲有與無相反。然則神是非言語所能形容底,不可理解的。他在善的上面,真理的上面,永久的上面;他比生命,光明,神,更要多些(hupertheos)並且比有更要多些(huperousios)(*superessentialis*)。無論亞里斯多德所説底那一個範疇對於神,全不適用,並且如果明白一件事物,就是把這一件事物放在一個範疇面裏,神就是不能明白的事物。他是絶對的虛無(l'absolu Néant),永久的神秘(l'éternel Mystère)[8]。

　　人類靈魂親切的原質同神一樣的神秘,一樣的不可測度,因爲它就是神的自身[9]。我們對於它所能知道底,就是它是運動和生命,並且這種運動和生命有三個階級:感覺,智慧,理性;這就是三位一體在人類裏面的反射。身體和靈魂同時被創造;但是它因爲造孽,從它那理想的美麗裏面墮落下來。這種在現在機體裏面潛藏的美麗,止有在將來的生命裏面才表示出來它的純潔。人類把天上和地上一切的衆生聚積在他自身裏面。他就是縮小的世界,也就像它一樣,爲衆生的王侯。他同天仙(les anges)比,除了他有罪孽,就沒有分別,並且他由於懺悔,就升到神聖的地位。罪孽就含在人類肉體的本質裏面;它就是在發展的道路上,感覺勝過理性的必要的結果。

　　並且,人類的墮落,不止是身體存在的歸結,並且是它的原因。身體的不完善和疾病,它那沈重的物質性,肉體對於精神的爭鬥,陰陽二性的區別,這一切已經全是罪孽,墮落,同神的分離,普遍統一性的分解[10]。另外一方面,因爲除在神裏面,没有實在的有,我們所叫作同神的分離,墮落,罪孽,不過是一種消極的實在,一種虧欠,一種缺乏。惡並不在實體上存在。一件事物止有當它是善的時候,才能實在地存在,它的進善就是它那實在性的衡量。完善和實在意思相同。然則絕對的不完善和絕對的不實在意思相同:這就足以定明一個魔鬼,一個絕對惡的有萬不能存在。惡就是缺乏善,生命,有。如果你對於一個有把它的善都去掉,你同時就把它消滅了[11]。

創造是一件永久的和連續的事情,没有始終。它並不是在那個時候,它總是在。神比世界在前是從品級上説,並不是從時間上説[12]。神是絕對的永久,世界是相對的永久。神爲太陽,世界就是從它生出來的光綫。對神説,思想就是創造(videt operando et videndo operatur)[13],並且他的思想,他創造的活動,也是一樣的没有起頭。每一個衆生,在潛勢上,全是永久的;我們由於我們"有"的根源,全沈到永久裏面;我們全在産生我們的無限級數的原因裏面預先存在;但是止有神是實現的永久;止有他,永久没有像萌芽地存在。聖書上所説世界所從出底虛無,並不等於零,這就是神的本質的言不能宣,理不能解的光輝,神的超出存在的和超出自然界的真質,思想簡直達不到它,就是天仙,也不能認識它[14]。

好像一種接續的開花,類,系,個體從無限的有生出來。創造就是普通的永久分析。最寬廣的普通性,就是有;有是一切衆生所同有底,止屬於有機物的生命,就是從那裏面分離出來成了特別;從生命裏面生出來的理性,組成一級更有限制的有(人和天仙);歸結從理性生出來明智和知識:這是頂小一部分的有的專利品。創造是些同中心的圓所成底一種叶和的全體,在這些圓裏面,一方面,神的真質要吐露,發展,開花,另外一方面,世界或圓周傾向着收束,聚積,回到神那裏,這兩種動作不住地交互[15]。人類知識的目的,就是要確切地知道事物怎麽樣從最初的原因裏面生出來,並且它們怎麽樣一分再分,成係和類。這樣講的知識,就叫作論辯法[16],它又分成物理學和道德學。真正的論辯法,並不像哲人學派所説,爲人類幻想或我們的理性隨便所作成底事業,它却是由於各種科學和技術的著作人,建樹在事物的本質裏面。人類的靈魂,由於知識和明智(這是知識的最高點)升在自然界的上面,同神化爲一體。這種對於神的轉回,普通的自然界由人類來作;人類由基督和基督教徒來作;基督教徒,由於明智和知識的精神,可以同神作超自然的和真質的集合。也就像一切事物全從神生出一樣,一切全要轉回到神那裏。有預先的限定,但是一種普遍得到幸福的限定。一切墮落的天仙,一切墮落的人類,一句話説完,一切的有全要轉回在神那裏。在地獄裏面的受罪,純粹是精神上的事情。對於德性,除了立時看見或認識神以外,没有另外的報酬;對於罪孽,除了與它緊隨的悔恨,没有另外的苦痛。責罰絶不是武斷的,不過是事情自然的結果,神的法律判定它得這種結果[17]。

他的學説有多少行,就有多少行的異端,如果隔幾個世紀,愛黎格納要成了一個殉道人或成一個叛教人。

原 注

〔1〕Éditions Thomas Gale, Oxf., 1685; Schlüter, Münster, 1838; H. J. Floss,

Paris, 1853（collection Migne）.—Saint-René Taillandier. *Scot Érigène et la philosophie scolastique*, Strasb., 1843.—Christlieb, *Leben u. Lehre des Scotus Erigena*, 1860.

〔2〕 *De divina praedestinatione Prooemium*（dans Gilbert Mauguin, *Auct. qui nono saec. de praed. et grat, scripserunt opera*, Paris, 1850）.

〔3〕 *De divisione naturae*, II, 2.

〔4〕 *Ibid.*, III, 22.

〔5〕 *Ibid.*, III, 10：神就是全體：全體就是神；III, 17-18：我們不應該把神和創造品當作一種二元，却應該把他們當作一個惟一的和同一的事物，cf. 22-23.

〔6〕 *Ibid.*, I, 14.

〔7〕 *Ibid.*, I, 14.

〔8〕 *De div. nat.*, I, 16；III. 19.

〔9〕 *Ibid.*, I. 78.

〔10〕 比較第十，十五，二十五，二十七，六十八各節。

〔11〕 *De divisione naturae*, III, 1, 4.

〔12〕 *Ibid.*, III, 6.

〔13〕 *Ibid.*, III, 17 ss.

〔14〕 *Ibid.*, III, 19.

〔15〕 *De div.* nat., I, 16.

〔16〕 Ibid., I, 29, 46；V, 4.

〔17〕 *De div. praedest.*, 2-4.

第三十二節 從愛黎格納到昂塞爾穆，
阿拉伯人，猶太人，基督教徒

由沙爾大帝所開闢底文化運動，從愛黎格納以後，又消滅了。

自此以後，就是在封建制度下面的無政府時期，當那個時期，基督教徒的思想，全消耗於對物質生活不絕的奮鬥上面。當這個空裏，有另外一個宗教，另外一個人種，來負接續希臘文化歷史的責任。阿拉伯人謨罕默德建立回教，混合猶太人的一神論和基督教的普遍論（universalisme）。他的繼續人成了一個大帝國的主人，同被他征服的民族接觸，就得了他們的文化。他們對於在西黎亞和在埃及的希臘人，波斯人。印度人為很聰明的學生，承受他們的科學；數學，天文學，醫學，哲學，在回教二王統治的地方，不久就興盛起來。他們在巴克達（Bagdad），巴叟拉（（Bassora），布哈爾（Boukhara），古發（Koufa），轂爾都（Cordoue），歌婁那德（Grenade），多來德（Tolède），塞維爾（Séville），謀爾西（Murcie），瓦朗斯（Valence），阿爾麥黎（Almérie），建立些很有學問的學校[1]，並且由於一種容忍——這種容忍，在中世紀的歷史上，是惟一的——猶太教徒和基督教徒或作老師，或當學生，同回教的信徒相混起來。在那裏所講究底科學，尤其是阿拉伯的哲學，頂重要的是解釋亞里斯多德的著作[2]，他們因為他的一神論和普遍的知識，所以偏①重他，但是他們另外還有第一等的思想家和考古家：亞爾甘底（Alkendi）[3]，亞爾法拉皁（Alfarabi）[4]，亞維塞納（Avicenne）[5]。亞爾加塞爾（Algazel）[6]，亞維塞布龍（Avicebron）[7]，亞宛巴斯（Avempace）[8]，亞布巴塞或多法意（Abubacer ou Tofaïl）[9]，亞維婁愛斯（Averroès）[10]，猶太人默謀尼德（Maïmonide）[11]，一切有名的醫生，數學家，天文學家，論理學家，他們的講授和著作，對

①編者注："偏"，原誤作"徧"，據文意改。

於西方哲學的覺悟很有功績。

　　他們由於一種很快的演變,升到極點以後,很沈重地跌下,再起不來;當這個時候,歐洲基督教的覺悟,非常地緩慢,從第九世紀到第十二世紀,科學的代表,止有幾個有價值的人,比方説,阿拉伯人的學生,齋爾柏爾(Gerbert d'Aurillac 或名 Sylvestre II)[12]柏朗熱(Bérenger de Tours)[13],柏克(Bec en Normandie)的教士和坎陶柏黎(Cantorbéry)的大主教朗夫朗克(Lanfranc)[14],都爾的主教,一本神學和一本倫理學的著作人,希爾德柏爾(Hildebert de Lavardin)[15]。這些學校派學者,對於引起愛黎格納和阿拉伯哲學家興味的大問題,還不很注意。他們是些纖巧的推理人,喜歡些頂無聊的題目,頂兒戲的問題:一個妓女,由於神的全能,是否可以再變成一個處女? 老鼠吃了神前的犧牲,是否就算吃了神的身體? 基督教徒的思想還好像兒童,還喜歡兒童的玩藝:但是,就是這些玩藝,也是有意思的,已經開了將來爭論的先聲。

　　在愛黎格納以後,第一個哲學家就要數朗夫朗克的弟子昂塞爾穆[16]因爲齋爾柏爾頂要緊的是一個科學家。昂塞爾穆(saint Anselme)於一千零三十三年,生於奧斯特(Aoste)。起初在諾爾曼底的柏克的修道院中爲修道士(一千零六十九年),以後接續他的老師作教士(一千零七十八年),和坎陶柏黎的大教士(一千零九十三年)。他死於一千一百零九年,留下很多的著作,頂重要的就是 *Dialogus de grammatico*,*Monologium de Divinitatis essentia sive exemplum de ratione fidei*,*Proslogium sive fides quaerens intellectum*,*De veritate*,*De fide Trinitatis* 和 *Cur Deus homo*?

　　昂塞爾穆,人家給他起一個名宇,叫作第二歐古斯蒂努斯,他也同歐古斯蒂努斯一樣,從同樣的原理出發:他要信仰在各種的反想和與宗教有關的一切辯論前面。他説[17]:没信仰的人找着明白,因爲他不相信;我們找着明白,因爲我們相信。他們和我們尋找同樣的事物:但是他們因爲不信,就不能達到他們的目的:就是明白教義。没信仰的人永遠不能明白信仰,在宗教裏面,信仰的用處,也就像經驗對於明白這個世界的用處一樣,盲人看不見光明,就不能明白光明;永遠聽不見聲音的聾啞,對於聲音,不能有明了的觀念;也就像他們一樣,不相信就是不知覺(percevoir),不知覺就是不明白。然則並不是要得到信仰,我們才去反想,實在是,因爲要達到智慧,我們所以信仰。一個基督教徒,無論用什麼價值,總不應該把神聖的天主教會所信於心及懺悔於口中底,加以疑惑。

他説所可以允許底,止有盡力的謙抑,一方面去研究教義,一方面接續着信仰它,愛它,堅忍不拔地在生活上去遵守它。如果你明白了基督的教義,你總須要對神感謝,因爲他是一切智慧的源泉！如果你不能明白,却並不能因此就有理由,來低下頭去,抵他一角,還應該低頭去崇拜他。信仰不單是一種出發點,——因爲基督教徒不能説從信仰出發,是應該常住地信仰,——它是永久的規則,思想的達到點,一切哲學的原始,中間和歸結[18]。

上面所引底話,差不多是昂塞爾穆的原文,按着這些,好像他的名字止能在神學的歷史上面占一位置,其實絶不是這樣。這位熱烈的基督教徒頗有獨立的精神,頗算一位研究家和哲學家,他自己也並不很知道。他爲學校派博士的完全模範,聯合理性和信仰的真正人格,——這種聯合,是中世紀哲學頂顯著的色彩——

他由先地承認神示和理性完全的相合。他覺得這是一個無上智慧的兩種表示，在它們中間，萬不能有矛盾的。然則他的觀察點，同説 *credoquia absurdum* 的觀察點，是正相反的。他並且知道可以有疑惑。就在他到處尋找論據，證明教義的熱誠中間，他已經承認這種教義需要扶持，它是可以辯論的；真理的標準：顯著性，它並没有。他已經像一位修道士（moine），惟一的注意，就是尋找一種簡單的推理，可以幫助他結論到<u>神</u>的存在和<u>教會</u>對於<u>無上的有</u>所訓導底一切教義。單有一個肯定，不能使他滿足，他需要有一種證明。他白天夜間，總忘不了這樣的思想，至於廢飲忘食，一直到行禮的尊嚴時候。他結論説：這是<u>薩當</u>對於他的一種誘惑，要盡力的擺脱它。但是没有法子。歸結，有一個沈默深思的夜間，他發現他已經尋找多年的論證；對於<u>基督</u>教義不能再毁滅的論證，他當那個時候，很高興得到<u>神</u>存在的論據，同時得到靈魂的安寧。

<u>昂塞爾穆</u>的論據，大約如下所説[19]：一切存在的事物全有它的原因，這種原因或是一個或是多數的。如果是一個，我們所需要底已經有了：<u>神</u>就是惟一的有，另外一切的有，全從他得到存在。如果原因是多數的，可以有三種情形；第一，多數的原因爲"一"，即附屬於此一；第二，組成多數的每一件事物，就是它自己的原因；第三，每一事物靠着另外一切的事物存在。如第一説，那就同一切的有全從惟一原因生出的假説相混：因爲萬有從許多的原因生出，這許多的原因又屬於一個惟一的原因，這就是萬有從這位惟一的原因生出。按着第二説，我們應當承認有一個勢力，力或能力，由它的自身，就可以存在，爲假説所承認底一切個體的

原因所公有，一切的勢力全參與這個勢力，並且全包含在這個勢力裏面。這也同第一説一樣，我們又達到一個惟一的和絶對的原因。至於第三種的擬想，説每一個"最初的原因"屬於另外一切，是迷謬的；因爲 A 的原因和生存的條件説是 B，B 的原因和它生存的條件又説是 A，這種意見我們是没有法子承認的。然則，無論怎麽樣，我們總得相信有一位萬有的原因，至於它自身，無論什麽原因全没有，它因此就比其餘一切，無限地完善：這就是非常實在的（ens realissimum），非常有勢力的和非常慈善的有。它因爲簡直不從另外那一位有生出，它存在的條件止有它的自身，所以它的存在是 a se（從它自己出）和 per se（由於它自己的）；它存在，並不因爲另外的事物存在，却因爲它存在；這就是説它必要地存在，它是必要的有[20]。

我們不要把獨言集的推理扣的太緊，從它找出來萬有神論。昂塞爾穆禁止人家這樣講他的神學。他同歐古斯蒂努斯一樣，承認世界是從虚無創造出來的。但是他雖然承受這種學説，却作成他自己的，這就是説他把這種學説又變化一番。他説：事物在世界創造以前，它們並不是對於自己存在，與神無係屬地存在：它們所從出底虚無就是這樣。但是它們對於神並且在神裏面，成意象的狀態，永久地存在；如果用創世主預先看見它們，並且預定它們存在的意思，就可以説它們在被創造以前預先地存在[21]。

現在已經證明神的存在爲世界惟一的和絶對的原因，就應該確定他的本質和他的屬性。人類的完善也就是神的完善，但是還有這樣的差異：完善對於神是屬於真質上的；對於我們，却不屬於真質。人分得些完善，但是在完善和他中間没有必要的關係；他

很可以没有得到；可以没有完善就存在。至於神的完善，並不是
從外面得來的：他並没有接收完善，絕對地説，他並没有完善却就
是完善，並且他必須是完善；他的屬性和他的真質相同。神的屬
性就是正義，正義的主體就是神；神、正義，並不是兩件有分別的
事物。我們不能説神有正義，有善，也並不能説，他是正義的；因
爲説是正義的，就是説他同衆生一樣，參加在正義裏面：我們應該
同歐古斯蒂努斯一樣，説他就是正義的自身，慈善的自身，明智的
自身，景福的自身，真理的自身，有的自身。至於神一切的屬性，
因爲神的真質性有單一性，所以就止成了一個（ *unum est quid-
quid essentialiter de summa substantia dicitur* ）[22]。

　　這一切學説，純粹是柏拉圖的議論。但是昂塞爾穆不止使他
的有神論受精神化，他一至於要動搖了有神論；他又成了嘉爾奈
阿德斯，把他所找出來底困難，全數出來。神是簡單的有，他同時
是永久的，這就是説他散布於無限綿延的各刹那；他又是到處存
在的，這就是説他散於空間的一切點。我們是否因此就要説神在
到處和各刹那？但是這種説法，與神真質的簡單性相刺謬。然則
我們是否就要説他無處無時存在？這樣，就要否定他的存在。然
則我們調和這樣兩極端的議論，説神在到處和各刹那，却並不限
於某一地方和某一時候。這就又要有一種困難，並不比前邊的
小：在神裏面没有變化，歸結就没有偶遇（ accident ）。可是凡實體
没有無偶遇的。然則神並不是一個實體，却在各種實體上面。昂
塞爾穆這一次對於論辯法引他所到底深淵旁邊害了怕，他就很謹
慎地加一句説，實體這個字雖然不恰切，我們對於神所能用底字，
還算它是頂好的——*Si quid digne dici potest*——如果不肯用他，

或判决了他，對於神的實在性的信仰，或者要動搖，也未可知。

在神學裏面，頂可怕的矛盾論，就是在神真質的單一性裏面，却有三位[23]。語言（Verbe）是永久思想的對象，這就是由他曉得自己，明白自己，用定則顯出自己的意思看的神。聖神就是神對於語言和語言對於神的愛情，就是神對於他自己的愛情。但是這種講法是否可以滿意？他所自負要講的教義豈不是要對於單一的觀念犧牲掉？昂塞爾穆在三位一體的觀念裏面和在神的觀念裏面一樣，找出來不能解決的困難，人智無法免除的矛盾。他失了勇氣，不得已，同愛黎格納、歐古斯蒂努斯和新柏拉圖派的學者一樣，説人類没有一個字能適當地表明神的真質。就是明智（sapientia）和有（essentia）這幾個字，也止能不完善地表明他精神裏面所猜想底神的真質。神學上一切的術語全是些類似，比喻，相近[24]。

附言集（Proslogium sive Fides quaerens intellectum）和獨言集有同樣的目的：就是證明神的存在。他這本書裏面論據的材料，還是從歐古斯蒂努斯和柏拉圖的著作裏面借來；他從完善的有的觀念出發，結論到他的存在。他説，我們在我們心裏面找出一個非常完善的有的觀念。可是完善總需要有存在才行。然則神存在。這種論據叫作本體論的論據，遇見麻爾謀底葉（Marmoutiers en Touraine）的修道士彀尼龍（Gaunilon）爲很配得他上的反對人[25]。彀尼龍主張在思想和有中間有差別，我們可以想到和設想一個有，但是這個有並不見得存在。這樣的論據，也就像因爲我們想到在大洋中間有一個極樂世界，就結論説這個島有實在的存在。這個批評很有理由，實在，本體論的論據，除了信神的觀念

和神的存在在人類的思想裏面有同一性的假説以外,萬不能得到
結論。如果我們對於神的觀念就是神的自身,很顯著地,這種觀
念就是立時的,直接的,不可破壞的證據;但是神學家所要證明
底,並不是柏拉圖和黑智爾所説底意象神(Dieu-Idée)的存在,却
是有人格的神的存在。雖然如此,昂塞爾穆和反對他的人,在修
道院斗室裏面,能開康德超越論辯的先聲,我們對於昂塞爾穆觀
念的深廣和戲尼龍思想的鋭利,惟有贊歎而已。

　　我們剛才在獨言集和附言集裏面所看出新發生的惟理論,在
神何因爲人論(Cur Deus homo?)裏面又可以看出來。爲什麽神
變成人呢? 這本書名的第一個辭:爲什麽,已經可以表明這本書
哲理的傾向。他所要尋找底是降生事實的原因。昂塞爾穆覺得
降生的必要由於贖罪(rédemption)的必要。罪孽是對於神的尊嚴
所作底侮辱。神雖然説慈善,可是如果寬恕它,就要損傷自己的
名譽和正義;另外一方面,他的名譽受損傷,不能對於人來報復,
罪孽因爲是無限大的凌辱,也需要一種無限大的滿意;這就是説
他或者需要把人類絶滅,或者使他入地獄受永久的痛苦;可是在
這兩種情形之下,創造的目的,衆生的景福,全要消失,創世主的
榮譽也要受危害。神想逃出這樣的困難,却不損傷他的榮譽,止
有一個法子:就是構成一種滿意(une satisfaction)。這應該是一
種有無限價值的一種滿意,因爲凌辱是無可量度的。可是因爲人
類是有限的有,不能滿足神聖的正義到無限的量度,然則需要無
限的有自己來負這樣的責任:他需要用一種替代(une substitu-
tion)從此就發生降生(l'incarnation)的事實。神在基督身上變成
人:基督替代我們受苦痛和死;他從此就得了無限的功業和得一

種相等報酬的權利。但是他就是創世主,世界就屬於他,無論什麼,也不能加他的寶藏,他應該受的報酬歸到基督,因爲基督降生於人類中間,所以人類得到幸福:人類因此受了寬恕,被了恩惠,被救濟出來。

　　昂塞爾穆的理論無意中帶出騎士的精神,封建時代的風格,神學的批評不承認他這種理論。但是無論皮相的惟理論怎麼樣攻擊它,却有一件真理要留下,就是在各個人的和變化的意志上面,有一個絕對的,不變的,不可賄囑的意志,它按着時代和風俗,叫作運①命(Destin),正義,榮譽,義務。

　　我們將來還要説這位大學校派學者,在他升遷坎陶柏黎大主教的時候,對於實在派和名目派的爭論,他所主張底議論。這兩派的爭論藏在"修道士的爭辯"下面,其實有玄學原理的衝突,就是惟心派和惟物派的衝突[26]。

原　注

〔1〕在全體裏面(des Omniades),西班牙有十四個。

〔2〕阿拉伯的人游行學派同柏拉圖派相混:因爲在那裏亞里斯多德的宇宙系統同分播論的觀念溶化起來了。大家還可以記得:亞里斯多德所説底神,同時爲主動的知慧,同時也就是宇宙最初的動因,這個宇宙是些同心的球形所成底一種系統,最高的和狹義的天是它的外皮,地球是它的中心,最高的天受最初動因,或主動知慧直接的影響,就像是它的象徵,與它合成同一的,這就是説包括在它裏面所涵底一切東西(歸結成了宇宙的全體),不但是用狹義的,物質的包圍

———————————

①編者注:原稿此字不清,據拮注釋義補。

（*continet*）的意思，並且用精神的，譬喻的理解（*intelligit*）的意思。它一個球形一個球形地一直穿到我們月明下面的世界，它同它們交通，使它們也成了有智慧的，但是這種智慧一直遞減到我們。中間的球形順着它們離最高的天的距離漸漸地收縮，它們的理解（*compréhension*）也按着比例地收縮。雖然如此，人類的靈魂還參與主動的智慧，並且靠着他，由於思想冥想，德性，升到有的上面的和最高的球形。大家可以看見，亞里斯多德的球形在這裏成了創造分播的階梯，物理的宇宙看作精神的宇宙的象徵。並且，這樣看的亞里斯多德的學說有了彈性，可以承受各種的解釋。因此，在阿拉伯的游行學派裏面，有兩種有分別的潮流；一種是超自然派的，温和地屬於正教的，模範就是亞維塞納；他一種是理性派，一元派，由西班牙的博士代表在第一條綫上，就要數亞維婁愛斯。

〔3〕巴叟拉人；同愛黎格納同時；在當時為頂博雅的科學家，為一元傾向很顯著的哲學家；文藝復興時代的物理學家談起他來全很恭維。他的著作散失了。

〔4〕巴克達人；與上哲學家同時；就像普婁蒂努斯那樣的分播派哲學家；在他的著作中間有一學術類典（*Encyclopédie*），為學校派學者所重視。——*Opera omnia*（trad. en latin），Paris，1638.

〔5〕本名 Ibn Sina：一千另三十六年死於 lspahan；為有名的醫生和亞里斯多德的解釋人。為亞里斯多德像亞里山大城學者那樣的門人，他並且分別超出的絕對（一）和内含的主動智慧，後者為前者最初的分播。但是他或者由於對付（l'accommodation），就前後不一致，他並不肯把神放在思想外面（像愛黎格納和純粹新柏拉圖派的樣子），雖然說思想要引起二元的問題（思想的主體和被思想的對象），他並且承認個體的不死；這就是亞維婁愛斯所責備他底對於宗教正教的一雙讓步。——*Opera*（en trad. latine）. Venise，1495.

〔6〕巴克達人死於一千一百十一年；在哲學上爲懷疑派，並爲回教的正教派。在他那部*哲學家的毀滅*（*Destructio philosophorum*）裏面，——我們從亞維婁愛斯駁論知道它——他就像諷刺詩人蒂孟一樣，把他們的系統一個一個地推倒。他却是把哲學看作對於神學的一種有益的引導，神學才是"惟一的必要的東西"；他對於論理留下很多的貢獻（*Logica et philosophia Algazelis*, Venise, 1506）。

〔7〕按着現在普通承認的 Munck 的意見，他同 *Fons vitae* 的著作人，説阿拉伯話的猶太人 Ibn Gebirol（第十一世紀）是一個人。這本有名的著作。用問答體的形式，講授形式和物質是一個同一的實在的兩方面，在絶對裏面成了同一（布盧耨，斯賓挪沙：西林的意見）。阿拉伯原文散失了，但是還存一種拉丁文的譯本。很有些圖書館有抄本，新近 Clément Baeumker 開始印行（Fascic, I, Münster, 1891—92）。

〔8〕原名 Ibn Badja, Saragosse 地方的人；死於一千一百三十八年。他很多的著作深遠巧妙，以至於可以同亞維婁愛斯的深鋭挑戰，在那些裏面，頂重要的就是 *Régime du solitaire*，原文散失了，但是按着 Moïse de Narbonne 爲多法意所作底希伯來文的注釋，可以重組成一部分。

〔9〕原名 Ibn Tofaïl, Cadix 地方的人；生於一千一百年，死於一千一百八十五年。他的著作止保存一種，叫作 *Haï-Ebn-Yokhân*, Pococke 把阿拉伯的原文帶着拉丁文的翻譯，用 *Philosophus autodidactus* 的名字印行出來（Oxford, 1671），又譯成英文, 荷蘭文, 德文（trad. Eichhorn, Berlin, 1782）。著作人是一位愛自由的人，他確信實在的宗教有自然的根源，這些宗教全體的需要就是爲教育愚者和弱者的一種方法。

〔10〕原名 Ibn Roschd, 榖爾都人；生於一千一百二十六年，死於一千一百九十八年。他爲西班牙的阿拉伯人的游行學派中頂高的,頂著名的注釋家。除了他那可寶貴的亞里斯多德的注和疏（Paraphrases）以

外,我們還有一組或多或少有重要的著作,Munck(*Dictionn. des sciences philosoph.*,art. *Ibn Roschd*)和 Renan(*Averroès et l'Averroïsme*,Paris,1852)曾列舉過。很多没有印行或失散了。Venise 的出版(一千五百五十三年),算是他的著作<u>拉丁</u>譯本中頂好的版本。<u>亞維婁愛斯</u>同<u>亞維塞納</u>及超自然派相反,把主動的智慧和<u>神</u>説成同一的,他同<u>亞維塞布龍</u>一樣,承認形式對於物質是内含的。它從物質裏面,由於一種天然的發展,分離出來,並不需要神的一種干涉來實現它;他就這樣用自然界和演變的哲學觀念替代由虛無創造的神學的學説。<u>神</u>的一件自由的現實不能成爲問題,止有從潛勢到現實的一種永久的和必要的經過,才能成問題。一切可能的東西現實,並且 *sub specie aeternitatis*(由永久方面)來看它們,全是實在的,因爲從永久的觀察點看起,並没有前後的分別,至於用無定限綿延的意思所説底不死,止屬於主動的智慧(普遍的精神)。

〔11〕原名 Moses ben Maïmoun,<u>榖爾都</u>人;生於一千一百三十五年,死於一千二百零四年。他雖然説態度比<u>亞維婁愛斯</u>温和,精神方面却同他屬近支;同他一樣,爲神學惟理派的先鋒,和<u>斯賓挪沙</u>的前導。第十三世紀和十四世紀<u>猶太</u>人的精神運動就是從<u>默謀尼德</u>出,這種運動在<u>西班牙</u>和在<u>法國</u>南部(特別地是在 Provence),由 Ibn Tibbon,Jedaïa Penini de Béziers,Josoph ibn Caspi,Lévi ben Gerson de Bagnols(maître Léon),Moïse de Narbonne 和另外的有生發的解釋家及在<u>基督教</u>方面熱烈宣傳游行學派的人代表,他主要的著作;Moré *Nebouchim*(*Doctor perplexorum*,*Guide des égarés*)的<u>亞拉伯</u>原文第一次由 S. Mnnk 印行,3 vol.,Paris,1856–66。—Buxtorf <u>拉丁</u>文的譯本(1629)是按着 S. ibn Tibbon 的<u>希伯來</u>譯本翻的。—參考:Ad. Franck,*Philosophie et religion*,Paris,1867。對於<u>阿拉伯</u>人和<u>猶太</u>人的普通哲學,參考:Schmoelders,*Les Écoles philosophiques des Arabes*(Paris,1842);E.

Renan, I. c.；S. Munk, *Mélanges de philosophie juive et arabe*（Paris, 1859）和同著作家在 *Dictionnaire des sciences philosophiques* 裏邊關於他們重要代表的各條。—Mandonnet, *Liger de Brabant et l'averroïsme latin au 13ᵉ siècle.*

〔12〕 死於一千零三年。—Picavet, *Gerbert*, 1897。

〔13〕 死於一千零八十八年。—*De sacra coena adv. Lanfrancum*, Berlin, 1844。

〔14〕 死於一千零八十九年。*Opera*, éd. Giles, Oxford, 1853.

〔15〕 死於一千一百三十四年。*Opera*, éd. Beaugendre.—Schwane, *Dogmengeschichte der mittleren Zeit*, 1882。（譯者按：此注原印號數有誤,現在改正如此）。

〔16〕 *Oeavres*, daus la collection Migne（vol. 155）, Paris, 1852.—Charles de Rémusat, *Anselme de Cantorbery, tableau de la vie monastique*, etc., Paris, 1854.

〔17〕 *Cur deus homo?* I, 2.

〔18〕 *De fide Trinitatis*, Cf. *Monologium*, Préface.

〔19〕 *Monologium*, c. 3.

〔20〕 *Monologium*, c. 3.

〔21〕 *Monologium*, c. 9.

〔22〕 *Monologium.*, c. 17.

〔23〕 *Monologium*, c. 38, ss.

〔24〕 *Monologium*, c. 65.

〔25〕 戩尼龍對於本體論證據的駁論在昂塞爾穆下舉的著作裏面：*Liber pro insipiente adversus Anselmi in Proslogio ratiocinationem.*—Domet de Vorges, *Saint Anselme*, 1901.

〔26〕 如果在中世紀的語言裏面,實在派這個詞不正是指明與它相反對的派別,我要説他們是實在派。實在,這一派,很極端地來主張實在

的和物質的原始，它在這個時期，代表<u>友尼亞</u>派和游行學派，來反對<u>亞嘉德謨斯</u>的惟心論。

第三十三節　實在論(réalisme)和名目論(nominalisme)

<u>天主教會</u>(Église Catholique)，字的本義爲普遍(universelle)的意思，但是它並不止作<u>基督</u>教徒的各特殊公團的和組成公團的各信徒的全體解説：它自己看着是一種在上面的威力，是一種實在，和它所包含底各個人有分別，並不附屬於他們，如果意象，——就是説普通——普遍(to katholou)不是一種實在，教會不過是一個集合的字，止有特殊的各教會，或者更可以説，止有組成它們的個人，才算實在的。然到教會應該主張實在論[1]，同<u>亞嘉德謨斯</u>一樣説：*Universalia sunt realia.*（普遍是實在。）天主教義和實在論有相同的意思。至於普通的意見，與它相反，把普遍看作精神上的簡單的總念，是些表明個人集合體的記號，是些没有客觀實在的抽象。他們覺得止有個體是實在的，他們的格言就是：*Universalia sunt nomina*（普遍是名字）；他們爲名目論者，個人論者。

在一千零九十年附近，<u>耿卞尼</u>(Compiègne)的出世僧<u>婁斯蘭</u>(Roscelin)講明并且發揮這第二種的意見。他以爲普遍不過是些名字，*vocis flatus*（聲音的吹氣）；至於實在的有止屬於有個體的事物。這種議論，由外面看起，絕無妨害，實在包孕些異端。如果止有有個體的才是實在的，<u>教會</u>不過是一種 *flatus vocis*，止有它所包含底個體爲實在。如果止有有個體的才是實在的，從此以後，天

主教義,止算是各個人確信的一種輪廓,除了基督教徒個人的信仰以外,沒有實在的,堅固的,的確的。如果止有有個體的才是實在的,然則由根源來的罪孽,不過是一個字,止有個人的罪孽才算實在。如果止有有個體的才是實在的,在神裏面,除了聖父,聖子,聖神三位以外,沒有實在;教會所說三位所集合底公同真質不過是一個 nomen(名詞),一個 flatus vocis。婁斯蘭所頂主張底就是這末一點,他不惟給他那三神論的異端作辯護,他並且反過來取攻勢,攻擊他的敵人是異端。果然有些人承認永久聖父的自身在基督身上變成人,來在加爾衛爾(Calvaire)受苦痛和死,教會曾經判定他們是異端,說他們主張聖父受苦論(Patripassianisme)。

可是,如果聖父,聖子和聖神有同一的真質,這種真質並有客觀上的實在,歸結聖父的真質,這就是說聖父的自身,在基督身上變成了人:這很明白的和聖經及教會自己所說底相反對。

婁斯蘭剛才在教義裏面找出一種困難,教會就不肯寬恕他。在蘇哇宋(Soissons)所開底宗教評議會,判定他爲異端,强迫他收回成說(1092)。名目論受了破門的罪名,緘默了二百餘年,於一千三百二十年附近,在歐加謀的學說裏面,才又重現出來。

在婁斯蘭所引起底爭論裏面,實在論的健將就是昂塞爾穆和尚鮑的居由穆(Guillaume de Champeaux)[2];居由穆初爲巴黎的教授,以後爲沙隆(Châlons)的主教。昂塞爾穆不但攻擊哲學上的異端,並且否定柏拉圖的惟心論,反對思考的哲學。他說[3]:在他們的靈魂裏面(指名目論者),理性同物體的觀念相混到這步田地:一方面是應該照着它自身,與一切物體的聚集絕無係屬地來看的事物,一方面是物質的觀念,他們却萬不能把這些分別出來……他們不能明白人是個體以外另外的東西。

居由穆的一方面把實在論推到極端。他止承認普遍的實在，他以爲個體不過是 flatus vocis。比方說，從人學的視察點看起，實在止有一個人，普遍的人，模範人，人類（espèce humain）。一切的個體，從深處講，全是同一的；他們的區別不過由於他們那公同真質所具底適遇的變化。居由穆離真正萬有神論的主張止剩一步，他却是正教的辯護人，異端婁斯蘭的大敵！思想，興趣，在這個時候真有奇怪的混亂！這種智慧的混沌，直到現在天主教的神學，剛才起首同它分離開！

極端的名目論說：*Universale post rem*（普遍在事物後）；極端的實在論說：*Universale ante rem*（普遍在事物前）。在這兩極端中間，有一種中庸的學說，大體要說：*Universale neque ante rem nec post rem, sed IN RE*（普遍也不在事物前，也不在事物後，却在它裏面）。這就是亞伯拉的概念論（*Conceptualisme*）。

原　注

〔1〕讀者應當記到：實在派（*réaliste*）這個詞在中世紀，爲惟心派的意思，這就是說它近世的意思正相反。對於客觀的（*objectif*）和主觀的（*subjectif*）兩個詞，也要有同樣的留神。我們所叫作底客觀的，學校派的哲學叫它作主觀的（這就是說它成主體[sujet]，成實體地存在，成與我的思想無係屬的實在地存在）；相反地，我們所叫作底主觀的，它却叫它作客觀的（這就是說它成思想的客體[objet]，成實在的主體地存在）。這種同我們的相反對的術語，在特嘉爾和斯賓挪沙的著作裏面還是這樣。（譯者按：我們現在的用法，實在是從康德起；就是最近的 Renouvier，也還承用中世紀的用法。）

〔2〕死於一千一百二十一年。—Lefèvre, *Les variations de Guillaume de Champeaux et la question des universaux*, 1898.

〔3〕*De fide Trin.*, c. 2. —然則我們有理由來用惟物論翻譯名目論。

第三十四節　　亞伯拉(Pierre Abélard 或 Abailard)

亞柏拉[1]在一千零七十九年，生於曩特附近的巴萊(Palais, près de Nantes)；他在巴黎從當時頂巧妙的論辯人尚鮑的居由穆受學。學生因爲本領很好，引起老師的忌妒，亞伯拉就同他的老師不合，他於二十二歲在默蘭(Melun)另外開學授徒，以後又在毂爾柏意(Corbeil)受徒。他同居由穆講和以後，又歸巴黎，從此在巴黎講授，聽衆雲集。他因爲誘惑出世僧佛爾伯爾(le chanoine Fulbert)的姪女赫婁意斯(Héloïse)，所以佛爾伯爾很恨他，不得已退居於聖德尼(Saint-Denis)修道院裏面。至於赫婁意斯在亞爾讓德(Argenteuil)出了家。他利用他的退居，著作他的 *De unitate et trinitate divina*(論神的單一和三位)[2]，但是他因此就把教會的雷霆引到他的頭上。教會在蘇哇宋判定，使他自己把他的著作燒掉(1122)。他在塞納河上耨壤(Nogent-sur-Seine)建樹一個禮拜堂，奉獻於三位一體的神，特別奉獻於聖神(Paraclet)，以後他把這個禮拜堂留給赫婁意斯，自己去當侶夷的聖日夷爾達(Saint Gildas de Ruys)修道院院長。柯萊爾蕪的聖伯爾那(saint Bernard de Clairvaus)[3]告發他的異端，他又被一次判決，這一次却是死刑(1140)；他雖然已經無望，却在柯呂尼(Cluny)的修道院裏面，得着一個隱匿所，和名貴的保護人：崇敬的彼得(Pierre de Vénérable)，由於這位保護人的盡力，聖伯爾那的意思，也就轉移過來。

　　他因爲奮鬥，精神衰耗，遂死於一千一百四十二年。除了在
蘇哇宋被判決的著作以外，還應該數他的通信，他的 *Introductio
ad theologiam*（神學導言）和他的 *Theologia christiana*（基督教的神
學）。他的 *Éthique*（*Scito te ipsum*）（爲你自己作的道德學）*Dia-
logue entre un philosophe*，*un juif et un Chrétien*（一個哲學家，一個
猶太人，一個基督教徒中間的問答，這本書於一千八百三十一年
在柏林由 Reinwald 發行）和名 *Sic et non*（唯和否）的書（這本書於
一千八百三十六年由 V. Consin 在亞伯拉未印行的著作裏面於巴
黎發行）。

　　亞伯拉太喜歡思考，所以不能承受婁斯蘭的意見；他同時又
太實在，所以不能全承認居由穆的理論。他以爲普遍就在個體裏
面存在，但是它在個體外面，只有成概念（*concept*）地存在。並且
如果它實在在個體裏面存在，並不成真質地存在，却是成個體地
存在。如果它成真質地存在，換一句話說，如果它一下子就把個
體的真質吸净，然則彼得和保羅的分別又在那裏呢？很顯著地，
亞伯拉的理論雖然不屬於名目派，却同它相近。他對於居由穆極
端的惟心的議論，也就像亞里斯多德具體的惟心論，對於柏拉圖
抽象的惟心論一樣。亞伯拉並沒見過亞里斯多德的玄學，他不過
看過他的論理學，就猜想到這些[4]。這已經可以使他在中世紀的
博士裏面，得到很重要的位置。

　　並且亞柏拉在學校派學者中間，算是頂有獨立精神、頂膽大、
頂決斷的了。他對於教會很崇拜，但是如果遇着機會，却並不怕
來誹謗他。他同神何因爲人論的著作人相合，說神示的真理和理

性上的真理是同一的,但是他已經不能同昂塞爾穆一樣,隨從歐古斯蒂努斯的"我相信,爲的要使我明白"。他在他所著底導言裏面,誠實的精神,很可詫異,很攻擊這種迅速的相信,説他們和合的太快,對於人家獻給他的學理,也没有考察它的價值,也没問它是否可以受人的信仰,就絶無分辨地信仰起來。他談起希臘的哲學,非常地高興,並且他自己對我們説,他不過按着歐古斯蒂努斯的著作,才知道它[5]。他在古代大思想家的著作裏面,找着基督教一切主要的教義:神,三位一體,降生等。並且從村野教的古代到福音的距離,好像比從舊約到新約的距離還要小一點。他頂顯明的,就是按着道德的觀察點,覺得希臘的哲學比以色列聖書上的議論高。如果是這樣,爲什麽單因爲村野教的思想家不認識基督就拒絶他們得到永久的景福呢?然則福音如果不是自然道德定律的改進,*legis naturalis reformatio*,還算什麽事物呢?我們是否要把這些人趕到地獄裏面?其實他們的生命和議論,顯出來一種與福音和教徒完全相合的完善,並且它們同基督教簡直没有差異,或是差不多的[6]。

　　亞伯拉怎麽樣在希臘哲學家的著作裏面,找出來,比方説,三位一體這一類的議論呢?這就是因爲他把三個人説成神的三個屬性(proprietates non essentiae):勢力,明智,慈善。他説[7]:這三件本質:能(pouvoir),知(savoir),願(vouloir),什麽全不是,但是聚起來,就組成這最高的完善(*tota perfectio boni*)三位一體就是願意就能够作,知道它頂好就願意作的有。由神學的觀察點看起,這是一君論(monarchisme),爲同婁斯蘭三神論相反對的異端。由玄學的觀察點看起,這是具體精神論,它否定力和思想爲分離的實質(entité séparé)，肯定它們在願意裏面的統一性。

　　如果在信教熱烈的時候，大家把道德和虔敬，道德學和神學，混合起來，啟明和懷疑的時期，總想把它們分離開。然則同教義有分別的道德學第一次的發現，是一種很重要的徵兆。拉瓦爾丹的喜爾德伯(Hildebert de Levardin)所著通俗的道德課本，仿效西塞婁和塞奈加的著作，叫做 *Moralis philosophia*，就有這樣性質；亞柏拉比喜爾德伯深遠的多，並且更合於科學的著作：爲你自己作的道德學，更有這樣性質。

　　這並不是説亞伯拉想着把本體論的道德學和我們獨立的道德學家的材料分離開。但是他所説底道德定律所係屬底 on(有)已經不是拉丁神父所尊成神聖底任意。神因爲是非常慈善和完備的有，所以他一切的動作全是必要的；因爲如果一件事情作了就算好，他不作就要算不好；對於理性所要求底事情不肯作和作理性所禁止底事情一樣的錯誤。神的動作受理性的限制，我們衆生也就像他，轉過來，受神聖意志的限制。神因爲是絕對的原因，我們從他才得有生命，運動，生存，歸結從他才有能力和意志，結論説，用一種意思，神也是我們所作無論什麽事情的主宰，我們作就是他使我們那樣作(*quod nos facere facit*)[8]。

　　惡的傾向並不是罪孽，從德性就是一種奮鬥，並且一切的奮鬥需要一個敵人這一點看起，它却成了德性的條件。事情的自身，罪孽的質料(*matière*)也不是罪孽，事情的自身是不分善惡的。罪孽在事情的形式裏面，這就是説在主張作它的意志裏面。惡的傾向和事情的自身，全不是罪孽，堅定的意趣(*intention*)來滿足一種惡的欲望，饜足一種烈情，才是罪孽。歸結一個人承認作一件惡事以後，被環境的障礙，没有作出，他同已經作出的人有同樣的罪過。意趣和事情一樣，應該受責罰：允許作惡的人已經作了惡。最高的裁判官並不從表面和外象看，却從精神看。亞伯拉把欲望和放任去作的意趣，自然的傾向和跟隨傾向的意志分別開，他覺得主張人類生活是一種永久罪孽的悲觀論，説得太過；他説外面的事情不分善惡，就是誹毀天主教道德學裏面的偏重形式論。我們在概念派的理論裏面，找出中世紀受亞里斯多德的影響最早的蹤迹；亞伯拉的道德學還可以使人想起來亞里士多德和他所主張底中庸的道德學。

亞伯拉的思想很有勢力，沙特的伯爾那和地耶黎（Bernard et Thierry de Chartres）[9]，伯爾那‧西爾威司特里（Bernard Silvestris）[10]。耿時的居由謀（Guillaume de Conches）[11]——他爲巴黎很有學問的教授，在他所著的 *Philosophia minor*[12] 裏面，反對宗教的不容忍——布阿地耶（Poitiers）的主教日夷爾伯爾（Gilbert de la Porrée）[13]，沙特的主教，若望（Jean de Salisbury）[14]，以至於他的敵人聖維克陶的玉葛，全受他的影響。聖伯爾那説日夷爾伯爾主張無神，因爲他分別神和神聖性（déité），分別無上的有的人格和他的真質；若望在他所著的 *Polycraticus*[15] 裏面説神聖的精神，生命的創造者和管理者，不但滿布於人類的靈魂裏面，並且在宇宙中一切衆生裏面……因爲在神以外，就没有衆生的實質，事物止有參與神聖的真質才能存在。神到處存在，包圍，穿進，並且滿布於他所創造底衆生……一切的事物，就是頂小的，也可以顯示神，但是每一個總用它自己的樣子把神顯示出來。也就像太陽的光綫穿過青寶石是一樣，穿過橙色的寶石又是一樣，穿過黄

寶石又是一樣,神在創造的各種階級裏面,由無限變化的形貌顯
示出來。

　　聖維克陶的玉葛對於形式有同樣的自由,他的根本上,也同
樣有一元論的傾向,但是他自己還不覺得,他對於宗教的情感很
純潔,爲中世紀的第一個大神秘派學者。

原　注

〔1〕 Abaelardi *Opera*, éd. Cousin, 1850–1859. —*Introduction* de V. Cousin,
　　　 aux *Ouvrages inédits* d'Abélard, Paris, 1836. —Cousin, *Fragments de phi-*
　　　 losophie scolastique, Paris, 1840. —Charles de Rémusat, *Abélard*. Paris,
　　　 1845. —Vacandard, *P. Abélard et sa lutte avec Saint Bernard, sa doc-*
　　　 trine, sa méthode, 1881. —Picavet, *Abélard et Alexandre de Hale*,
　　　 créateurs de la méthode scolastique, 1896. —Reuter, *Geschichte der*
　　　 religiösen Aufklärung i. Mittelalter, 1875.

〔2〕 這部著作,大家通常把它同同著作人的 *Theologia christiana* 鬧混,最近
　　　 在 Erlangen 大學的圖書館裏面找出,由 R. Stoelzle 印行,Fribourg, 1891.

〔3〕 生於一千零九十一年,死於一千一百五十八年。第十二世紀天主教
　　　 戰士中重要的選手,但是帶着神秘派的色彩,同聖維克陶修道院的
　　　 派別相近。

〔4〕 就是論理學,他還不過知道 le *De interpretatione* 和 les *Catégories*.

〔5〕 *Theologia christiana*, I. Ⅱ : *Quae ex philosophis collegi testimonia non ex*
　　　 eorum scriptis, quae nunquam fortasse vidi, imo ex libris B. Augustini col-
　　　 legi.

〔6〕 *Theologia christiana*, Ⅰ. Ⅱ.

〔7〕 Ibid. —參考第三十二節。

〔8〕同<u>熱蘭克斯</u>的 l'*Éthique* 相比較(第五十四節)。

〔9〕兄弟兩個,本籍爲<u>布列顚</u>人。<u>地耶黎</u>著有 *Heptateuchon* 或名<u>七種自</u>
<u>由技術論</u>,一種<u>創世紀的注釋</u>(fragments publiés par Hauréau)及其他
等書。

〔10〕*De Mundi universitate sive Megacosmus et Microcosmus*. publ. par C. S.
Barach,1876.

〔11〕*Magna de naturis philosophia*. —*Pragmaticon Philosophae*, etc. —*Phi-*
losophia minor.

〔12〕*Phil. minor.*, I, 23.

〔13〕*Porretanus* 死於一千一百五十四年。—*Comm. in Boëth*, *de Trin.* —
De sex principiis.

〔14〕死於一千一百八十年。—*Opera*, éd. Giles, 5 vol., Oxf., 1848.

〔15〕*Polycraticus*, 1. I, 1, 5 ; III, 1 ; VII, 17.

第三十五節　　聖維克陶的玉葛
(Hugues de Saint-Victor)

　　<u>布朗肯堡</u>(Blankenbourg)的<u>玉葛</u>^[1]在巴黎的<u>聖維克陶</u>的修
道院裏面修道(生於一千零九十六年,死於一千一百四十一年),
他同他那個有名的同時人相反的非常顯著。<u>亞伯拉</u>是一個<u>法國</u>
人,他非常喜歡明白,清楚,形式上的完善;他的信仰是智慧上的
事情;他的"女神"就是論理學。<u>玉葛</u>的原藉爲<u>日耳曼</u>人。他的
興味,他的職務,全同<u>亞伯拉</u>天才發展的地方相遠;他在他隱居的
深處,盡力的研究,深思,瞻仰。他獨立的精神並不比<u>亞伯拉</u>少,
他這樣的精神與其説由於反想,不如説由於感情。他雖然説是一
個巧妙論辯家,却厭惡<u>學校</u>裏面形式的惟理論。但是雖説他的自

由論同亞伯拉的自由論大不相同，他達到的結果却同亞伯拉相仿。惟理論和神秘論彼此全向着一元論的方向走。因此在中世紀，對於教義，神秘論同合理的批評作同樣的損害；所以，在法國大家把神秘論和萬有神論看作同樣的意思[2]。

玉葛的觀察點，就像在他主要的著作：*De sacramentis Christianae fidei* 裏面所寫出底，他的大膽，很可咤異。他覺得想得幸福，一種絕對的正教不是必要的，並且是不可能的。他以爲我們可以完全同教義裏面的真理相合，至於解脫，却並不一定相合，信仰的統一絕不需要對於信仰有同一的觀察[3]。神逃出人類一切的概念愈遠，對於神觀念的相合愈難能。這是神秘論特別的性質。它如果同昂塞爾穆的惟理論在真質上不見得有分別，同亞伯拉的惟理論却很有分別。玉葛雖然同昂塞爾穆一樣，承認三位一體不過是最上的能力（聖父），最上的智慧（聖子或表示真理者），最上的慈善（聖神），他却講授神的不可理解性和他那絕對的超出性。

神不但超出理解，我們並且不能用相似的方法（analogie）來看他。實在，有什麼事物能同他相似呢？地？天？精神？靈魂？這一切全不是神。你說：我知道這些事物全不是神，但是它們有點同他相仿，並且可以這樣用它們來指明他。這就像你要使我明白一個精神的概念，你却使我看一件物體。這種比喻，一定是選擇的很壞，可是一個精神和一件物體的距離，比神和一個精神的距離還要小。被創造的事物，就是頂相反對的，比創世主和眾生的區別還要小。然則想明白神是不可能的，神的存在止是對信仰的[4]。亞伯拉是一個純粹的論辯家，他以爲一個無法明白的神就是一個不能有的神；玉葛的精神屬於直覺，是一個神秘派的玄學家,他以爲這樣的神仍是最高的實在。

　　在歐古斯蒂努斯以後,玉葛第一個對於人類的心理作嚴重的
注意。在這一方面,他爲靈魂論(animisme)確信的健將。他以爲
靈魂和物體是有分別的實質,却並不是彼此絕對地相反對;因爲
在它們兩個中間有兩種聯合:一方面,幻像(imagination)可以説
是靈魂上關於物體的原質,另外一方面,感覺爲物體上關於精神
的原質。靈魂具三種根本的力:自然的力(la force naturelle),生
活的力(la force vitale),動作的力(la force animale)。自然的力住
在肝臟裏面,在那裏預備血和液質,從脉管分布在全身裏面。它
輪流着爲求食力,把持力,排洩力,分布力,爲一切動物所公有底
力。生活力住在心裏面,由呼吸的作用發現出來。它用呼吸的空
氣換清血液,使它穿過動脉周流。歸結生活熱力也是由它產生出
來[5]。動作或心魂的力,住在大腦裏面,產生感覺,運動,思想。
靈魂每一種發現,在大腦上面,全有特別的地方作它的機關。感
覺屬於大腦前部,運動屬於後部,思想屬於中部。並沒有兩個不
同的靈魂,比方説,一個感官上的靈魂爲物體生命的原始,一個智
慧上的靈魂爲思想的原始。靈魂(anima)和精神(animus sive
spiritus)爲惟一的和同一的原始。精神就是這個由自身看的,與
物體無係屬的原始;這種原始,由它生活一方面看(en tant que le
vivifiant),就成了靈魂[6]。

　　無論這位著作人怎麽樣有二元的傾向,在這本 De anima 的
字裏行間,他對於實在有一種情感,同主張兩種實體的精神論者
所作無聊的分別相衝突;並且當他在他那本 Didascaliques 裏
面[7],用他的樣子描寫心的生命,從植物到人類接續的進步,很像

開演變論和比較心理學的先聲。

原　注

〔1〕他是薩克森(saxon)的貴族。——*Opera*, Venise, 1588; Rouen, 1648, et Collection Migne(volumes 175-177).

〔2〕同柏拉圖的論自然界相比較。——Harrisson, *Les Oeuvres de Hugues de Saint-Victor*, *Essai critique*, 1886. ——A. Mignon, *Les origines de la scolastique et Hugues de Saint-Victor*, 2 vol., 1875.

〔3〕*De sacramentis*, 1. I, p. X, c. 6.

〔4〕*De sacramentis*, 1. I, p. X, c. 2.

〔5〕玉葛對於血的周流和動脉血及静脉血的分别,有了一種不清楚的觀念。——他並且好像把生活液體(liquide vital)最初的製造説在肝臟裏面。

〔6〕*De anima*, II, 4; *Unus idemque spiritus ad seipsum dicitur spiritus, et ad corpus anima. Spiritus est in quantum est ratione praedita substantia; anima in quantum est vita corporis... Non duae animae, sensualis et rationalis, sed una eademque anima et in semel ipsa vivit per intellectum, et corpus sensificat per sensum.*

〔7〕*Eruditio didascalica*(coll. Migue, vol. 176).

第三十六節　　自由思想的進步

蘇格蘭人黎沙爾(Richard)[1]爲玉葛的弟子,爲聖維克陶修道院的院長,在他所著的 *De Trinitate*(論三位一體)裏面,畫出一種宗教哲學的系統,很帶着自由考察的精神。大家可以按着這些意思明顯的句子來判斷他:他寫:我常常讀到這些話:止有一位神,這位衆有的<u>有</u>,從他的實質看,是一位,從他的人格看,是三位;<u>神</u>的人格由於一種特別的本質互相分別;這三個人格並不是三位<u>神</u>,却是一位<u>神</u>。這一切人家全説過,並且常常讀到;但是我不記得曾在什麼地方看見過這些話的證明。有很多的權威,使我們相信這些,但是證明,證據,理由,却絕不多。然則很關緊要來找着一種堅固的,不可動搖的,無從疑惑的基礎,在那上面可以建樹起來一種系統[2]。

對於<u>三位一體</u>的教義,<u>黎沙爾</u>在神聖愛情的觀念裏面找出這種根基,因爲這種愛情必需有一個對象。但是他並不覺得這種證明可以滿足。如果他的論<u>三位一體</u>同<u>亞伯拉</u>的精神相仿,他的 *De Contemplatione*(<u>論瞻仰</u>)很誠實地進在<u>玉葛</u>的觀念裏面。他現在不要用推理達到<u>神</u>的地位,却要用感情替代反想,把靈魂向着<u>神</u>的神秘的上升分作六階級。在上面的階級,靈魂膨漲,升在它自己的上面,從它自己裏面拔出,解脱了它自己(*dilatatio*, *subleva-tio*, *alienatio*, *excessus*)。雖然如此,他無論是神秘派或惟理派,却□①一種新柏拉圖派的分播論,説自然界和神惠是同一的。

<u>理爾</u>的<u>亞蘭</u>(Alain de Lisle)[3]信從正教,試着用一種純粹數理的方法樹立教義的系統,達到下面所説底結論:全體在<u>神</u>裏面,<u>神</u>在全體裏面。

<u>默蘭</u>的<u>婁伯爾</u>(Robert de Melun)[4]分别 *eventus qui secundum rerum naturam contingunt et eventus qui contingunt secundum Dei potentiam quae supra rerum naturam est*(關係自然界的事情和關係在自然界上面<u>神</u>的威力的事情)。——這是很嚴重的症候! 以外

---

①編者注:原稿此字無法辨識。

他對教會和它的教義很忠誠,對於從這個時候起危害教會的異端,作教會的辯護人。它說,有些人否定基督姙生的靈迹,因爲這樣的事實同事物自然的周流相反。但是創造自然界的神,豈不是在自然界上面,並且有變換它平常周流的權力麼? 然則我請這些疑惑的人講講亞當和夏娃的生長! 也就像這些最初的生人沒有地上母親,就可以生長一樣,耶穌可以沒有人類的父親,就來到我們的世界上面。

　　基督教中這一類哲學嘗試的著作還有英人伯來音(Robert Pulleyn)[5]所著的格言八篇(sentences),耨瓦爾或隆巴爾的彼得(Pierre de Novarre ou le Lombard)所著的格言八篇(Magister sententiarum)[6]。彼得的著作不久就把伯來音的著作遮掩下去,成一種完全講教義的書。在那本書裏面,講明很多的問題,可以證明學校裏面爭議的無意識,但是有一部分,也顯出思想的進步,不甘受教會的保護:神的先見怎麼樣能同自由的創造調和呢(如果神預先看見他所創造底,那就是他應該創造,從此創造不成了一種自由的行動,如果神沒有遇見它,他的全知又成了什麼)? 神當創造以前在什麼地方(他不能在天上,因爲他還沒有創造天)? 神是否能比他所已經作底世界作得更好一點? 創造天以前,天仙(les anges)又在什麼地方? 天仙是否能造罪孽? 他們是否有一個身體? 神和天仙用什麼形體對人顯示? 魔鬼怎麼樣穿進人類裏面? 當亞當現在地上的時候,他的身軀有多麼長? 爲什麼夏娃從亞當一根肋骨抽出來,却不從他的另外一部分抽出來? 爲什麼它是當亞當睡着的時候被創造的呢? 如果人斷不作罪孽,他是否就不死呢? 如果這樣,人要怎麼樣繁殖呢? 兒童是否因此就要像成人的狀態來在世上？爲什麼是聖子變成人？聖父和聖神是否也可以變成人？神是否可以變成一個女人，也就像他能降生在男人裏面一樣？——這些怎麼樣和爲什麼，可以變至無限，在那裏面，有一種童樣的好奇心，有趣的不愼密，這就是兒童的本質，但是這也是斷無含混的症候，說思想已經成熟，差不多要解放了。

　　虔誠的神秘派在格言裏面，得到一種新反感，來反對論辯法的纖巧。他們漸漸地拋棄成系統的神學，盡力於實用的基督教，宣傳，作建樹的著作；至於教授格言的人自稱奉事教會與默蘭的婁伯爾有同樣的忠誠，聖維克陶的轂地業（Gauthier de Saint-Victor）死於一千一百八十年附近，却告發隆巴爾，和他的弟子布阿地耶的彼得（Pierre de Poitiers），包萊的日夷爾伯爾（Gilbert de la Porrée）和亞伯拉爲法國的四種迷徑，應該小心着不要迷在裏面[7]。但是這種抵抗止可以幫助異端的發展。大家以後不但分辨神聖意志的結果和自然界的結果，並且分別哲學上的真理和宗教上的真理。大家開始承認一件事情在哲學上可以是真的，在宗教上却不真，並且可以反過來說。大家仿佛有點覺得教會是可以倒的，神學和哲學，信仰和科學的分裂，是可能的。

　　有幾個好指摘的人，已經受阿拉伯萬有神論的影響，敢信從內含性的哲學。他們以爲三位一體的三位或者不過是無限的有三種繼續的表現，或者爲人對於神的總念發展的時候所有三種不同的階級，神父爲舊約上的神，住在天上的神；聖子爲新約上的神，超過隔離神和人的深淵的神；聖神爲將來的神，真正的神，作普遍的和到處存在的有解說。神就是全體，並且在一切事物裏面，產生一切。然則他在每天所吃底麵包裏面存在，和在神供裏面存在一樣。聖神用希臘名人的嘴説話，和用先知人，聖徒，神父的嘴説話一樣。除了善心，没有天堂；除了悔恨，没有地獄；崇拜群聖（Les saints）也是一種崇拜偶像。

都爾迺的西蒙（Simon de Tournay），伯納的亞茂理（Amaury de Bène），底囊的大衛（David de Dinant）[8]很有本領講授這種學説，它在教士和俗人中間，傳布的很快。在一千二百年附近，雖然説還在暗地，却對於沿襲的最上權威，成了一種可怕的反抗。教會的統一，嚴重地受危害，它想避這種危險，就把大多數的異端送到火刑臺上並且禁止亞里斯多德的物理學，説底囊的大衛從那裏面，找出他的否定來（一千二百零九年）。

原　注

〔1〕死於一千一百七十四年。—*Opera.*, Venise, 1506; Paris, 1518.

〔2〕L. I, ch. 5-6.

〔3〕*Alanus ab insulis*, 在巴黎作教授, 死於一千二百零三年。—*Opera*, éd. de Visch, Anvers, 1653.

〔4〕死於一千一百七十三年。—*Summa theologiae* (Hauréau, ouvrage cité, I, p. 322, ss.).

〔5〕死於一千一百五十四年。

〔6〕死於一千一百六十四年, 爲巴黎的主教。—*Libri quatuor sententiarum* (éditions de Venise, 1477; de Bâle, 1516, etc.).

〔7〕Du Boulay, *Historia universitatis Parisiensis*, t. I, p. 404.

〔8〕對於亞茂理和大衛的萬有神論的異端, 要看: Ch. Schmidt, *Histoire et doctrine de la secte des Cathares*, 2 vol., Paris, 1849. —Jundt, *Histoire du panthéisme populaire au moyen âge*, 1875. —Jourdain, *Mémoire sur les sources philosophiques des héritiers d'Amaury de Chartres et de David de Dinan. Mémoires de l'Institut impérial de France*, 1870. —Preger, *Geschichte der deutschen Mystik des Mittelalters*, 1874.

第二期　　屬於游行派的學校派時期

A　　半實在論的游行派

第三十七節　　亞里斯多德哲學影響的增長[1]

我們曾經説過:在柏拉圖的實在論和天主教義中間有親聯的關係。在柏拉圖的學説裏面和在天主教義裏面一樣,柏拉圖所講底國家和教會一樣,全是普遍勝過個體;全體在各部分前,統治它們,併合它們;意象爲主要的實在。可是一個時代的哲學,就是可以表現時代特性的精神的反射:然則在天主教的半神話時代,在信仰可以產生十字軍,可以建築峨特式(Gothique)教堂的世紀,當然有一種純正惟心論,柏拉圖派,歐古斯蒂努斯派的哲學。愛黎格納和昂塞爾穆是此派的大代表。但是在他們的著作裏面,我們已經可以看出來,在第十二世紀的博士著作裏面,我們更可以看出來:在他們的神學和哲學中間,外面雖然相合,裏面實在有互相衝突的,不能相容的,不能調和的地方。愛黎格納走到一元論;居由穆走到相同派的哲學(La philoosphie de l'identité);亞伯拉走到限定論;亞蘭、日夷爾伯爾、亞茂理走到萬有神論。如果我們應該相信他們的話,這個時候學校派的學者完全確信理性和教義的相合,他們的哲學止願作這種相合的一種證明,信仰的一種辯護。但是從一千二百年起,很多人的確信已經搖動,是一件確定的事

實。從學校派分別哲學上的真理和宗教上的真理的時候起,它就
自殺,爲的是它從前所説成同一的原素現在要分離成不相調和的
原素。——學校派還没有達到發展的極點,已經現出衰頹的朕
兆。它要接續着生活,就需要一種有力的刺激;一種新養料從外
面注射進去,成了必要的;這種養料它就從亞里斯多德得來。

　　在十三世紀之初,信基督教的歐洲對於亞里斯多德的著作,
止認識他那論理學的一部分,這一部分有拉丁文的譯本,人家説
是鮑愛斯(Boëce)譯的。從這個時候起,事情變得很快。在一千
二百五十年附近,林肯(Lincoln)的主教,婁伯爾(Robert)把
Éthique à Nicomaque 譯成拉丁文。寳米努斯派的教士大亞爾伯
(Albert le Grand)和亞奎耨的聖多馬斯對於亞里斯多德作些很可
寳貴的注釋,並且用各種方法獎勵翻譯他的著作。我們曾經説
過[2],中世紀的基督教徒,想認識亞里斯多德對於物理學和本體
論的著作,頂重要的,就是問阿拉伯的哲學家和翻譯他們著作的
以色列人。從九世紀到十二世紀,他們的博士作些注釋,並且或
用口授,或用著作,把游行派哲學的興味散布到遠處。喜歡文學
的君王,西昔利的洛給二世(Roger II de Sicile)。佛勒德力二世
(Frédéric II)皇帝的周圍,很有些猶太的和回教的科學家,並且受
他們的保護,把亞里斯多德的著作和注釋家的著作,全譯成拉丁
文,賞給布魯尼(Bologne),巴黎,鄂斯福各大學。有成千的學生
就這樣的同他的學説相習熟。不久,大家還止知道論理學家的亞
里斯多德,並且知道的很不完備。從那個時候起,大家認識了物
理學家,玄學家,道德學家的亞里斯多德。

　　亞里斯多德是一種新東西,教會因爲它自己的保守性,就來

攻擊他。他豈不是村野教徒（païen），爲僞先知的弟子的保護人，一切反對基督的傾向全是由他表現麼？他豈不是有一部分爲大衛和他同黨所講底異端的源泉麼！所以他於一千二百零九年判決亞里斯多德的物理學，於一千二百一十五年判決他的玄學。但是他漸漸地變了意見。從此世紀的中葉起，承認在巴黎對於亞里斯多德作公開的講演。又遲五十年，亞里斯多德成了官用的哲學，如果反對他的學説就不能没有異端的嫌疑，*praecursor Christi in rebus naturalibus*，*sicut Joannes Baptista in rebus gratuitis*（他在自然界一方面，就像行洗禮的若望在神惠一方面一樣，爲基督的先導）。這種反動實在是很自然的。亞里斯多德絶無疑義的爲村野教徒，因此他就是信仰的敵人；但是，雖然如此，如果他的學説和福音相合，却更可以顯出基督的名譽。並且他講授有一位與宇宙有分別的神，止這一件就可以得到教會的同情，因爲在這個時候，教會已經覺得要受萬有神論異端的侵入，這些異端却全是用柏拉圖的名義。

還有別的緣故。亞里斯多德給教會一種學説，它很有利益，除了幾件保留以外，剩下全作爲它自己的學説。大家已經同自然界的總念相熟習。大家談自然界和自然界“對於神及對於神聖意志的結果”的遷流。基督教的思想，因爲想要發展，不能不回到知識的基礎上面。就是教會，以後也不能反對它，同不能禁止歐洲各國家的成立一樣。它因爲不能毁壞這些國家，就盡力使它們服從；它因爲不能拔出自然界總念的根子，就要使它成它的僕隸。可是對於這件事情，亞里斯多德的玄學非常地合宜。在亞里斯多德的著作裏面，自然界豈不是一個成階級的系統，神同時爲它的基礎和峰巔麼？——結果，教會也就是它的基礎和峰巔。有這樣很好的接觸，並且不常錯誤，它就承認了亞里斯多德，爲的是要利用他。

但是它同游行學派的哲學聯合，還有一件主要的利益，從承認止有亞里斯多德的學說爲人類理性正確的表示以後，他的權威當然可以替代自由思想的權威。然則教會承受游行學派，便可以得着整理學校派哲學的方法，比用過去整理的更要好。當柏拉圖派盛行時期，思想還有相對地燭立：他的目的就是證明自然理性和教義的相合，我們已經看着他在盡力這種職務的時候，很有惟理論的色彩。從此以後，不需要證明教義和理性的相合，止要證它和亞里斯多德著作上面的文字相合，這種相同既經證明，亞里斯多德就成了無上的仲裁員；他的學說就是正宗哲學家官立的標準。亞里斯多德還是理性，但他是受紀律的和縮成一本不變法典的理性。理性由自己走，是一種能變化的權威，它同信仰的相合，不見得必要地確定。在昂塞爾穆學說裏面，相合的地方，在亞伯拉，日夷爾伯爾，亞茂理，大衛裏面不相合。精神是變動的，革命的；至於文字是頂保守的。把亞里斯多德的哲學當作它自己的哲學，教會用頂有名的思想家束縛思想。

不錯，與游行學派聯合，在利益以外，還有些不方便，以後成了很大的危險。一方面用與亞里斯多德相合，證明教義的真實，他們無意中把亞里斯多德和哲學的權威，放在教會的權威上面；另外一方面，亞里斯多德的影響，要在學校派裏面，加進去一種新原質，這種原質與教會的專擅不很相宜：就是對於科學的興味和解析的精神。

原　注

〔1〕A. Jourdain,*Recherches critiques sur l'âge et l'origine des traductions lat-ines d'Aristote*, Paris, 1819; 2ᵉéd., 1843. —Werner, *Die Theologie des spaeteren Mittelalters*,1881,4 vol.

〔2〕第三十一和四十三節。

第三十八節　第十三世紀的游行派學者

教會對於游行派的改變意見是一群有名思想家的事業。他們不如昂塞爾穆和亞伯拉的自出機軸,但是比他們有學問,因爲他們求知識的源泉更富。他們頂有名的就是英人的哈萊斯的亞里山大(Alexandre de Hales)[1]。他在巴黎爲神學的教授,對於彼得隆巴爾的格言的注釋和亞里斯多德 De anima(論靈魂)的注釋得了"不容非難的博士"(*docteur irréfragable*)的稱號。

歐衞爾尼的居由穆(Guillaume d'Auvergne)[2]爲巴黎的主教,他的考古很精,不亞於亞里山大。他著一組的書,全是受亞里斯多德精神的鼓舞,他頂長的著作 De universo(論普遍)爲一種玄學,那裏面考古的一部分,可以證明他對於亞拉伯人爲亞里斯多德所作底注釋知道的很精詳。另外一方面,他對於游行派的同情,不能禁止他否定世界的永久性,也不能禁止他相信創造,神智和靈魂的不死。

聖魯意(saint Louis)王子的教師,寶米努斯派的教士,包衞的宛散(Vincent de Beauvais)[3]在他所著底 *Speculum quadruplex na-turale*,*doctrinale*,*morale et historiale* 裏面,堆集些考古的寶藏和游行派的思考。他差不多引據到亞里斯多德一切的著作,已經很得

意地談到 *nova logica*（新論理學）來反對 *logica vetus*（舊論理學）。他對於普遍的問題——這個問題已經不爲學校派學者所頂注意——誠實地入了里塞烏穆黨，他同亞伯拉一樣説：普遍在事物裏面。普遍是實在的，比個體更實在，但是它並不是對於個體無係屬地存在。在宛散的玄學裏面，也就像亞伯拉的學説一樣，普遍和個體，並不是用抽象和機械的樣子互相堆集，却是由於個體化（*incorporatio*）的觀念來聯屬起來。這個學校派學者，受亞里斯多德影響，作了一種新術語。比方説，亞里斯多德的 ti esti 成了 *quidditas*。哲學的術語發展，增富，不守西塞婁等拉丁文的範圍，將來的文藝復興，又要轉過來，報復他們。

　　宛散屬於實在派，因爲他覺得普遍是一種實在，但是他向着名目論走了很重要的一步，就是因爲他分別 *universale metaphysicum*（玄學上的普遍）和 *universale logicum*（論理學上的普遍），這就是説他分辨種，系的模範（type spécifique）——這種模範實在存在於組成此系的個體中間——和與此模範相當的普通總念，第二種不過是思想的一種抽象。這種分辨是實在派向着名目方向的轉路，因爲居由穆和昂塞爾穆的純粹實在論，説種係的模型和普通的觀念是絕對同一的；他還不是純粹的名目派，因爲名目論説 *universale metaphysicum* 絕對地沒有客觀上的實在。

　　另外一個竇米努斯會的教士，我們曾經説過[4]，大亞爾伯[5]，注釋亞里斯多德大半的著作，用一種永不困乏的熱誠，來盡力宣傳他的哲學，他對於博物學的興趣有名。對於後面這一點，他開洛給·培庚（Roger Bacon）萊孟·吕爾（Raymond Lulle）和科學復興的先聲。教會與游行派聯合，很有危險，是不錯的。

　　佛朗西斯庫斯會的教士,費當薩的若望(Jean de Fidanza),大家却叫他作聖包納汪都爾(saint Bonaventure)[6],他的考古和對於自然界的興味,全不及大亞爾伯,但是比他喜歡思考。他把柏拉圖和亞里斯多德,惟理派的哲學和好瞻仰的神秘論,虔誠和科學,混到同一的愛情裏面,他就這樣,把漸漸分離,要分開生活的兩種原質在他的人格裏面調和起來。教會承認他的勤勞,尊他爲聖,學校也給他天使博士(docteur séraphique)的名位。

　　歸結有兩位有名的敵人來補足第十三世紀游行派的名人會,完成調和教會和里塞烏穆的事業;這就是竇米努斯會的教士亞奎耨的聖多馬斯和佛朗西斯庫斯會的教士董斯嗀特。

原　注

〔1〕死於一千二百四十五年。—Summa universae theologiae,Venise,1576.

〔2〕死於一千二百四十九年。—Opera,éd. Blaise Leferon,Orléans,1674.—De Wulf,Augustinisme et Aristotélisme au 13ᵉ siècle,Revue néoscolastique,1901,p. 151,ss.

〔3〕死於一千二百六十四年。—Speculum doctrinale,Strasb.,1473. Speculum quadruplex,etc.,1623.

〔4〕第三十七節。

〔5〕Albertus Magnus,爲 Bollstaedt 的伯爵,一千二百年左右生於 Souabe,爲德國竇米努斯分會的長老(provincial),死於一千二百八十年。—Opera,éd. P. Jammy,Lyon,1651(21 vol. in-fol.).—D'Assailly,Albert-le-Grand,1870.

〔6〕死於一千二百七十四年。——他著有 Commentaire sur les Sentences du Lombard,d'un Itinerarium mentis in Deum(這本書帶着聖維克陶派

神秘的精神），及其他，Éditions de Strasbourg, 1482, de Rome, 1588, ss., etc.

第三十九節　亞奎穄的聖多馬斯
(Saint Thomas d'Aquin)

亞奎穄(Aquino)的多馬斯[1]生於那布爾(Naples)王國的一個貴族家裏。他不願意作封建時代貴族冒險的生活，却想享平安研究的快樂。雖然他父親有嚴重的反對，他到底入了聖寶米努斯會。當他離開意大利要到巴黎的時候，他那些兄弟，把他捉住，囚在他父親的宮室裏面。又遲二年，他逃出來，到毅婁尼(Cologne)得坐於大亞爾伯的旁邊，爲他興味極高的弟子，同時很熱心研究亞里斯多德的著作。他從此以後，專精要使信基督教的西方，按着希臘的原文，認識亞里斯多德的哲學，頂重要的就是他的物理學和玄學——在這個時候，大家止有從阿拉伯文轉譯出來的拉丁譯本。他以後回到意大利，剛到五十歲，就於一千二百七十四年去世。

他對於哲學有一組的著作，關係於亞里斯多德的玄學(*Opuscula de materiae natura, de ente et essentia, de principiis naturae. de principio individuationis de universalibus, etc.*)。他所著底 *Summa theologiae* 漸漸地把彼得隆巴爾的格言遮掩，成了教會關於教義的教育的基礎。

多馬斯的哲學除了忠實地把里塞烏穆的學說重現出來以外，沒有另外的野心。他部內容倒沒有他所用底新拉丁文的形式，可以引起興味；因爲我們哲學上的術語，有一部分，是從他的哲學裏面取出來的。

真正的或最高哲學，就是就有的自身（ *ens in quantum ens* = to on hê on）去研究有。有有兩種（ *entia* ）；實在存在的，在真質上就存在的（ *esse in re* ）有，和不過是思想抽象的或否定的有，比方説，貧，盲，及普通各種的缺乏，因爲貧，盲，匱乏存在，所以也是 *entia* （ onta ），但是它們不是 *essentiae* （ousiai）[2]。真質，實體或有的自身（ *essentiae, substantiae* ）轉過來，又分作簡單的或純正的真質和由形式及物質組成的真質。止有一個簡單的真質和純粹的形式：就是神。剩下一切，全是由形式和物質組成的。

物質和形式兩個全是有（ *entia* ）；它們的分別，就是形式是現實的，物質是潛勢的。按着普通的意思，一切可以有的，一切有存在的可能性的，全是物質。按着可能的事物爲一件實體或一個適遇，玄學分辨 *materia ex qua aliquid fit* （有可能性的實體的有。比方説：人類的種子就是 *materia ex qua homo fit* ，一個有可能性的人）和 *materia in qua aliquid fit* （有可能性的適遇。比方説；人就是 *materia in qua gignitur intellectus* ）. *materia ex qua* 在自身上不存在；*materia in qua* 成一個比較獨立的主體（ *subjectum* ）[3]存在。事物的有是從形式得來的[4]。按着一件事物是一件實體或一個適遇，我們就有實體上的形式或適遇上的形式。物質（ *esse in potentia* ）和形式（ *esse in actu* ）結合起來，就成了生殖（ ginesthai ），它轉過來，又分爲實體上的生殖和適遇上的生殖。除却神，一切的形式，全與物質結合，取得個體，組成類，系，個體[5]。

止有衆形式中的形式，總是非物質的，也不曉得生殖，也不曉得腐敗。一件形式愈不完備，愈想增加實現它那些個體的數目；

它愈完備,增加的個體愈少;至於衆形式中的形式,已經不是由分離的個體所組成底一系,却是一位惟一的有,在它裏面,個體的分別,不住地溶化在統一的真質裏面。因爲止有神一個,爲純粹的形式(actus purus),没有物質的攙雜,所以止有他没有不完成的地方(物質因爲是還没有的事物,所以就缺乏有),止有神一位是事物的完成的和完全的智慧[6]。他據有絕對的真理,因爲他就是絕對的真理。真理就是思想和它那對象的相合。在人裏面,這種相合存在的或多或少,却永遠不能同一:在神裏面,觀念,不但精確地把事物重現出來,並且就是事物的自身。由人的觀察點看起,先有事物,才去思想:由神的觀察點看起,思想在事物前面,各事物就因爲他思想它們,並且照着他思想它們的樣子,才能有。然則在神裏面,没有思想和有的區别;因爲認識和它的對象,這樣合起來組成真理,所以神就是真理。因爲他是真理,所以他就存在,因爲否定真理的存在是不可能的;就是否定它的人,自己總説他自己有道理,這樣就肯定了它的存在[7]。

　　證明神的存在爲哲學最先的和主要的任務;但是除却創世主最初對於人類所作底神示,除却耶穌基督的神示,想盡這樣任務是不可能的,就是想升到神的觀念,也是不可能的。想要人類的精神,可以指揮他們的盡力,向着真正的目的地進行,總須要神把目的地給他們指示出來,這就是説他從根源上,對於人類,自行表示出來。哲學除却當 ancilla ecclesiae(教會的僕人),不能算合法的東西,並且因爲亞里斯多德在科學界域裏面爲基督的先導人,它就應該作 ancilla Aristotelis(亞里斯多德的僕人)。神的教會是下界一切人物所應傾向底目的。

　　自然界成一種階級,在這階級裏面,每一級比較下一級全是形式,比較上一級全是物質。物體的階級在人類的自然生命裏面達到完成;這種生命,轉過來,又成了一種比較高尚生命的根基,並且可以説,成它的一種質料。精神的生命,受教會的蔭覆,就可以發展,用它的語言和它的儀式營養,也就像自然的生命,用地上的麵包來營養一樣。然則自然界對於神惠界,自然狀態的人對於基督教徒,哲學對於神學,物質對於教儀,國家對於教會,皇帝對於教皇,就像方法對於目的,作者對於用者,潛勢對於現實一樣[8]。

　　自然和神惠兩界所組成底宇宙,爲所能有底最好的宇宙:因爲神在他那無限的明智裏面,看到最好的世界,如果創造一種比較不完善的世界,就要損害他的明智。説神看到完善,却實現一個未完善的世界,就是設想在他的知和意中間,在事物的意象上的原始和實在的原始中間有一個不適合,無論在思想上和在信仰上,這種不適合全是很討人嫌的。然則神聖的意志絶不是一種漫無別擇的意志,神的自由絶不同任意和武斷,有同樣的意思,它同必要是同一的。

　　人類的意志雖然説外面有點相反,其實也是一樣的。意志同智慧相仿,智慧有一種原始(理性),如果離開它,就不成了智慧;意志也有一種原始,如果錯了路,就不能算自由的有:這個原始就是善。意志必要地傾向着善;但是感覺傾向着惡,它這樣就把意志的成效弄痿痹了。所以罪孽的根源,並不在漫無別擇的和有選擇力的自由裏面,却在感覺裏面[9],在道德上有預先的限定,但這並不是武斷的預定,因爲神聖意志的自身,是附屬於理性的。聖多馬斯的限定論也推到神身上,但是把歐古斯蒂努斯神學裏面使人不痛快的事物去掉了。

　　多馬斯的學説，同時可以顯出天主教的玄學發展的極頂和它衰頹的開始。在這位哲學家以前，學校派的哲學有消耗的朕兆；他跟着多馬斯又站起來，放一種光明，使從前頂顯著的名字全暗晦起來。由於他對於教會和教會事業的忠誠，由於他盡力於天主教所用底哲學天才，由於他信仰教義和哲學真理（亞里斯多德就是真理的人格）有完全的相合，他在歐古斯蒂努斯和昂塞爾穆以後，爲基督教中定斷派學者頂完全的模範。但是他的信仰，無論怎麼樣的熱烈，已經没有完全確信的新氣象；更可以説他的信仰是有意要信仰的，這是一種堅定的意志同反想所引出底千萬種的困難永久地奮鬥。從多馬斯的時候起，理性和天主教的信仰，官家的神學和哲學彼此互相分別，覺到它們有不同的原理和相互的關係。哲學還要有很長的時候附屬於神學，但是它雖然説是奴僕，却有另外的生存，在它的範圍裏面，却有它自身特殊的勤動。

　　真正的哲學發現出來，由於巴黎四科大學的組織，可以説，受了官家的批准，——巴黎四科大學在多馬斯活着的時候，已經組織起來。學校派哲學的衰頹，就從這個時候起。神學家自己，頭一個，就是若望·董·斯戩特，來使它倒的更快一點。

原　注

〔1〕 *Opera omnia*, 1570（18 vol. in-fol.）; Venise 1594; Anvers, 1612; Paris, 1660; Venise, 1787; Parme, 1852. —Ch. Jourdain, *La philosophie de saint Thomas d'Aquin*, Paris, 1858. —Cacheux, *De la philosophie de saint*

Thomas, Paris, 1858. —K. Werner, *Der heilige Thomas von Aquino*, 3
vol. 1858. —Sertillanges, *Saint Thomas d'Aquin*, 2 vol., 1910. —他的學
位如下: *doctor angelicus*, *l'ange de l'École*.

〔2〕 *Opusculum de ente et essentia.*

〔3〕 看第三十三節原注 1(譯者按:原印有誤,現在改正如此)。

〔4〕 *Opus de principiis naturae.*

〔5〕 *Ibid.*, c. 3. c.

〔6〕 *Summa theologiae*, I, question 4.

〔7〕 *Summa theologiae*, question 2, art. 1.

〔8〕 這樣教皇有最高權的學説不久就要在德國派(gibelin) 的 Dante
Alighieri(1265-1321)的學説裏面,遇着一位雄辯的反對人。參考:
Ozanam, *Dante et la philosophie catholique de XIII siècle*, Paris, 1845.

〔9〕 *Summa theologiae*, quaest. 82. —*Contra gentiles*, 111.

第四十節　若望・董・斯戮特
(Joannes Duns Scotus)

　　董・斯戮特爲佛朗西斯庫斯會中的修道士,存鄂斯福和巴黎
大學教授哲學和神學,在學校派中,爲最勤奮的學者。他雖然於
三十四歲即去世(一千三百零八年)[1],他的著作却有雙開的(in-
folio) 十二大本[2]。

　　我們剛才看見官家承認哲學是與神學有分別的科學。在
董・斯戮特的時代,這就是説在十三世紀之末,哲學已經到那樣:
它已經敢對於神學作一種嚴重的反對。董・斯戮特果然説過:哲
學家對於人類理性用自然界的方法不能得到的知識是否需要由
超自然的路徑得到它的問題,與神學家不相合。這樣他不但看出

哲學並不是神學,並且從這個時候起,在哲學家和神學家中間,有不相同的意見。

董·斯毅特還是真正的學校派學者,在神學家和哲學家中間,據有中間位置。他同神學家一樣,承認有神示的必要,但是他同哲學家一樣,説歐古斯蒂努斯所説底"除却超自然的神示,人類對於神,絶對地,無論什麽,全不能知道",是錯誤的。他同神學家一樣,宣言舊約和教會的學説爲哲學思想所應遵守底無上軌範,但是另外一方面,他那哲學的和惟理論的精神走到這步田地:除却因爲聖書和教會的學説與理性相合以外,就不相信聖書和教會沿襲的權威。然則在他的心目裏面,理性是無上的權威,至於聖書的本文不過是一種分出來的,負條件的,相對的權威。對於這件事情,在他前面的學校派學者没有一個人走到這裏;他試着來證明聖書的可信,並且當他選擇論據的時候,他很顯明地更喜歡内面的(interne)證據[3]。

如果大家同學校派的著作更熟習,大家要不至於同普通人一樣,把從十三世紀到二十世紀自由思想的進步説的那樣過火。有些歷史家説近世人的否定全出於宗教改革,其實他們不知道,或者裝着不知道,在第九世紀,天主教徒愛黎格納曾否定永久的責罰;在十二世紀,亞伯拉曾宣言希臘哲學家的學説比舊約的學説高;在十三世紀,很多的天主教徒,不肯相信基督超自然的降生和復活;在相同的世紀,這就是説在宗教改革二百年以前,在教皇威力頂大的時候。多馬斯和董·斯毅特不得不用很長的論辯,來證明神示的必要和神語的可信;歸結,他們不知道這些教會的學者,雖然説很服從,很忠誠,很合於正教,在他們對於基督教的確信旁邊,却有思想的自由,這種自由的精神就是在十六世紀和十七世紀新教的神學裏面,仍是很希少的。

如果多馬斯的學説同萬有神論相近,董·斯毃特的學説,確實地同伯拉具(Pelage)派相合;如果寶米努斯派的教士因爲稱贊神最大的光榮,就把個人的自由犧牲掉,佛朗西斯庫斯派的教士損抑神惠,誇張個體和自由的意志(libre arbitre),也自信對於神作了重要的服務。

董·斯毃特不但對於神和教會盡職,同時要給他所屬底佛朗西斯庫斯會盡職。中世紀的大分會(ordre)就是新教中神學分派的先導。現在已經溶化到羅馬正教裏面,有不可分的統一,在我們所説底時候,却是真正的分派,在他們中間,不但對於實用問題有衝突,就是對於我們現在所覺得並不是第二等的學説也不相合[4]。這些分會的争競,對於學校派哲學,有多少次成了它的生命的一種原素。董·斯毃特及他那一派的學者和多馬斯派學者的争鬥,實在是宗教中兩强敵的決鬥,他們彼此全想在教會裏面,成了最高的勢力。聖包納汪都爾在佛朗西斯庫斯會所得底光榮,受寶米努斯會的亞爾伯和多馬斯的掩蝕。董·斯毃特想把光榮還給佛朗西斯庫斯會,就竭力尋找他所叫作多馬斯派的錯誤並且駁辯它。多馬斯對於那分會全體,關於教義和教育上的使命很忠誠,爲信仰和神惠的宣傳人。董·斯毃特也得到他那分會的精神,——活潑的和實用的虔誠精神——爲動作,事業,人類自由思想的宣傳人。他的思想很能深入,很稱他那敏妙博士(docteur subtil)的名號,盡力批評多馬斯的著作。

多馬斯的限定論,設想智慧勝過意志,外面很像是天主教的真正哲學。他使意志受一種絕對原始的羈軛,就減損個人的自愛心,毀壞個人對於自力的信用,使他看出自力的虛無,但是如果我們把他那學說的根基,赤條條地顯列出來,就可以看出它不很堅固。一方面,他使神自身成了一位相對的有,他的意志成了智慧的奴隸;另外一方面,他不止抑損個人,並且使他喪失勇氣,使他絕望,或使他在道德上陷於漫無別擇的狀態。如果教會采用這樣學說,它一定——並且不久,——就要不能算作道德的聖堂和群聖的母親。然則我們應該用意志的最上權反對智慧的最上權[5],應該用真正的哲學及亞里斯多德真確的思想替代限定論:這就是神的和人類的自由的學說。

除了把真正的神同命運(Fatum)或新柏拉圖派所說生物的自然界(*nature naturante*)相混以外,就不能同多馬斯派學者一樣,承認世界爲神的真質的,神的智慧的或意志的必要的出產品。神自由地創造世界。他很可以不創造。因爲他的意志就是神所作事情最高的原始,對於無論什麽高的原始,全不能屈從。世界的存在並不是必要的,却是神聖自由意志的自由結果[6]。然則亞伯拉說神止能創造他所創造底世界,並且他必要地創造他所創造底世界,是錯誤的,多馬斯說世界必要地爲所能有底頂好的世界,也是錯誤的;他止創造他所高幸使它存在底世界。

神聖的意志爲一切事物最初的原因,以後也就爲被創造的精神最高的定律。善,正誼,道德上的定律,除了因爲神的願意,就不能算作絕對;如果它們並不附屬於神聖意志,那樣,神的威力受一種定律的限制,定律却不附屬於神,神就不成了絕對的自由,歸結,也不算無上的有了。實在,善除了因爲神高幸説它是善以外，就不能算作善[7]。神因爲有最高的自由，能用一種新定律替代現在統治我們的道德上的定律，就像他用福音上的定律替代摩西的定律一樣；頂重要的，他可以——誰知道在許多情形之下，他不實在地那樣作？——使我們不去作，我們却不因此就不在正當的路途上面。在創造世界的時候和統治世界時候一樣，除了他的自由，就沒有他種的規則，因爲他如果願意，就可以解放我們，不需要盡道德法典上面的某某定律，所以在教會一方面，也有權利承認這種解放。如果神在這上面，不同在各種事物上面一樣，有無上的自由，如果就像多馬斯所想，他的意志絕對地受他那最高明智的限制，那麼，寬恕的權利要成了什麼呢？並且人也同神一樣，是自由的；墮落並不能損失他那自由的意志；他有形式上的自由，這就是説可以願意或不願意，他並且有物質上的自由。這就是説他可以要ㄅ或要ㄆ（選擇或漫無別擇的自由）。

這些學説，雖然説同歐古斯蒂努斯正相反對，教會却沒有什麼不高幸，——這些學説反射並且鼓勵伯拉具的傾向。但是它們藏着一種危險，教會不贊頌董·斯殼特，好像也明白這種危險。這位敏妙的博士，這樣堅決地主張個人的自由，他引起一種新原始，一種反對權威的勢力，這種勢力一世紀一世紀地澎漲，歸結要宣告對於宗教意識的解放，不承認教會的沿襲，在信仰和科學上面，得有最高的權威。所以對於普遍的問題，董·斯殼特雖然竭力盡忠於實在論和唯理論，因爲這是教會的旗幟，他實在與名目論和經驗論很接近。從深處講，他對於個體有無限的同情，因爲他對於意志有同情，並且如果理性爲全體所公有，個體却是由意志來的。個體性是他最喜歡談的問題。他的同時人剛的亨利·格達爾(Henri Goethals de Gand)[8]同尚鮑的居由穆一樣，覺得個性的原始不過爲一種否定；多馬斯覺得這種原始在物質裏面，就是說在"無"裏面，當這個時候，董·斯毅特卻宣言它是一種實在的原始，並且給他一個 *haecceitas*[一] 的名字。他覺得有兩種確實的和實在的原始；*quidditas*[一]（普遍或同種內的個體所公具底模範）和 *haecceitas*（個性或個體區別的原始），個體就是這兩種原始的綜合體。與 *haecceitas* 分離的 *quidditas*，或與 *quidditas* 分離的 *haecceitas* 全沒有實在，意象的和實在的兩種原始聚合起來才有實在，這就是說實在正在個體裏面。

董·斯毅特由於個人自由的理論和 haecceitas 的理論，給他弟子歐加謀的名目論開了路徑。由於他偶然創造的理論，他催促科學和在教會權威下面的唯理論的分裂，並催促近世經驗論的成立；因爲如果自然界的定律以至道德定律的自身全屬偶遇的，那一切科學，以至於道德學，止有經驗，才可以爲它們唯一的基礎，它們在經驗上面，才可以建立起來。在玄學裏面，把意志放在第一位，理性放在第二位，就是要推理附屬於觀察及經驗下面，作爲方法。董·斯毅特不但催促科學和教義的分裂，如果看他在他所著底 *Quaestiones subtilissimae* 裏面，否定從先天來的觀念，並且宣言由科學的觀察點，證明靈魂不死和神存在爲不可能，可以說這種分裂，在他的思想裏面，已經是一種事實。

原　注

〔1〕他的生年同他原籍全很爲人聚訟：有些人說他是 Dunston en Northumberland 的人，有些人説他是<u>蘇格蘭</u>的 Duns 的人，又有些人説他是<u>愛爾蘭</u>的 Dun 的人。

〔2〕 *Opera omnia*, Lyon, 1639. 他對於<u>隆巴爾</u>的<u>彼得</u>所作很重要的注釋（*Distinctiones in IV libros sententiarum Opus Oxoniense*）在第五本至十本裏面。對於<u>董·斯毅特</u>的學説，要看 Ritter, t. VIII 和 Erdmann, t. I. —Seeberg, *Die Theologie des Duns Scotus*, 1900. —K. Werner, *Ioh. Duns Scotus*, 1881.

〔3〕 D. S. *In Magistrum sententiarum Prooemium.*

〔4〕 所以，大家剛才看到，對於自由問題和神惠問題。<u>多馬斯</u>和<u>竇米努斯</u>分會屬於歐古斯蒂努斯派，<u>董·斯毅特</u>和<u>佛朗西斯庫斯</u>分會屬於<u>伯拉具派</u>；後者贊成童女孕生説（Immaculée conception），前者反對此説；前者把<u>基督</u>的犧牲看作對於衆生造孽的一種特別增添的滿足，後者覺得這是一種相對的滿足，<u>神</u>接收它以完成他的事業，因爲他很要那樣作（*acceptilatio*）。

〔5〕 *Voluntas est superior intellectu*（*Opus oxoniense*, Ⅱ, dist. 52）.——<u>董·斯毅特</u>的意志論對於<u>多馬斯</u>的智慧論，就像<u>實用理性批評</u>中的<u>康德</u>學説，對於<u>純粹理性批評</u>中的<u>康德</u>學説，<u>叔本華</u>的萬有神論對於<u>黑智爾</u>的全名理論一樣。

〔6〕 O. c. I, 39, question 1.

〔7〕 *Ibid.*, dist., 44.

〔8〕 生於一千二百十七年，死於一千二百九十三年。——*Quodlibeta theologica*, Paris, 1518; *Summa theol., ib.*, 1520; Ferrare, 1646.

譯者注

（一） haec 爲 hic 少數中性，本義爲"此"或"彼"，十三世紀的<u>新拉丁</u>文就作出 haecceitas 這個字，或可譯爲分彼此性。quid 爲 quis 的少數中性，原義爲"什麽"，用作名詞，有"者""的""所"之義；<u>新拉丁</u>文因此就作出 quidditas 這個字,大約可以譯作"所以然"。

B　名目論的游行派

第四十一節　名目論的復現,都朗(Guillaume Durand de saint-Pourçain),歐加謀(Guillaume d'Occam),布黎當(Jean Buridan),德黎(Pierre d'Ailly)

宛散、多馬斯、董·斯骰特的概念論已經離名目論不遠。董·斯骰特的半實在論已經離婁斯蘭近,離居由穆遠了。都朗[1]起首爲多馬斯的弟子。以後受董·斯骰特的影響,説出這樣的定則:"存在就是成個體地存在"更近名目論了。歸結,佛朗西斯庫斯派的修道士歐加謀[2]爲洛克的同鄉和先導人,顯明地給實在論宣戰,把它看成是一種荒謬的系統。他説,實在派覺得普遍同時在許多的事物裏面存在;可是同一的事物不能同一個時候在許多不同的事物裏面存在;然則普遍不是一件事物,一個實在(res),不過是一個用以表明許多相似事物的記號,一個名字(nomen);止有個體才是實在的[3]。

這種極端名目論一定的結果,就是對於知識的懷疑,——按着知識尋找普遍和必要講。自然,我們所能認識底,知覺所可及底實在,止有屬於個體的和偶遇的。所以歐加謀用普婁塔骰拉斯的懷疑,批評自命有玄學上真實的一切知識,就是頂重要的知識:神學,也逃不掉他懷疑的批評。他同他老師所講底意見相同,宣言想證明神的存在和單一,是不可能的[4]。他覺得本體論和宇宙論的論據全没有什麽勢力:一個最初原因存在的必要,不過是一種純粹的假說,理性總可以拿他種假說反對它,說原因結果成無窮的級數,也未嘗不同它一樣的像理。所以他覺得合理的或合於知識的神學是不能有的;學校派的哲學,愛黎格納,歐古斯蒂努斯,昂塞爾穆,多馬斯所講底科學,遇見歐加謀的批評,就成了一組無聊賴的假說。知識是屬於神的,至於人類止有信仰。

希望教會中的博士,承認他們的思考全是無用,以後變成實用真理的翻譯人和信仰的宣傳人! 希望教會不要管地面上無益的知識! 希望它拋棄與地上事物有關的各種世間原素,自行改革,再歸到聖徒時期的簡單,純潔,神聖! 如果當美斐利(Philippe le bel)和教皇爭競的時候,歐加謀說國王有理由,並且幫助他,如果他逃出法國,奉事與教皇爭鬥的巴維耶爾的魯意(Louis de Bavière)[5],他並不是反對教會,也並不是與它休戚無關。實在正相反對,他爲佛朗西斯庫斯真正的信徒,深摯地愛他精神上的母親,他因爲愛它,所以要它偉大,神聖,不受世間有害的影響,他不能承認教皇干涉歐洲各國暫時的事變。在這一方面,他因爲對於教會的忠誠,不得不來把手伸給教皇的敵人。

所以名目論一方面危害信仰和知識的連合,同時也就要把十餘世紀聯合教會和世界的聯絡截斷。它的復現,不但表示學校派的衰頹,並且在時期上,與教皇勢力衰頹朕兆的年月相當,從此以後,各國君主抵抗教會,很有成功。歐加謀雖然自己確信想與教會有益,他的名目論,同一切的哲學一樣,好像一個鏡子,把他那世紀主要的趨向反射出來:這種趨向就是教外的勢力;國家,民族,言語,文化,藝術,科學,哲學,必要地要擺脱基督教的羅馬的

羈軛。就是當名目論再現的時期，民族的生活和近世的語言，才
開始的發展，來反對該撒沿襲的嫡系對於歐洲所强加底政治，宗
教，和文學上的統一。然則名目論外面雖説對於教會非常忠誠，
極端虔敬，以至於蔑視知識，其實暗藏着不少與天主教相衝突的
傾向；教會待它，也就像百年前待亞里斯多德的學説一樣：判決
它。但是這一次，異端的根，入地太深，並且太應時代的要求，想
使它緘默是不可能的。

都朗和歐加謀的議論，爲名目，實在兩派爭戰的號砲；這次爭
戰把十四世紀和十五世紀填滿，將大學變成真正的戰場——這句
話並不是比喻——直到文藝復興和宗教改革的時候，才平息下
去。在十四世紀，實在派有卓絶的黨徒，比方説，伯爾萊（Walter
Burleigh）用知識和哲學的名義，來給實在論辯護；坎陶柏黎的大
主教，多馬斯（Thomas de Bradwardine）[6]用信仰的名義防衞它，
責歐加謀屬於伯拉具派；至於斯突拉斯堡的多馬斯（Thomas de
Strasbourg）[7]和赫德爾柏爾大學的頭一個校長，恩根的馬爾西爾
（Marsile d'Inghen）[8]兩個，盡力調和相衝突的學説。但是，就用
概念論的形式，也止能引起些好思考的人；名目論的議論清楚，明
白，漸爲普通意識（sens commun）所信用。雖實在派和政府——
實在派曾能使它幫助他們——有頑强的抵抗，歐加謀的學説，歸
結得到巴黎大學的承認，若望·布里當（Jean Buridan）[9]很有天
才，在那裏講授名目論，德黎（Pierre d'Ailly）[10]別號法國之鷹，也
在那裏講授，將名目論照着定斷論的方向多少變一點。

名目論的旗下，藏着改革的傾向，應該得到勝利。

原　注

〔1〕生在 Auvergne，死於一千三百三十二年，爲 Meaux 的主教。—*Comment. in mag. sentent.*, Paris，1508；Lyon，1568.

〔2〕死於一千三百四十三年。*Quodlibeta septem*, Strasb., 1491. *Summa totius logicae*, Paris, 1488；Oxf. 1675. *Quaestiones in libr. physic.*, Strasb., 1491；*Quaestiones et decisiones in quatuor libr. sent.*, Lyon, 1495. *Centilogium theol.*, Lyon, 1496. *Expositio aurea super totam artem veterem*, Bologne, 1496.

〔3〕Occam, *In l. I sententiarum*, dist. 2, quaest. 8.

〔4〕Occam, *In l. I sentent.*, dist 3, quaest, 4. —*Centilogium theologicum*, f. 1.

〔5〕人家説他對魯意説這句話：*Tu me defendas gladio，ego te defendam，calamo*（你用劍防衛我，我用筆防衛你）。

〔6〕死於一千三百四十九年。

〔7〕死於一千三百五十七年。

〔8〕死於一千三百九十六年。

〔9〕死於一千三百六十年。—On a de lui；*Summula de dialectica*, Paris, 1487；*Comp. logicae*, Venise, 1480，還有一組亞里斯多德的注釋，或在巴黎印，或在鄂斯福印。

〔10〕死於一千四百二十五年。—*Quaestiones super quatuor l. sent.*, Strasb., 1490. *Tractatus et sermons*, 1490.

第四十二節　學校學派的衰頹——對
自然界和經驗科學興趣的醒悟——
洛給·培庚（Roger Bacon）——神秘論

名目派學者德黎雖然駁擊歐加謀的結論，也没有用；他希望這樣學校派還有一個保存的理由——懷疑論不承認這種理由——也没有用。學校派哲學的根本原素立時受了損害。不錯，歐加謀，布里當，加布列·畢耶爾（Gabriel Biel）[1]止對於玄學懷疑；但是他們説我們對於神，對於神智，對於墮落，贖罪，復生，最後的判決，什麼全不能知道，我們對於這一切議論止應該相信，他們使這些議論成了無定的，成問題的，無論他們的本意怎麼樣，總使異論（hétérodoxie）得了幫助。在他們的思想裏面，覺得信仰應該同科學分離；在其他對於教會比較没有他們忠誠的思想家裏面，就覺得理性要漸漸地越過信仰。就是這樣，於一千三百四十七年，屬於西竇會（l'ordre de Citeaux）的默爾古烈的若望（Jean de Mercuria ou de Méricourt）被判决，因爲他肯定：第一，在世界所作底一切事件，無論善惡，全由於神的意志才能作出來；第二，罪孽與其説是惡，不如説是善；第三，受不能抵抗的誘惑而屈伏的人並没有造罪孽。在一千三百四十八年，一個神學的得業士歐突里舉的尼古拉（Nicolas d'Autricure）在巴黎大學竟敢送上如下的論文：第一，如果我們舍去亞里斯多德和他的注釋家，却直接去研究自然界，我們很容易並且很快達到一種有定的科學；第二，我們很可以看出神爲最重要的有，但是我們不能知道這樣一位的有是否存在；第三，宇宙爲無限的和永久的，因爲從無至有是無法可明白的。——這些自由思想的表示，還很希少，但是更有光榮。

對於思考的哲學和它反對學校派的盡力，又加上一種有勢力的幫助；就是因爲研究亞里斯多德關於物理學上的著作，和阿拉伯學派影響的增長，對於經驗科學的興味，就被喚醒起來。基督教學校的教育，全屬於論辯的，形式的；它使精神習於爭辯，但總是空的。從十三世紀起,<u>佛朗西斯庫斯會</u>的修道士,<u>鄂斯福大學</u>的教授<u>洛給·培庚</u>[2]看到這種很大的不完善,並且想到把科學加入教育的改革計畫。他盡心研究了二十年,把財產全犧牲掉,著作三部書: *Opus majus*(大著作)[3] *Opus minus*(小著作)和 *Opus tertium*(第三著作)[4],這三部書爲中世紀關於科學頂重要的著作。他不但駁擊學校派專爭論字義的無用,主張有觀察自然界和研究語言的必要,他並且比他十六世紀的同名人更明白數理的演繹在補足經驗方法方面,有非常地重要。他並且在科學上很有發明,頂重要的就是在視學上有新鮮的和可生發的理論。但是在一千二百六十七年<u>大著作</u>出世的時候,他關於科學改革的計畫還太早。他的計畫送到羅馬以後,因爲盲目派(obscurantiste)的陰謀,就失敗了,<u>培庚</u>並因此得了十二年幽禁的罪名。中世紀頂明白的思想,把種子播在已經由學校派哲學吹乾的地裏面,又遲三世紀才能生長出來。

　　<u>大亞爾伯</u>(Albert le Grand)雖然没有達到<u>培庚</u>一樣的高度,他的特別興味,却也很有意思,他也竭力研究自然界,他同時的人和他自己全把這樣研究混到魔術(magie)裏面。同時還有一位奇怪的人物,<u>巴爾瑪</u>的<u>萊孟·吕爾</u>(dom Raymond Lulle, de Palma)[5]他同時爲神學家,研究自然界學者,傳教士和游行詩人,他用一種普遍的方法——他叫作 *ars magna*(大術)——盡力宣傳<u>阿拉伯</u>人的科學。他的學説由很多的著作所引用,使他在將來各世紀得到些很熱烈的信徒,他們頂注意的,就是要發明點金石,來製造金子。精神由於這樣的稚氣,漸漸地轉回來觀察實在,得着習慣,覺得研究自然界,並不比研究<u>亞里斯多德</u>的著作不重要,以至

於在一千四百年附近,都魯斯的教授,塞邦德的萊孟醫生(Ray-
mond de Sebonde)^[6]竟敢説人所著底書不如自然界這本書,無論
誰全可以理解,因爲它是神的著作。

　　官家的哲學,守着它那無益的形式,對於自然界,毫無知識,
無大希望,却仍固執不變,思想已經厭煩了受教會所講底亞里斯
多德的羈絆,急於得進步和自由,就來反對它;它的敵人就是關於
自然界的科學,在幻術的粗野形式下面,開將來盛大的先聲;歸
結,官家的哲學頗爲具宗教情感的和神秘的虔誠的人所不快,因
爲靈魂用它不能得到一種實在的養料,基督教的生活,不能得到
一種向善的嚴正衝動力。神秘論有幾世紀總是和思考聯絡:在多
神教和基督教的新柏拉圖派,在愛黎格納,聖維克陶的玉葛和黎
沙爾,聖包納汪都爾的著作裏面,它就像一種南風,把推理的冷静
地域變成温和,用事物真質統一的直覺,反對推演思想的迫狹,把
正教不肯忍恕的狹隘範圍放寬,主張與其説 fides Quae creditur 不
如説 fides qua creditur,與其偏重相信的對象,毋寧注重信仰的自
身,主觀的事實和精神的生活。但是因爲學校派漸漸地專重形式
的問題和無用的論辯,神秘派就同它分離,並且來攻擊它。

　　有幾個神秘派,比方説,聖維克陶的聖伯爾那和毂底耶(saint
Bernard et Gauthier de Saint-Victor)恨論辯法,因爲他們覺到它對
於教會的信仰,算是一種危險。另外幾個,對於論辯法没有他們
小心,但是同他們一樣的熱心,想達到神的地位,任着他們那宗教
感情的熱誠,走到萬有神派所得底極端結論。他們覺得論辯法好
像一種迷徑,靈魂從那裏不惟達不到神的地位,並且愈走愈遠,失
了途徑。由於感情,可以直接達到神的地位:心的一種猛進可以

使靈魂超過思想的障礙，達到事物的中心，萬有的根源；在那個地方，個人的意識和神的意識變成同一。有些人覺得這種靈魂上的直覺由於大歡喜（enchantement）就可以達到他們最高的趣向。比方説，彀婁尼省的寶米努斯會教士愛加爾（Eckart）[7]就是萬有神的神秘派最完全的模範。另外有些人雖然以歸根於神（absorption en Dieu）爲宗旨，説想到神的地位，必須長久地和堅苦地努力，除了對神的愛情以外，向善的意志和道德上的奮鬥也是達到基督教涅槃（nirvana）的必要條件。這就是寶米努斯會在彀婁尼和斯突拉斯堡的宣傳人若望·寶來（Jean Tauler）[8]，若望·衛塞爾（Jean Wessel）[9]，Imitation 假定的著作人康比的多馬斯（Thomas à Kempis）[10]，他們這種新原素，全是受伯拉具派名目論的影響。在法國掌璽官若望·結爾森（Jean Gerson）[11]，和巴黎大學校長，克萊芒給的尼古拉（Nicolas de Clémangis）[12]的著作裏面，這種影響更爲顯著，他們的神秘論不過是關於道德的苦行論，同日耳曼的神秘論，在真質上，大有分辯。但是在這些不同的形式下面，有同一的傾向在那裏運動；就是反對學校派和進步的傾向。

原　注

〔1〕杜賓克（Tubingue）的教授，死於一千四百九十五年。

〔2〕*Doctor mirabilis*，生於一千二百一十四年，死於一千二百九十四年。

〔3〕Ed. Jebb，Londres，1833，in-fol.

〔4〕*Dans Rogeri Bacon Opera quaedam hactenus inedita*，éd. J. J. Brewer，Londres 1859. —E. Charles，*Roger Bacon*，*sa vie*，*ses ouvrages*，*ses doctrines*，*d'après des textes inédits*，Bordeaux，1861. —K. Werner，*Die Psy-*

chologie, *Wissenschaftslehre u. Erkenntnislehre des Roger Baco*, 1879.

〔5〕生於一千二百三十四年，死於一千三百十五年。—Raymundi Lulli
　　Opera, Strasb., 1508. —*Operaom nia*, éd. Salzinger, Mayence, 1721, ss. —
　　Voy. Helfferich, *Raymond Lulle et les origines*, *de la littérature catalane*
　　(all.). Berlin, 1858, et Erdmann, t. I, 第二百零六節。

〔6〕死於一千四百三十六年。—Raimundi *liber naturae sive creaturarum*
　　(*theologia naturalis*), Strasb., 1496; Paris, 1509; Sulzbach, 1852. —
　　Kleiber, *De Raimundi vita et scriptis*, Berlin, 1856.

〔7〕死於一千三百年左右。——要看 Ch. Jundt 所作底傳。

〔8〕死於一千三百六十一年。

〔9〕死於一千四百八十九年。

〔10〕死於一千四百七十一年。

〔11〕死於一千四百二十九年。—Voy. Ch. Schmidt, *Essai sur Jean Gerson*,
　　Strasb., 1839.

〔12〕死於一千四百四十年。

第四十三節　文學的復興

　　對於我們剛才所説底進步的每一個原素，就有一大群歷史上
的事實同它相當；這些事實，有很大的關係，並且使改革的精神，
得了一種堅決的衝動。希臘的移民使歐洲人知道古代文學上的
名著，恰好有印刷的發明，使大家更容易得到，自由的思想對於這
些著作非常歡迎。科學的精神和研究自然界的傾向，受指南針和
望遠鏡的很大幫助，由於美洲的和太陽系的發現，這種精神得了
勝利，並且因爲觀察這些新鮮的和廣遠的境地，吸收到一種熱情，
一種確信，漸漸地使學校派和教會武斷的議論恐懼起來。宗教的

感情,同時也陷到十六世紀改革家的大運動裏面,十五世紀文學界的醒悟,就是這種運動的先鋒。

畢藏斯(Byzance)帝國,屹立於舊世界的古代殘迹中間,希臘半島受它的保護,雖然形式上不免陳舊,並且帶着學究的風味,它却是保存着古代文學的及哲學的沿襲,對於名著研究的興趣,對於柏拉圖和亞里斯多德的大名的愛情。在那裏,大家由希臘原文研究這些思想家的著作,這個時候,在西方,希臘文不但是一種死文字,並且差不多簡直没有人曉得;他們用一種宗教的禮儀,來周圍着這兩個思想家,並且愈覺得不能超過他們,愈景仰他們。儘着這兩個明星和他們的衛星在畢藏斯和雅典的天上發光的時候,研究學問的興味,自由的思考,在希臘地面上就不能消失,雖然皇帝崇重學究風的神學,仍可以保存着。所以東方對西方的影響,無論怎麽樣,總是有益的和傾向自由的。

在一定的限度,這種影響可以追溯到十字軍的時代。由於一種"命運的開玩笑"(ironies du sort),——這種玩笑在歷史上很多——天主教會此次遠征所得到底結果,和它所希望底全不相似。他們用羅馬信仰的名義攻擊東方,所帶回來底,倒是些異端。在十五世紀的前半紀,西方教會對於東方教會無益的聯絡,也有同樣的結果。他同東方的希臘接觸,受了影響,對於西方很有益,但是與天主教階級的傾向相反對。在從前的世紀,有加拉布來·巴拉阿穆(Calabrais Barlaam),龍斯·披拉特(Léonce Pilate),以後又有當特(Dante),伯突拉爾克(Pétrarque)和包加斯(Boccace)已經在意大利養成對於希臘文學的興味;但是一直到一千四百三十八年,畢藏斯教會派到佛婁蘭斯(Florence)的學問家爲學問的機關,這些文學,對於歐洲,才有直接的和有生發的影響。他們由東方被派到教皇的國家,本要作聯絡兩教會的使臣,倒成了希臘文化的宣傳人。

　　希臘的文人愈來愈多,當畢藏斯和東方帝國最後的殘餘陷入突厥手中的時候(一千四百五十三年),在意大利,學問家來的愈多,成了一種真正的東方移民。由於此次事變,意大利,從文學,美術,哲學的視察點看起,又返到兩千年前的情形:它又成了大希臘[1],從一千四百四十年起,希臘文人喬治・結米時・普來東(George Gémisthe Pléthon)[2]被派到佛婁蘭斯的宗教會議,那個時候,穀思謀・德・默底西斯(Cosme de Médicis)的思想很寬大,就留他在這個城裏,他就在那裏建一個柏拉圖學院。他的同鄉伯薩隆[3](Bessarion)接續着他那管理學校和宣傳的事業。他反對他的同鄉結納都斯(Gennadius),加薩的德歐多爾(Théodore de Gaza),突萊畢宋德的喬治(George de Trébizonde)諸人,因爲他們屬於里塞烏穆派,至於他,他却爲亞嘉德謨斯辯護,雖然説游行學派受正教的幫助,盡力抵抗,他在意大利人裏面,得了很多崇拜柏拉圖的人。

　　希臘文對於當特的同鄉,有一種不可抵抗的威力。他們具非常的熱誠去研究它,這種熱誠也正是意大利人種的特色。文字學成了主要的科學。威尼斯的愛爾茂勞・巴爾巴婁(Ermolao Barbaro de Venise),羅馬的婁蘭・瓦拉(Laurent Valla de Rome),安舉・包黎先(Ange Politien)爲畢藏斯僑民很熱烈的弟子。以至於教會中的重要人物,全喜歡古代文學,厭惡學術派的語言。

　　尼古拉・德・庫斯大主教(Le cardinal Nicolas de Cuse〔Cues

ou Kuss])[4]心中有布盧耨和特嘉爾的質素,竟敢張明旗鼓地批評學校派的錯誤,並且説柏拉圖的學説,在各方面,比當時官家的學説全好,至於他思想中的柏拉圖哲學,頗與畢達穀拉斯的數理論相混合。古典學派(classicisme)潮流,一直升到教皇的寶位:大家知道萊翁十世(Léon X)和他的秘書班包(Bembo)喜歡佛爾加特(Vulgate)的程度遠不及他們喜歡西塞婁的程度。在教會高位的思想裏面和在教會外的科學家,詩人,美術家的注意裏面一樣,維爾給爾(Virgile)和荷馬的宗教代替了基督的宗教,歡樂的歐林普斯代替了嚴正的穀爾穀達(Golgotha);耶和華,耶穌,馬利成了茹畢德(Jupiter),亞博洛(Apollo),威努斯(Vénus);教會裏面的群聖同希臘,羅馬的群神相混;一句話説完,大家又回到村野教裏面去。

在佛婁蘭斯,柏拉圖的弟子馬爾西爾·斐散(Marsile Ficin)[5]接續着伯薩隆所開始底柏拉圖派的奮鬥。他覺得柏拉圖的學説爲人類明智所得底極精品,基督教的鑰匙;止有它才可以使天主教變老還童和受精神化。斐散爲柏拉圖和亞里山大城學派各著作的發行人,翻譯家和注釋家,爲近世研究古代文字家的一個先河,也是哲學復興的一個先河。在他附近,若望·畢柯·德·拉·米朗多爾伯爵(comte Jean Pic de la Mirandole)[6]的名字也不能比他晦暗。他不惟研究希臘的語言,文學,並且研究希伯來文,他確信猶太人的加巴爾(Kabbale)爲明智的一種源泉,價值不下於柏拉圖的著作和聖書。他對文學的愛情和加巴爾的研究,有他的姪子若望·佛朗蘇阿·畢柯·德·拉·米朗多爾(Jean-François Pic de la Mirandole)[7],及他的弟子婁史蘭(Le

Souabe Jean Reuchlin)^[8] 來承繼。這第一位也是有他叔父的天才,但是他的虔誠比較偏狹;婁史蘭當回到德國的時候,建樹希臘,羅馬和希伯來的文字學,並且駁擊侯時斯突拉登(Hochstraten)和盲目派,給他的祖國預備精神上的解放。

原　注

〔1〕 實在説起,古代科學家的沿襲在意大利南部從來没有完全消失,它附屬於希臘帝國比半島其他的地方全長久;如果 Mont-Cassin, Salerne, Naples 地方的學校由於諾爾曼人(Normands)同佛勒德里克二世才著名,它們的根源無疑義地比諾爾曼的和日爾曼阿拉伯的時期早(Daremberg, *Histoire des sciences médicales*, p. 259, ss.)。地方的名字在現在——或者儘少説在從前,與無知識和狂信(fanatisme)有同樣的意思,實在它就是德來秀,布盧樢,坎巴酒拉的故鄉,這就是説爲光明的和宗教容忍的故鄉(Lange, *Histoire du matérialisme*, I, p. 157)。

〔2〕 Peri hôn'Aristotelês pros Platôna diapheretai, Paris, 1540. —Nomôn sungraphê(fragm. recueillis par C. Alexandre et trad. par A. Pellissier, Paris, 1858).

〔3〕 *Adversus calumniatores Platonis*, Rome, 1469.

〔4〕 Trèves 的教區。—Cusanus,他的真名字叫作 Krebs,死於一千四百六十四年。*Ses Oeuvres* ont paru en 3 vol. in-fol. Paris, 1514. 他頂著名的著作:*De docta ignorantia* 在第一本裏面。第二本包括他的天文學和數學的著作,使我們知道他爲哥白尼和改正歷法的先導人。他那神爲絶對單一和矛盾的相合(*coïncidence des contradictoires*)的學説,開布盧樢,西林,黑智爾的先聲。—Voy. Richard Falkenberg, *Esquisse de la philosophie de Nicolas de Cuse*(all.).

〔5〕 Florence 的人，生於一千四百三十三年，死於一千四百九十九年。——還是 Florence 和那個文學復興的世紀生出來意大利的大政治家和愛國者：Nicolo Machiavelli（生於一千四百六十九年，死於一千五百四十七年）。他著有 *Il principe* 等書，它的系統放在結果可以爲方法辯護(*la fin justifie les moyens*)的原則上面（政治和道德的分離）。

〔6〕 生於一千四百六十三年，死於一千四百九十四年。

〔7〕 生於一千四百六十九年，死於一千五百三十三年。

〔8〕 生於一千四百五十五年，死於一千五百二十二年。

第四十四節　新柏拉圖派——神智學
(Théosophie)——魔術(Magie)

新理想和舊迷信混合起來，生來些詭異的議論，有一部分是從新畢達殼拉斯派和亞里山大城派的學說仿描下來的。但是這兩派表現希臘哲學的衰頹，他們十五世紀的同派，却是希臘哲學復興的先鋒，哲學的和科學的精神，由他們的思想經過，才達到自主的階級。他們的意見，由於 *théosophie* 這個字全表示出來。神智派同神學家一樣，相信超自然界；對於自然界有信仰，却同哲學家一樣。它是神學和純粹哲學中間的一種過渡。這還不是近世的經驗科學；因爲它建樹於内心的顯示(révélation interne)上面，這種顯示是超過感覺上的經驗和理性的。他們因此就特別喜歡秘密的學説，有用秘密形式，對他們表示的事物，他們就很高興地留住，爲的是將來可以利用他。大米朗多爾和婁史蘭因此就對於新柏拉圖學派和它的近支加巴爾[1]，具有熱烈的情感，米朗多爾使這些與聖書同化，婁史蘭在他所著底 *De verbo mirifico*[2] 和 *De arte cabalistica*[3] 裏面，誇揚這些理論。

神智派不但要尋探偉大的神秘；不止要認識自然界；他們所想底，就是將來佛蘭西斯・培庚所想底：統治自然界，爲自然界的主人，使自然界成我們的奴僕。他們一方面，説要由於秘密的學説得到事物的認識，一方面自誇由秘密的技術，咒語，神秘的行爲，可以使事物聽他們的命令。所以他們必要地進到魔術或招神(théurgie)[4]裏面。魔術建樹在新柏拉圖派這個原理上面：世界是些神聖勢力所成底一種階級，一群動力所成底升降階梯，在這些階梯上面，高級的動力指揮，下級的動力服從。神智派想要統治自然界，使它變成隨意所之的事物，他們須要同高級的勢力同化，——在月球下面的球形就是服屬於這些勢力，——並且用亞里斯多德和溥多來默烏斯的觀察點，這些高級的力全是天上的勢力，星宿的動力，所以占星術(astrologie)在神智派的夜間的著述(élucubration)裏面占重要的位置。

柏拉圖派，或者更可以説，畢達彀拉斯派，同魔術及招神術這樣的聯合，在以下諸人身上頂完全地表示出來。婁史蘭的弟子，奈特斯赫謀的阿哥黎巴(Agrippa de Nettesheim)[5]著有 *De vanitate scientiarum*，反對學校派的定斷論；醫生和有名的數學家，耶婁謀・加爾當(Jérôme Cardan)[6]的議論，很奇怪地混合占星術的迷信和自由的思想，當時的正教徒説他的議論與基督教相反對；瑞士學問的醫生，侯含赫謀的德歐佛拉斯特號爲巴拉塞爾斯(Théophraste de Hohenheim, dit Paracelse)[7]，同大米朗多爾和婁史蘭一樣，信仰内心的光明，"比獸性的理性高的多"；他喜歡加巴爾,覺得那上面的議論,同基督教義相混,按着巴拉塞爾斯的意思,世界的靈魂和它所統治底衆多的鬼神,林神,水神,地祇,火精鬼,全是從亞當·加德孟(*Adam Kadmon*)生出,至於這一位,並不是別人,就是基督;由於絕對服從神聖意志,就同亞當·加德孟和天上智慧聯合起來的人爲最好的醫生,有醫治萬病的藥和點金石。這些科學改革的探訪隊,一方面有很多的迷信,並有點江湖氣,他一方面却對於實在有活潑的情感,對於學校派有深沈的憎惡,他們蔑視它,就很嚴重地攻擊它。

原　注

〔1〕 叫作加巴爾(*Kabbalah*,意爲沿襲的傳説,從 *kibbél* 出,意爲"他收到")的那些著作,它們學説的根基,比我們此書所研究底時期早的多,但是無疑義地,還没有受到它們確定的形式,並且不管怎麼樣,基督教方面直到中世紀的末葉才曉得他們。重要的是 *Sépher jezirah*,或名創造書,*Sépher hazzohar*,或名光明書。第一種帶着拉丁文的翻譯,於一千六百四十二年在 Amsterdam 印行;第二種於一千五百五十九年在 Crémone 和在 Mantoue 第一次印行。創造書受畢達毅拉斯派數理論(arithmétisme)的啟發,分別神聖明智的三十二條路或 *Sephiroth*(圓圈),這就是説有的創造演進的階級和普通的形式。前十種就是:神聖精神,它爲最上的原始,在那裏一切的東西成種子的或無分別的形態預先存在;從精神分出的噓氣,或能使生活的空氣;水;火,神就用它作出他的寶位和天兵;天頂(le zénith);地底(le nadir,譯者按:此字字源由阿拉伯文來,是要指經過我們所住底地方穿過地心所直達底一點,與上 zénith 正相反對);第七至第十爲四方,前四種圓圈預兆精神的和物質的世界的基本原質,另外六種爲它們

的形式和它們在空間中的分布。這十種圈(聖什),按着它永久在神裏面的樣子組成理想的世界,它們從神分出就像創造的語言(Parole ou Verbe créateur)(*Genèse*, I, 3)。後面的二十二種與字母表中的字母相當,爲這位語言的基本原質,由於無限的變化混合,構成實在的世界,爲至高的神的廟宇。——*Zohar*(按着 Daniel, XII, 3,這樣地叫)不但是世界生成論(cosmogonie),並且是神生成論(théogonie),雖然説照着加巴爾萬有神派的觀察點看起,這兩個詞是相同的:它給我們所表示出來的,不是一個與神有分別的世界的生成(la genèse),却是神的生成。實在,無限的有(*Ein Sôph*)也還不是神,也還不是無論什麼有定限的;它無論什麼屬性全没有,因爲每個屬性全是一種限定,一種分別,每個分別全是一種限制;它是有所從生的無,衆未知中的未知(l'Inconnu des inconnus),不但我們未知,就是它自身也是一樣。想要存在,它須要自行發展,自行限定,它須要自己得到些屬性,它須要帶些形式(*kelim*)。自生的有的這樣連續的表現(*sephiroth*)有十個(參考亞里斯多德的十範疇),構成三個三位(trois trinités),加上綜括它們的和完成什的最高的三位。就是:和有限分別開的無限,産生觀念的理性(亞里斯多德的主動的智慧)和接收觀念的智慧(受動的或陰性的智慧。第一三位,智慧的世界);神惠,正誼和它們的綜合,美麗(第二三位,道德的世界);勝利(膨脹的力?),榮譽(廣延,數量?),根本(衡量,比例? 第三三位。物質的世界);歸結還有王國;爲前九種表現的叶和的總結果。每一位與舊約上所給神底一個名字相應;最末一位得了 *Adonaï* 的名字。它們全體叫作 *Adam Kadmon*,模範人(l'Homme type),這就是説人種爲宇宙,神或儘量實現的有的歸總。——所以這種神學,和與它相關聯的精神學(pneumatologie)或鬼神學(démonologie)及人學,括總同普婁蒂努斯,穰布黎庫斯,普婁柯盧斯,愛黎格納的學説相像。以至於相混起來。我們並不試着把魔術的和東方式比喻的咒語的一種觀念來給讀者,就是一種近似的觀念,也没有試着作;在這種比喻下面,却藏着系統的根本,並且,在那裏,按着一個現代人的像繪畫的語言。大家有點覺得跑到精神療養院裏面;這種根本,在説過一切以後,總是演變派的一元論,這兩個詞的意思就是萬有神論,大家可以明白加巴爾的著作人和保存人從這些作出神秘;另外一方面大家可以講明它怎麼樣成了異端和暗昧的知識,對於文藝復興時期自由思想家所施底尊嚴了。——參考:Munk, *Système de la Kabbale*, Paris, 1842; *Mélanges de philosophie juive et arabe*, Paris, 1859.——Ad. Franck, *La Kabbale ou la philosophie religieuse des Hébreux*, Paris, 1843.

〔2〕Bâle, 1494.

〔3〕Haguenau, 1517.

〔4〕比較第二十五及二十六節。

〔5〕一千四百八十七年生於 Cologne,一千五百三十五年死於 Grenoble.

〔6〕De Pavie,生於一千五百零一年,死於一千五百七十六年。——*Opera omnia*, Lyon, 1663。——加爾當在數學歷史上,由於三次相等式的解法著名(*Ars magna sive de regulis algebraicis*, publié en 1543,同哥白尼的天體革命論同年)。

〔7〕生於一千四百九十三年,死於一千五百四十一年。—*Opera*, Bâle, 1589; Strasb, 1616 ss.

第四十五節　用亞里斯多德反封亞里斯多德,或自由的游行學派——斯多噶學派——伊壁①鳩魯學派——懷疑學派

當普來東和伯薩隆把柏拉圖學説當作宗教宣傳的時候,結納

---

①編者注:"壁",原誤作"璧",據前後文改。

都斯,加薩的德歐多爾,突萊畢宋德的喬治爲熱烈的游行學派,爲
佛婁蘭斯學院的敵人,在意大利的智識界,開始研究亞里斯多德
著作的本文。大家漸漸地同這位大哲學家的言語相習熟,才相信
在真正亞里斯多德和學校派所講底亞里斯多德中間,有不小的區
別;並且當有熱烈想像的人受柏拉圖,普婁蒂努斯,普婁柯盧斯鼓
舞的時候,有實證精神的人,雖同佛婁蘭斯學院一樣,反對沿襲的
哲學,却去引用希臘原文正確的亞里斯多德,對還没有研究好並
且有錯解的亞里斯多德起訴。從此大家對於亞里斯多德,和將來
在一千八百三十五年附近,對於黑智爾相似。他的學說從前爲教
會頂堅固的基礎,現在新派看出它有許多主要的點,同教會相衝
突;他們組成一種自由的亞里斯多德學派,來反對官家所承用底
游行派,他們大部分是教會以外的人(laïques)。這一班左黨的游
行派,雖然對於教會,作一種謹慎的保留,却是竭力來毀敗它那有
權力的學說,教會從前用一種盲目的親愛保護亞里斯多德的哲
學,現在他們把亞里斯多德著作裏面的異端一一地顯示出來。使
人相信教會宣布過萬不能錯誤的一個著作人裏面有異端,就是使
人相信教會可以錯誤,這就是攻擊它在思想界裏面的無上權,這
就是用智慧的解放遙答亞爾伯斯山北邊的宗教的解放.

　　新學派[1]的首領彼得・邦包納或邦包納西(Pierre Pomponat
ou Pomponazzi)[2]在他所著底靈魂不死論中間[3],竟敢來問不死
是否亞里斯多德學説的一個系論,他同ㄚㄆㄏㄦㄛㄉㄎㄥㄧㄚ
(Aphrodisia)的亞里山大[4]一樣,説亞里斯多德並没有這樣主張。
這就是,一方面,不承認多馬斯的威權,因爲他曾宣布亞里斯多德
的哲學同宗教這個根本教義相合,另外一方面,就是反對不死問

題的自身，因爲在<u>邦包納西</u>的心目中間，並不像教徒的觀察點，他看<u>亞里斯多德</u>的哲學並不是許多派裏面的一派，却是最高的一派。<u>邦包納西</u>想要躲避<u>教會</u>的雷霆，需要同教皇<u>萊翁十世</u>解和，宣布他個人相信靈魂的不死，因爲關於宗教的事務，他相信<u>教會</u>的權威。但是按着他反駁人家的態度，他很明白地不信靈魂不死的議論。

他說：無論人家怎麼樣說，我們不能承認一切的人全可以得到智慧上的完善，至於道德上的完善，並不在於地上不能實現的一種理想，却在於每人按着他那特別的地位來盡他的職務。一個謹慎的和廉潔的官吏，在他的範圍以內，已經達到他所能達到底和應該達到底完善；一個勤敏的田夫，誠實的商人，勤敏的和忠實的手藝人，每人按着他自己的方法，實現了相對的完善，──完善的原質是自然界給與他們的。絕對的完善止屬於<u>絕對的有</u>。

有些人主張靈魂不死，並且主張有德的人必要地得到無盡止的賞賜，有罪的人必要地得到無盡止的譴責，他們對於德性和毛病，賞賜和譴責有一個虛僞的總念，他們的證據就放在這個總念上面，實在這個總念儘少說也是不完全的，鄙陋的。除却德性的自身，專爲得賞賜而實行的德性，並不算德性，證據就是我們大家全覺着一件不求利賴的和無論什麼物質利益全不想得的事情，比想得一種好處或利益才作的事情更有價值。我們應該把德性真質上的賞賜，和它偶遇的酬報分辨清楚。真質上的賞賜附於德性的自身裏面，歸結，無論在什麼時候，不會沒有：這就是德性的自身和同它不能分離的愉快：毛病也是一樣的，就是它以後沒有外面的和偶遇的責罰，譴責總藏在它的自身裏面。說庶民向着死後面的報酬才去行善,恐怕地獄才不爲惡,那是一定的,但是我們也要承認他們的道德觀念還在幼稚,他們還需要有騙他們的玩藝和嚇他們的事物,至於哲學家唯一地按着道德原理走。

但是,如果靈魂不是不死的,那豈不是一切的宗教全錯誤了,人類的全體走錯路了? 是的! 柏拉圖不是曾經説過,在很多的事情,一切的人可以全被一個同一的成見所掩蔽麼? 他不是因此就説由普遍承認(consensus gentium)所提出底論證,没有什麼價值麼? 至於死者的復現,復生,游魂,這一類對於將來生命的證據,止足證明幻想受信仰的幫助,能有微妙的勢力。如果,就像亞里斯多德所明白講授底,靈魂爲身體的機能,很顯著地不能有無身體的靈魂。並且從此巫蠱和招魂術成了什麼? 超自然界又成了什麼?

邦包納西在他所著底極樂論(Des enchantements)[5]裏面張明旗鼓地反對靈迹,因爲它把事物天然的秩序虛懸起來。如果他想給宗教的檢查(l'Inquisition)相交換,承認耶穌和摩西的靈迹,他却是用自然的方法解明這些靈迹,這就是説他間接地否定它們。教會把亞里斯多德的權威看作對於超自然界頂強固的輔助,邦包納西就用他的權威,否定教會所説底靈迹。

歸結,在他所著底運命論(Du Destin)[6]裏面,他很高興地講明先知的(de la prescience)理論和神智的理論有衝突,預定的理論和道德自由的理論有矛盾。如果神預先把一切都整理好,並且預先知道一切,那就是我們並不自由;如果我們自由,那就是神並不預先知道我們的行事,從智慧一方面看,神却附屬於他的創造品。就是亞里斯多德自己,——邦包納西不過用隱蓋的語言説出,因爲當時教會所保護底哲學家的權威還很大——就是亞里斯多德,對於這個嚴重問題,也是自相矛盾,這個問題的解決,好像超過人類理性能力的上面。雖然如此,邦包納西覺得限定論合於名理,他對於這種理論很有同情。學校派的名目論要駁他説:然則惡是從神來的!他没有法子不承認,但是他自行安慰,想着如果在世界裏面,没有這樣多的惡,也要没有這樣多的善。

當十六世紀,鮑爾達(Porta)[7]斯加里結(Scaliger)[8],克萊謀尼尼(Cremonini)[9],薩巴來拉(Zabarella)[10]接續邦包納西的自由游行派,他們承受他對於靈魂的觀念和他那謹慎的保留。克萊謀尼尼有一句格言説:*Intus ut libet, foris ut moris est*(内面可以隨便,外面照着風俗走)。雖然如此,教會很近地監視他們,疑惑他們不信神。從這個學派出的一個人盧西流・瓦尼尼(Lucilio Vanini)[11],有騷動的精神和很大的虚榮心,宗教的檢查悲忿,就把他燒死,或者因爲他宣言"必須等他將來老了,有錢了,成了德國人,他才肯對於靈魂不死的問題説他的意見"。這些左黨的游行派,已經不像正教徒對老師的言語宣誓。他們覺得亞里斯多德是哲學精神表現最完全的人格,所以尊敬他,但是他們的游行派,對於老師的著作,已經不是一種奴隸的服從,他們很有些地方同他不合。

有些人對於亞里斯多德真正的議論和柏拉圖及亞力山大城學派相似的他方,很受感動,雖然把里塞烏穆的旗舉的很高,却接近佛婁蘭斯學院;另外一方面,柏拉圖派有一種嚴重的研究,曉得亞里斯多德玄學的神秘,允許在柏拉圖派和游行學派中間作一種調和。在柏拉圖派一方面,就是大米朗多爾,他調和柏拉圖和亞里斯多德的著作没有完功;在新游行派一方面,就是昂都萊·塞薩爾板(André Césalpin)[12],他是一位有學問的博物學家,預先覺到哈維(Harvey)將來的發現,在植物學裏面,創造一種非天然的系統。按着塞薩爾板的意思,宇宙是一個活動的單一體,一個完善的有機體。"最初的動力"就是世界的實體,特殊的事物就是這個實體的形態或定限。它同時就是絕對的思想和絕對的有。人類的靈魂,雖爲神聖實體的一種形態,却仍是不死的,因爲它的真質:思想,同身體並無係屬。

還有別的思想家,比方説,德來秀學院或那布爾的 Cosentina 的創立人德來秀(Bernardino Telesio, de Cosenza)[13],和達爾麻特人巴特里西(le Dalmate Francesco Patrizzi)[14],他們同時受人道派和巴拉塞爾斯及加爾當秘密科學的營養,在他們的宇宙觀念中間,同友尼亞派自然界學説很相近。很有名的布盧耨和佛蘭西斯·培庚(參考四十九節和五十一節)全與德來秀有關係,他們兩個全認識他,並且受他的形響。

在亞爾伯斯山北邊,當南方意大利思考的天才,使真正的亞里斯多德,柏拉圖,巴爾默尼德斯,安伯斗克萊斯復生的時候,法國和佛拉莽(flamand)的精神,對於道德哲學和實證科學比對於玄學的思考更起同情,在孟德尼(Michel de Montaigne)[15],沙龍(Pierre Charron)[16],桑史(sanchez)[17],拉茂特·來瓦耶(Lamothe-Levayer)[18]的著作裏面,復興披婁的哲學;在黎坡斯(Just Lipse)[19]的著作裏面,復興斯多噶學派,在特嘉爾智慧論的敵人,有名的物理學家加三地(Gassendi)[20]的著作裏面,復興原子論。如果這些自由思想家没有直接參與哲學的改新,——除却加三地,將來十八世紀,要再用他的學說——他們儘少要間接地減少學校派玄學的信用,——這個時候它的勢力還很大——説出它所講底定則是空虛的,它的爭論是無益的。人道派和自然派,定斷派和懷疑派,意大利人和法蘭西人,全集合在解放,改革,進步的思想下面。自然界(nature)爲他們一切所最喜歡用底字,也就像希臘物理學家的時期接續神學時期一樣。

原　注

〔1〕照着學派首領邦包納西施教的城名,叫作 Padoue 學派。

〔2〕一千四百六十二年生於 Mantoue,一千五百二十五年死;爲 Padoue 的教授。——對於邦包納西要看: Ad. Franck, *Moralistes et philosophes*, 2ᵉ édit., Paris, 1874.

〔3〕*Tractatus de immortalitate animae*, 1534. Nombreuses éditions.

〔4〕對於亞里山大城派和亞維婁愛斯派的學者,要看馬爾西爾·斐散所作普婁蒂努斯譯本的序子。有些人同亞維婁愛斯一樣。用萬有神論的意思解釋亞里斯多德的著作,另外些人同 Aphrodisie 的亞里山大一樣,用自然神派(déiste)的意思解釋它。兩方面全否認個體的不死和靈迹。

〔5〕*De naturalium effectuum admirandorum causis s. de incantationibus liber*, Bâle, 1556.

〔6〕*De fato, libero arbitrio, praedestinatione, providentia Dei libri V.* Bâle, 1525.

〔7〕死於一千五百五十五年。—*De rerum naturalibus principiis*, Florence, 1551.

〔8〕生於一千四百八十四年,死於一千五百五十八年。—*Exerc. adv. Car-*

danum.

〔9〕 生於一千五百五十二年,死於一千六百三十一年。Ferrare 和 Padoue
的教授。

〔10〕 生於一千五百三十三年,死於一千五百八十九年。Padoue 的教
授。—*Opera*,Leyde,1587.

〔11〕 他的真名叫作 Pompejo Ucilio。在他的著作裏面,他叫作 Julius Cae-
sar Vaninus。一千五百八十三年他生於 Tauresano,près de Naples;一
千六百一十九年二月九日在 Toulouse,舌頭被割掉以後,被火活燒
死。他留下兩部著作: *Amphitheatrum aeternae providentiae*, Lyon,
1615, 和 *De admirandis naturae arcanis*,Paris,1616(大家更知道下面
的名字:*Dialogues sur la nature*,trad. Cousin).

〔12〕 生於一千五百零九年,死於一千六百零三年。爲 Clément VIII 的醫
生。—*Quaestiones peripateticae*, Venise, 1571. —*Daemonum investigatio
perip.*, Venise, 1593.

〔13〕 生於一千五百零八年,死於一千五百八十八年. —*De natura juxta
propria principia libri IX*, Naples, 1586.

〔14〕 生於一千五百二十七年,死於一千五百九十七年。—*Discussiones
peripateticae*, Venise, 1571 ss.; Bâle, 1581. —*Nova de universis philos-
ophia*, Ferrare, 1491.

〔15〕 生於一千五百三十三年,死於一千五百九十二年。—*Essais*,éd., *pr.*,
Bordeaux, 1580. —*Étude sur Montaigue* par Prévost-Paradol, dans l'éd.
V. Leclerc, Paris, 1865.

〔16〕 生於一千五百四十一年,死於一千六百零三年。—*De la sagesse*,
Bordeaux, 1601.

〔17〕 一千六百三十二年死於 Toulouse。—*Tractatus de prima universali
scientia*,*quod nihil scitur*, Lyon, 1581. —*Tractatus philosophici*, Rotterd.,

1649.

〔18〕生於一千五百八十六年,死於一千六百七十二年。—*Dialogues faits à l'imitation des anciens*, Mons, 1673; *Oeuvres*, Paris, 1669.

〔19〕生於一千五百四十七年,死於一千六百零六年。—*Manuductio ad stoicam philosophiam*; etc.

〔20〕Pierre Gassendi,一千六百九十二年生於 Provence,爲 Digne 大教堂的上座(prévót),爲 collège royal de France 的數學教授,死於一千六百五十五年。—*Exercitationes paradoxicae adversus Aristoteleos*, Grenoble, 1624 et La Haye, 1659. —*Objectiones ad meditationes Cartesii et Instantiae ad Cartesium.* —*De vita*, *moribus et doctrina Epic* ., Leyde, 1647. —*Animadversiones in Diog. L. de vita et phil. Epic.*, *ibid.*, 1649. —*Syntagma philos. Epic.*, La Haye, 1655, etc. —*P. G. Opera*, Lyon, 1658; Florence, 1727.

第四十六節　宗教的改革

當人類進行的時候,理想可以給他照着路程:但是使他進步的却是意志,却是本能上的烈情。人道派把教會裏面的博士所很艱苦建造底係統,一塊一塊地毁壞掉;但是,他或者太小心,或者太隨便,總是躱避着不肯攻擊教會的自身,並且對於它,裝着一種恭敬的服從。邦包納西,斯加里結,愛拉斯木(Érasme),孟德尼的思想,一定比宗教改革的首領更自由;但是就是他們的自由論,使他們對於宗教漫無別擇,對於精神解放的事業,變痿痹了。教會對於村野教的古代這樣的容忍,對於古代的名著這樣的喜歡,就是那些教皇也是這樣的通文學,這樣的明白,這樣的時髦!雖然如此,教皇在精神界的萬能,並不因此就不算反對哲學改革的一個主要礙障；想要振動這個大像，需要有比喜歡文學更有力的一個槓桿，需要有比自由思想的興味更有勢力的動力。這個槓桿就是路德和改革家的宗教意識。他們用內心勢力（puissance inter-ieure）的名義——這些勢力可以降服他們，牽引他們——並不去攻擊教會所保護底哲學，却去攻擊教會的自身，和它有最高權威的原則。

我們已經看見教會在中世紀，同時是教會和學校，爲神佑的保管人和通俗教育的管理人。儘着人民還在野蠻的時候，它對於這兩種所行底權力，總是有益的，合法的，必要的。但是當學生成人以後，它還要繼續着它的威力，就是頂好的保護人，也成了學生所要解放底羈軛了。文藝復興把它那學校惟一的和專利的性質去掉，但是總承認它在宗教上和道德上爲最高的權威。宗教改革來補足十五世紀的事業，把精神解放開。赦罪符就是使它炸裂的機會。這種可恥的交易，在天主教裏面，成了合法的。教會在地上代表神，它所命令底事情就是神要作的事情。然則，如果它要錢，並且對於這種納錢的人，允許饒恕他們的罪孽，信徒也止有服從和實行。有道德觀念的人或者也覺得這種法子不很合宜。但是我們個人的印象，比起教會從神所得底神示，又算什麼東西呢？神的道路是否就是我們的道路，就是神的瘋狂不是還比人類的明智更明智一點嗎？這一世紀的兒童不是覺得神示的真理從頭就是無聊的事情麼？……路德（Luther）的道德意識對於這種詭辨，作一種判斷。他對於贖罪這件事情抗議，反抗批准贖罪的教義和賞贊贖罪的權利。他用聖書無上的權威反對一個教會所自稱有底權威，因爲在這一點，它作的不好；他用信仰所證明底福音，反對天主教義。

　　路德所宣布底原理,不久就被斯宛哥爾(Ulrich Zwingle),加爾文(Calvin),法來爾(Farel)所采用,成了一種有勢力的反動,不久就穿進人類生活的各方面。從大家承認止有信仰心才可以救濟,事業並不能救濟的時候起,教會所强迫底節欲失了價值。大家要這樣的想:如果神惠就是全體,如果功行什麼全不是,神不能高興我們拋棄快樂,人生的職務,家庭,社會。路德並不喜歡哲學,但是他對於自然界,有很活潑的情感,他已經在很多的地方,照着人道派的和近世的方向作,他儘少在原理上把精神的和世俗的二元,僧侶的和俗人的二元,天上的和地下的二元打破。默蘭史東(Mélanchthon)爲文藝復興的弟子,同時爲宗教改革的健將。他很明白在文藝醒悟和宗教醒悟中間有連帶的關係。歸結,這兩個潮流在斯宛哥爾[1]身上相混起來,他同時是一個確信的基督教徒和獨立的思想家。神學的二元論,説一方面有一種無神的自然界,他一方面有一種反對自然界的神,斯宛哥爾的神學對於這種二元論,作最猛厲的反抗。

原　注

〔1〕 *Oeuvres*,éd,Schuler et Schulthess, 8 vol.,Zürich.,1828–42.

第四十七節　　在新教地方的學校派和神智派,
雅各·伯穆(Jacques Boehme)

　　雖然如此,斯宛哥爾進步的傾向,在十六世紀和十七世紀,不能戰勝北方神學家喜歡定理的熱誠。在新教的地方,去了教會和教皇的權威,又接續上一種新權威:就是聖書和宗教改革所用底標識。大家不能一兩天,就從權威制度跳到絕對的自由。宗教的意識,由於一種驟然改革,受猛烈的振動,需要一種新指導,可以代替它剛才所失掉底指導。在神學一方面,當它同天主教義奮鬥的時候,不能不要一種外面看得見的權威,這種權威,對於科學和對於宗教一樣,全可以當作一種規則。然則宗教改革並不能使哲學得着一種立時的變遷。孟伯黎阿爾的竇列盧斯(Nicolas Taurellus de Montbéliard, 1547—1606)[1] 拉穆斯(Pierre de la Ramée ou Ramus, 1515—1572)[2] 對於舊習和就像一直到當時大家所講底亞里斯多德的學說,全很熱烈地反對,但是雖有他們的盡力,在學校裏面,接續着講授沿襲的游行學派,這種學派由默蘭史東的損益[3],合於新教教義的需要。

但是在大學以外,對於加巴爾有熱烈情感的人,繼續着反對學校派,比方說:神秘派的瓦朗丹・維格爾(Valentin Weigel)[4] 兩位汪・海爾猛(Van Helmont)[5]。英國的婁伯爾・佛呂德(Robert Fludd)[6],這末一位是很好的新教徒和加巴爾派,他把創世記當作他那宇宙論的根基,還有有學問的謀拉微人高買努斯(morave Coménius)[7] 主張物質,光明,精神的三位論,歸結,就是最有名的神智派學者雅各・伯穆(生於一千五百七十五年,死於一千六百二十四年)。

伯穆生於呂薩斯的格里滋(Goerlitz en Lusace),父母很窮,很早學製鞋,沒有受過古典的教育,但是他很熟習聖書和維格爾的著作,已經可以把藏在平民的孩子心中有勢力的根芽發展開。他猜到,可見的事物下面,藏着一種大神秘,他熱烈地想穿進去。他是一個熱烈的基督教徒,研究聖書,祈禱神用他的聖神來啟導他,並且把無論那一個有生的人,用他的自力所全不能得到底真理顯示給他,他得了允許。神接續着顯示三次,把神秘的自然界最密切的中心告訴他,並且允許很快的一眼,就可以穿進萬有的心裏。因爲有幾個朋友很急迫地請求他,他就決定把他所見底寫出來,他把他所寫底叫作黎明(*Aurora*),至於他的朋友們就說他是條頓族的哲學家。這本書[8]和接續着的另外幾本書一樣[9],是用德文寫的,伯穆止熟悉這種語言,他因此就屬於近世;並且他的著作包涵着些異端,著作人自己並沒有覺到的神氣,但是格里滋的牧師,從講座上(*ex cathedra*)很激烈地責備他,並且對於他的餘生,很小心地監視。

　　果然,從書序起,頂忠誠的正教和頂進步的思考已經全遇起來。如果你想作哲學家探討神的本質(nature)和事物的本質,在一切以前,要問神請求聖神,他就在神裏面和自然界裏面。得到聖神的幫助,你可以一直穿進在神的身體裏面(就是自然界)[10],和三位一體的真質裏面:因爲聖神在全自然界裏面,和人類的精神在人類的身體裏面一樣。

　　伯穆受這位聖神的引導,在事物的深處發現出來了什麼呢?一種恒定的二元:他把它叫作慈愛(tendresse)和殘虐(violence),溫和(douceur)和苦痛(amertume),善或惡。一切生物全包涵這二元。漫無分別的事物,非溫和非苦痛的,非寒非熱的,非善非惡的事物,就是死的。這兩種相反對的,死後要統一起來的原始,它們的奮鬥,伯穆在萬有裏面全看到,絕無例外:在地上的有裏面,在天仙裏面,在神裏面[11],——神爲萬有的真質[12]。神除却聖子,就成了一種什麼全不要的意志,——因爲它已經是全體並且有全體,——一種没有興奮劑的意志,一種没有對象的愛情,一種没有力的勢力,一種没有堅固的陰影,一種没有智慧的和没有生命的啞真質,一種没有圓周的圓心,一種没有光明的光,一種没有光明的太陽,一種没有星宿的夜,一種混沌,在那裏面,什麼電光也不明,什麼顏色也不顯,什麼形式也没有:就是無底的深淵,永久的死,虛無。聖父和子是有生活的神,絕對的或具體的的神,完全的有。聖子是聚在他自身的無限,聖父的心,照耀無邊的神聖的有的火把,也就象太陽,把它的光綫散布在無邊的空間裏面;他就是永久的圓,就是神周圍着自己所畫出底圓,他就是神的身體,星宿就是他的機體,星宿的軌道,就是他永久跳動的脉管,他就是天地所包括底形式的全體,他就是神秘的本質,在我們身中活動,感受,受苦,死,以後又復生出來。但是神和萬有的二元,全不是最初的有;這種二元從單一裏面生出,聖子從聖父生出,來在第二條綫上。起初是黑暗,以後才是光明;起初是自然界,以後才是精神;起初是没有對象,也不覺得他自己的意志(*der ungründliche Wille*),以後才是有意識的意志(*der fassliche Wille*)[13]。

　　雖然從這些比喻裏面,很容易找出西林,黑格爾,叔本華特性最顯著的意見,可是伯穆所用底形式,是純粹神學的。這位德國哲學的先鋒隊,是一位先見人,他很受沿襲意見的包圍,對於他自身還不能明白。在新教徒的地方,思想換了主人;但是它總是僕人,*ancilla theologioe*(神學的僕人)。它確實的解放,須要有科侖布(Colomb),麥哲倫(Magellan),哥白尼(Copernic),愷布爾(Kepler),加黎萊歐(Galileo)的發現,他們把從前對於地,太陽,

天的意見駁正;從前的成見把聖書當作物理科學的萬無錯誤的教
科書,他們把這種成見毀壞掉。

原 注

〔1〕 *Philosophiae triumphus*, Bâle, 1572. —*Alpes caesae*（contre Césalpin）, Francf., 1597. —*Synopsis Arist. Métaph.*, Hanov., 1596. —*De mundo*, Amb., 1603. —*Uranologia*, ibid., 1603. —*De rerum aeternitate*, Marb., 1604. — Schmid de Schwarzenberg, *Nicolas Taurellus*, *le premier philosophe alle-mand*, 2ᵉ éd., Erl., 1864（all.）.

〔2〕 *Animadversiones in dialecticam Aristotelis*, Paris, 1534; *Institutiones dia-lecticae*, *ibid*., 1543; etc. Voy. les monographies de M. Ch. Waddington （Paris, 1848）et de M. Ch. Demaze（Paris, 1864）.

〔3〕 *Ethicae doctrinae elementa*, 1538, etc.

〔4〕 <u>薩克森</u>的牧師,生於一千五百三十三年,死於一千五百九十三 年。—Gnôthi seauton, *nosce te ipsum*, 1618, etc.

〔5〕 死於一千六百四十四年和一千六百九十九年。—J. Bapt. Helmout, *Opera*, Amst. 1648. Fr. Merc. Helmont, *Seder olam s. ordo saeculorum hoc est historica enaratio doctrinoe philosophiae per unum in quo sunt om-nia*, 1693.

〔6〕 死於一千六百三十七年。—*Utriusque cosmi metaphysica, physica atque technica historia*, Oppenh., 1617. —*Phil. mosuica*, 1638.

〔7〕 死於一千六百七十一年。*Synopsis physices ad lumen divinum reforma-tae*. Leipz., 1633.

〔8〕 黎明由 Saint-Martin 譯成兩本（Paris, an VIII）,他是<u>伯穆</u>和神智派熱 烈的信徒。他生於一千七百四十三年,死於一千八百零三年。— Voy. Matter, *Saint-Martin*, *le philosophe inconnu, sa vie et ses écrits, son*

maître Martinez et leurs groupes, Paris. 1862. —A. Franck, *La philoso-
phie mystique en France*, Paris, 1860.

〔9〕 *Description des trois principes de l'essence divine.* —*De la triple vie de
l'homme.* —*De l'incarnation, des souffrances, de la mort et de la
résurrection du Christ.* —*Du mystère divin et terrestre.*—*De la
pénitence.* — *De la régénération.* — *De l'élection.* — *Mysterium magnum*,
etc. (le tout en allemand). Editions d'Amsterdam(1675,1682,1730) et
de Leipzig(1831 et suiv.,7 vol.). E. Boutroux, *J.,Boehme*, 1888.

〔10〕 *Aurora*, chap. 2,12; 10,56 et *passim*.

〔11〕 *Aurora*,chap. 2,40.

〔12〕 *Ibid.*,Préf.,97; 105:*Gott,in dem Alles ist und der selber Alles ist*;chap.
1,6:*Gott ist der Quellbrunn oder das Herz der Natur*; 3,12:*Er ist von
nichts hergekommen,sondern ist selber Alles in Ewigkeit*; 3,14:*Der Vater
ist Alles und alle Kraft besteht in ihm*; 7,20:*Seine Kraft ist Alles und al-
lenthalben*; 7,25:*Des Vaters Kraft ist Alles in und über allen Himmeln*; *et
passim*.

〔13〕 *Mysterium magnum*,chap,6. —*De l'élection*,chap. 1.—*Aurora*,chap. 8–11.

第四十八節　科學的運動[1]

　　從第十五世紀中葉,西方的歐洲,往前走的,一步一走地驚
人。他們從前受阿拉伯人的指示,對於古代的文學,藝術,哲學,
不過知道一部分,現在受定居於意大利的希臘學家的指導,對於
古代的文化全看見了。我們祖父時候,歷史限於天主教時代的邊
涯,從此展寬,並且無定限地退到基督教的根源前邊。當時大家
覺得在天主教會以外,不過是些黑暗,野蠻,現在才知道從前有比

它更古，更富，更有變化，更同西方人種天才相合的一種文明，天主教不過是這種文明的兒子和承續人。拉丁的和日耳曼的歐洲，自己覺得同這些希臘人和羅馬人，有自然的和很密切的連屬；這些希臘和羅馬人，在教會外邊，在人類活動一切的範圍，有很多的地方，比十五世紀的基督教徒高。天主教徒有一種成見，說：在教會以外，也沒有幸福，也沒有實在的文明，也沒有宗教，也沒有道德，這種成見，從這個時候起，漸漸地消滅了。大家從此不作極端的天主教徒，却變成人，變成人道派，變成最廣義的愛人派（philanthrope）。從此對於過去，不止看見些很稀少的遠景，却是亞利安族的歐洲全體的歷史，同它千萬種的政治的，文學的，文字的，考古的，地理的問題，在我們祖宗很驚奇的眼光前面展布。對於歷史的科學，古代研究的很不完備，中世紀差不多全不知道，從此以後，成了學問重要的一支，等着將來，還要成學問的中心。

　　人類剛才發現了人道，他就來看他所住底房屋實在的形式，因爲一直到現在，他止看見它的一面。天主教的宇宙，止限於羅馬人所認識底世界，這就是說限於地中海的低地和亞洲的西南方，加上歐洲的北方。但是現在科侖布發現了新世界；華斯哥・德・噶馬（Vasco de Gama），繞過好望角，找出達印度的海道；頂重要的，就是麥哲倫環繞了世界。這樣很顯著的事實，可以證明古代人已經很熟悉的一個假說：我們所住底地，是各方面全無依靠的一個球，並且自由地浮在空間裏面。我們豈不是因此就可以推論說星球也是無依靠地浮游着，至於亞里斯多德所說底天球，不過是一種幻想麼？

　　大家承認了地是一個球形，但是，大家還確信它是一個不動的中心,天體的球形周圍着它轉。第谷(Tycho-Brahé)對於沿襲的和通俗的宇宙論,開始地攻擊:他把太陽當作行星軌道的中心:但是在這種理論裏面,太陽雖爲行星的中心,還繞着地球轉。哥白尼[2]堅確地又走一步,把地球放在行星中間,把太陽放在系的中心(一)。這種理論,有幾位古代的學者,已經說過[3],哥白尼不過把他當作一種假說,愷布爾和加黎萊歐[4]有很好的研究,就把它證明。愷布爾發現了行星軌道的形式和行星運動的定律;加黎萊歐講明地的兩種運動,並且用他自己製造的望遠鏡發現了木星周圍的衛星,並且定明這些衛星變動的定律。

太陽中心論,使新舊兩教會全很驚慌,愷布爾受虐待;加黎萊歐被强迫把成說收回。如果承認哥白尼的學說,它豈不是要把基督教的根基毀壞了麼? 如果太陽爲行星的中心,如果地球運動,那就是約書亞(Josué)並沒有作他的靈迹,那就是聖書錯誤了,那就是說教會是可以倒的! 如果地球是一個行星,那就是說它在天自身裏面運動,地對於天,不是反對的,那就是說把從前所說天地的反對,融化在不可分的宇宙裏面。並且蔑視了亞里斯多德,承認世界是無限的,這豈不是要否定一個同世界有分別的天,否定事物有超自然的一種秩序,否定天上有一位神麼? 教會就是這樣的推理:它因爲把信仰和信仰的概念,把神和我們對於神的觀念相混起來,所以就把信從哥白尼的人當作不信神的人。

但是,雖然有這些抵抗,新理論已經傳布出去,發現,發明,逐漸增多。昨天發明了印刷術,今天就發明了指南針和望遠鏡,等着將來,牛頓(Newton)用萬有引力的理論,補足新宇宙論,把從前看作假說的議論,變作公理。科學在這個時候,擺脫學校派的羈軛,起初用一種怯懦的步驟往前進,這種步驟以後漸漸地堅定起來。宛西(Léonard de Vinci)和他的同國人佛拉加斯多(Fracas-tor)在物理學,視學,機械學裏面,接續亞奇默德(Archimede)和亞力山大城的科學家,法國人維耶特(Viète)把代數狹隘的輪廓展開,實用在幾何上面:英國人訥伯爾(Lord John Napier)發明對數。在生物科學的範圍裏面,比國人維薩爾(Vésale)由於他所著底 *De corporis humani fabrica*(論人體的製造:一千五百五十三年出版),創立了人類解剖學;英國人哈維(Harvey)在他於一千六百二十八年所印行底很有名的著作裏面[5],證明血的周流;在他以前,有西班牙人米色爾·塞爾衛(Michel Servet on Servedo)[6],意大利人萊阿爾斗·科侖布(Realdo Colombo)[7],和昂都萊·塞薩爾版[8]已經承認這個假説。

　　在這一切新東西裏面,效果頂大的,要數哥白尼的理論。天體革命論的出現,在歐洲的知慧歷史上成了一個頂重要的時期。近世的世界從它開始。無疑義地,宇宙的無限性並不是哥白尼的學説,但是從他的系統出來,爲他的自然的和不可避免的結論。可是給我們顯示出來一個無限的世界,太陽中心論並不因此就把不可見的創世主趕下寶位,它反而更可以表示他威力的廣大;但是,——在這一點,教會看的很準——它把我們對於創世主的關係的觀念很深地變化一番。從此以後,無限和有限並不被一個深淵隔離開;它們彼此成了內含的(*immanent*)。對於爲中世紀靈魂的二元論,一元的概念,靠着哥白尼,愷布爾,加黎萊歐的學説,替代了它[9]。

原　注

〔1〕要看第二十三節原注 1 所舉 Montucla, Delambre, Chasles, Draper, 諸人的著作(譯者按：原注號數有誤,現在改正)。—Humboldt, *Cosmos*, t. I et Ⅱ. —K. Fischer, *Introduction à l'histoire de la philosophie moderne.*

〔2〕*De orbium Coelestium revolutionibus libri VI*, Nuremb., 1543.

〔3〕第二十二節。—*Astronomia nova*, Prague, 1609; etc. —*Oeuvres complètes*, éd. Frisch, Francf., 1858, ss.

〔4〕Galileo Galilei; 生於一千五百六十四年, 死於一千六百四十二年; 爲他生長的城 Pise 的教授, 並爲 Padoue 的教授; 以後爲 Florence 宮廷的數學家和哲學家, 一直到他死的時候多少總有點爲宗教檢查會(Saint Office)所因拘。加黎萊歐爲確信的太陽中心論者, 並且爲德謨吉來圖原子論的信徒; 原子論靠着他, 成了近世物理學的基礎; 在他的方法方面爲誠實的實證派, 在他的宇宙概念方面屬於一元派。用這一切的名義, 要同布盧椿, 特嘉爾, 尤其是同培庚爭近世哲學父親的位置。—*Oeuvres complètes*, éd. Alberi, Florence, 1843 ss. —Natorp, *Galilei als Philosoph* (*Philos. Monatshefte XVIII*), 1882.

〔5〕*De motu cordis et sanguinis*, Francf., 1628.

〔6〕肺內的周流(小周流)在 *Christianismi restitutio* 裏面的一段中說定, 他這部著作成於一千五百四十六年。

〔7〕生於一千四百九十四年, 死於一千五百五十九年。一千五百四十四年在 Padoue 爲維薩爾的繼續人, 著有 *De re anatomica* (1558)。

〔8〕Dans ses *Quaestiones medicae*, 1598.

〔9〕黑智爾認內含性爲近代主要的觀念, 他雖然另外說這種觀念起於路德的宗教改革; 他用這樣的話指明中世紀和近世紀的改易: "從人類的眼睛看起, 好像神剛才把日, 月, 星, 植物, 動物創造出來, 好像自

然界的定律不過剛才建立起來;因爲直到現在他們才承認了它們自身的理由就在普遍的理由裏面,才對於上面所説底一切東西感到興趣。用自然定律的名義,大家同當時無窮的迷信對抗,同當時盛行的觀念對抗,——當時的人相信有些可怕的和永遠的勢力,對於它們,除了用魔術,就無法戰勝。在這樣引起的戰鬥裏面,天主教徒和耶穌教徒意見相合。"

譯者注

(一) 在這一點,威伯爾先生順筆鋒之所至,有點對於歷史的事實不很忠實了。單看他這一段文字,好像第谷開哥白尼的先路,哥白尼繼續改良第谷的學説似的。其實①哥白尼生於一千四百七十三年,死於一千五百四十三年;第谷則生於一千五百四十六年,死於一千六百另一年;哥白尼死後二年,他才出生! 他開愷布爾的先路,却爲哥白尼的繼續人。

---

① 編者注:"實",原誤作"他",據文意改。